Les 7 points clés du diagnostic stratégique

Avec la Méthode des Cas

Éditions d'Organisation
Groupe Eyrolles

61, bd Saint-Germain
75240 Paris cedex 05

www.editions-organisation.com
www.editions-eyrolles.com

Collection « Avec la Méthode des Cas », dirigée par José MARTIN JUARRERO,
directeur de la Centrale des Cas et de Médias Pédagogiques.

© Groupe Eyrolles, 2009
ISBN : 978-2-212-54425-5

Franck Brulhart

Les 7 points clés
du diagnostic stratégique

Avec la Méthode des Cas

CCMP
CENTRALE DE
CAS ET DE
MEDIAS
PEDAGOGIQUES
un service de la Chambre de commerce et d'industrie de Paris

EYROLLES
Éditions d'Organisation

Présentation de la collection

Des manuels conçus pour un double usage pédagogique : manuel de cours ou outil d'auto-apprentissage

Dans le cadre d'un enseignement intégré dans un dispositif de formation, l'enseignant peut utiliser les ouvrages de cette collection comme manuel de cours.

Chaque point clé reprend une définition du ou des concepts académiques abordés, une exposition pratique appuyée sur des exemples concrets de ce qu'il faut savoir sur ce même concept, une série de courts exercices de vérification de la bonne interprétation du concept exposé et de son assimilation par l'étudiant.

Les cas guidés et les pistes de résolution proposées fournissent un matériau pédagogique prêt à l'emploi pour « faire prendre conscience aux étudiants de la complexité inhérente à toute décision managériale » (Osborne 2005). Les cas proposés permettent d'insister sur « l'analyse et la recherche de solutions de problèmes réels, la gestion de projets, le travail en équipe, le développement des capacités d'organisation, le transfert accéléré d'une expérience appropriée et, en particulier, la prise de responsabilité du gestionnaire ou du futur gestionnaire... » (Reynolds, 1985).

Dans une situation d'auto-apprentissage, l'étudiant disposera, avec le même ouvrage, de l'ensemble des apports conceptuels et des outils d'illustration et d'application concrets portant sur un point de son référentiel d'apprentissage. En fonction de son propre mode d'apprentissage, il pourra choisir de commencer par l'exemple concret (le cas) ou par les apports théoriques. Dans les deux situations, l'étudiant trouvera dans ces ouvrages un parcours guidé qui facilitera l'assimilation des concepts présentés.

Enfin, par le choix délibéré de proposer des études de cas de type guidé ou semi-guidé, cette collection constitue un premier pas dans la découverte de la richesse et de la complexité méthodologiques de la Méthode des Cas et un premier tremplin pour aborder les cas de type « ouvert », typiques de la Harvard Business School, créatrice de la Méthode (lire p. 89).

Des auteurs experts dans leur discipline, spécialistes confirmés de la Méthode des Cas et praticiens de l'entreprise

Les auteurs des ouvrages de la collection possèdent une triple expertise : ils sont simultanément des universitaires accomplis, des auteurs affirmés dont les cas sont régulièrement publiés par la Centrale des cas et de médias pédagogiques (CCMP) ou l'ECCH[1] – les deux centrales de cas les plus importantes – et développent régulièrement des actions en entreprise au titre d'activités de consulting au plus haut niveau.

Leur triple expérience d'enseignant, d'auteur et de consultant garantit la production de contenus pédagogiques aptes à s'adapter parfaitement aux deux situations d'apprentissage mises en œuvre quotidiennement par une majorité d'enseignants :

• une approche inductive, par la découverte de concepts théoriques, avant leur étude formelle, par le biais de l'analyse et de la discussion d'une réalité professionnelle exposée dans une étude de cas ;

• une approche déductive, par l'illustration *a posteriori*, au travers d'une étude de cas d'entreprise, de concepts théoriques déjà acquis au cours des enseignements précédents.

Des ouvrages pratiques adaptés à différents scénarios pédagogiques

Chaque ouvrage est structuré pour que l'étude de cas constitue le levier pédagogique sur lequel s'appuie l'enseignant pour faire découvrir les concepts théoriques qui sous-tendent des réalités entrepreneuriales vécues, ou pour que l'enseignant active l'étude de cas *a posteriori*, pour illustrer concrètement des concepts théoriques précédemment étudiés en cours.

Chaque titre de cette collection comprend trois parties distinctes :

• une synthèse « académique pratique » des « 7 points clés » traités dans l'ouvrage, à maîtriser avant d'aborder les cas ;

• une deuxième partie rassemblant tous les cas d'illustration de chaque point clé, avec leur guide d'utilisation et les pistes de résolution préconisées ;

• une dernière partie présentant l'historique de la Méthode des Cas, ses spécificités et ses apports en situation de formation.

Le choix délibéré d'organiser le contenu académique des ouvrages autour de sept points clés seulement permet de focaliser la présentation de chaque thème abordé autour des connaissances théoriques à assimiler absolument. Ce choix peut également contribuer, de façon indirecte et pédagogique, à préparer l'étudiant à hiérarchiser les nombreuses informations disponibles et à établir des priorités pour agir de façon pertinente une fois plongé dans la vie professionnelle.

1. European Case Clearing House.

L'illustration de chaque point clé par un cas réel d'entreprise, avec son guide d'utilisation et ses pistes de résolution de la problématique managériale exposée, prépare l'apprenant à « résoudre des problèmes non structurés, pour lesquels des approches analytiques ne sont pas directement applicables, situations caractéristiques de la prise de décision en entreprise » (Besson, Collin, 2002).

En fin d'ouvrage, on trouvera systématiquement un glossaire donnant la définition des principaux termes techniques en rapport avec la discipline présentée ainsi qu'une bibliographie.

Une collection à vocation pluridisciplinaire

Cette nouvelle collection d'ouvrages centrés sur la Méthode des Cas constitue pour la CCMP l'occasion de compléter la très riche offre proposée par les éditeurs du monde entier. Plus de 4 000 références d'ouvrages portant sur les cas, encore couramment appelés « études de cas », sont aujourd'hui disponibles pour les enseignants ou les étudiants. La majorité de ces publications a en commun de présenter une sélection sectorielle ou disciplinaire d'études de cas : stratégie, finance, marketing, etc. Parmi ces milliers de références, seule une minorité centre son propos sur l'approche pédagogique spécifique et originale que constitue la Méthode des Cas :

« La Méthode des Cas est une formule pédagogique qui favorise une meilleure articulation entre la théorie et la pratique et permet de mettre les étudiantes et étudiants en contact avec des réalités professionnelles auxquelles ils n'auraient pas accès autrement. »

S. Mathieu, « Le Trait d'Union Express »[2]

Les trois expressions clés qui caractérisent cette méthode dans la définition de S. Mathieu – « formule pédagogique », « réalités professionnelles » et « articulation entre théorie et pratique » – en font un outil pédagogique particulièrement puissant et souple pour aborder la très grande majorité des problématiques rencontrées en entreprise et ce, quel que soit l'angle d'attaque fonctionnel ou disciplinaire que l'enseignant ou l'étudiant est amené à adopter.

Que la situation professionnelle à étudier provienne d'un groupe multinational ou d'une PME, qu'elle se déroule en France, en Chine ou ailleurs dans le monde,

2. Volume 4, n ° 3, 1ᵉʳ novembre 2001, Université de Sherbrooke, Canada.

qu'elle reflète le point de vue du stratège, du spécialiste en marketing, du financier, du juriste ou de l'ingénieur, l'approche didactique fondée sur la Méthode des Cas est transversale et permet de traiter avec une égale efficacité pédagogique des problématiques professionnelles issues de réalités sectorielles différentes, advenues dans des entreprises de tailles inégales, dans des espaces géographiques plus ou moins éloignés de nos réalités quotidiennes.

Par leur diversité disciplinaire et entrepreneuriale, les ouvrages de cette collection se veulent des exemples de la pertinence de la Méthode des Cas pour aborder toutes les disciplines constituant les sciences de gestion : des problématiques propres au diagnostic stratégique à celles de la gestion des ressources humaines en passant par le juridique, le marketing et l'interculturel…

José Martín Juarrero
Directeur de la Centrale de cas et de médias pédagogiques

Des ouvrages pour articuler efficacement la réalité de l'entreprise et les savoirs académiques

Il existe plusieurs méthodes actives de formation pour préparer les futurs managers à affronter avec succès les enjeux entrepreneuriaux auxquels se trouve confrontée toute entreprise dans un environnement globalisé. Il en est une, centenaire, qui, depuis sa création outre-Atlantique, a largement fait ses preuves et a été adoptée par les plus grandes institutions académiques au niveau mondial, c'est la Méthode des Cas.

Dès 1931, la Chambre de commerce et d'industrie de Paris a adopté cette méthode pédagogique pour former les dirigeants français de haut niveau dans le cadre de son programme du CPA (Centre de préparation aux affaires) devenu depuis l'Executive MBA d'HEC Paris.

En association avec le Groupe Eyrolles-Éditions d'Organisation, la Chambre de commerce et d'industrie de Paris, au travers de la CCMP (Centrale de cas et de médias pédagogiques), a souhaité lancer une collection d'ouvrages destinée à faire découvrir la Méthode des Cas à l'ensemble des étudiants de l'enseignement supérieur.

Chaque volume de la collection est conçu pour permettre un double usage pédagogique : manuel de cours ou outil d'auto-apprentissage selon le libre choix de l'enseignant ou de l'acheteur individuel.

La Chambre de commerce et d'industrie de Paris prolonge ainsi son engagement éducatif en proposant aux enseignants, formateurs et apprenants, des supports de formation concrets et prêts à l'emploi, en relation directe avec les réalités de l'entreprise et en conformité avec les référentiels académiques des programmes de formation aux sciences de gestion.

En effet, chaque auteur de la collection bénéficie d'un triple savoir-faire d'enseignant, de spécialiste de la Méthode des Cas et de praticien de l'entreprise.

Nous sommes donc particulièrement heureux que les ouvrages issus de ce partenariat éditorial avec le Groupe Eyrolles-Éditions d'Organisation contribuent à démontrer que la formation opérationnelle de nos futurs managers doit associer étroitement les savoir-faire issus de la réalité entrepreneuriale aux savoirs conceptuels développés par le monde académique.

Anne STEFANINI
Directeur de l'Enseignement
Chambre de commerce et d'industrie de Paris

Sommaire

Remerciements

Cet ouvrage est le fruit d'une expérience d'enseignement en diagnostic stratégique et en stratégie d'entreprise menée à l'université de la Méditerranée (Aix-Marseille II), mais aussi au sein de diverses écoles supérieures de commerce et d'ingénieurs depuis le milieu des années 1990. À ce titre, je souhaite remercier tout particulièrement Pierre-Xavier Meschi, Professeur à l'université de la Méditerranée, avec lequel j'ai pu, au cours de ces années, entretenir une collaboration étroite, tant sur le plan de la pédagogie que de la recherche. Les discussions riches et stimulantes que nous avons eues ont su nourrir ma réflexion et faire évoluer mon appréhension du domaine de la stratégie et du diagnostic stratégique.

Cet ouvrage est également issu d'une collaboration fructueuse entamée avec la CCMP depuis de nombreuses années. Le professionnalisme et la disponibilité de son personnel m'ont permis de développer avec plaisir et enthousiasme de nombreuses études de cas référencées au sein de leur catalogue depuis la fin des années 1990. À ce titre, je souhaite remercier plus particulièrement José Martín Juarrero, directeur de la CCMP, ainsi que Marie-Catherine Idiart, responsable éditoriale de la CCMP, en charge de la relation avec les auteurs, pour leur confiance et leur aide.

Ces remerciements seraient incomplets s'ils n'incluaient pas l'ensemble de mes collègues, enseignants et chercheurs, en poste à l'université et en école supérieure de commerce. Trop nombreux pour figurer ici en toutes lettres, je les laisse se reconnaître au travers de leurs initiales : AF, AGJ, AM, BA, CF, CG (2), DL, EM, FP, GG (3), GLR, IG, LL, MA, NR, OM, PR, RG, SG, SP. Je tiens plus particulièrement à remercier Philippe Rousselot, professeur de finance à l'École supérieure de commerce de Toulouse, pour ses conseils précieux lors de la rédaction du chapitre 6 de la partie 1 de l'ouvrage.

Je veux enfin remercier mes parents pour leur aide et leur soutien sans faille. Ce livre leur est dédié.

Introduction

La démarche de diagnostic stratégique est un prérequis incontournable à la prise de décision managériale et à la mise en œuvre de stratégies efficaces, qu'elles visent à optimiser la performance des activités existantes ou à développer avec succès de nouvelles activités. En effet, l'une des caractéristiques majeures de l'action stratégique est qu'elle s'inscrit dans un avenir incertain. Le rôle du diagnostic stratégique est précisément de réduire cette incertitude ou, à défaut, d'identifier au mieux les facteurs susceptibles d'influencer le cours des événements, dans le but d'éclairer les choix de l'entreprise et de maximiser sa performance.

Cette recherche de la performance guide depuis plus de soixante ans la recherche et la réflexion stratégique appliquée à l'entreprise. Pourtant, cette période, réduite à l'échelle des sciences humaines, a vu s'affronter de manière récurrente deux modes de pensée principaux qui, au fil du temps, ont fait successivement et alternativement référence dans un mouvement de balancier.

Le premier de ces deux modes de pensée s'impose véritablement dans les années 1970 avec les travaux de Michael Porter et la mise en œuvre du projet PIMS (Profit Impact of Market Strategy), mené à bien conjointement par General Electric et Harvard Business School. Ce courant de pensée met en exergue l'influence majeure de la configuration et de l'attractivité de l'industrie sur la performance de l'entreprise. La réussite de la firme ne s'explique alors majoritairement pas par la supériorité de ses ressources, mais par la configuration favorable de l'activité sur laquelle elle est positionnée. Au contraire, le second mode de pensée met en avant la valeur et la rareté des ressources internes de l'entreprise pour expliquer sa performance. C'est en développant ses compétences, ses actifs et ses ressources que l'entreprise sera capable d'atteindre ses objectifs et de surclasser ses concurrents. L'idée d'une industrie qui serait «attractive» *per se* (ou «approche industrielle») est alors rejetée par les promoteurs de cette tendance. Ce courant va s'imposer au début des années 1990 sous le nom de « mouvement des ressources et compétences » ou « approche ressources » (*Resources Based Theory*).

Au final, même si ce débat n'est pas clos, la volonté de concilier les deux approches se développe. Ces discussions nous conduisent de ce fait à identifier les deux origines majeures de la performance de la firme : la possession et le déploiement de ressources et de compétences supérieures à celles des concurrents d'une part, le choix d'une activité bénéficiant d'un environnement propice d'autre part. En ce sens, la performance de l'entreprise s'explique par sa capacité à bien gérer l'activité sur laquelle elle est positionnée – c'est-à-dire par sa capacité à mettre en œuvre ses compétences et ses ressources de manière efficace –, ou à choisir l'activité la plus favorable – c'est-à-dire à se positionner sur un environnement porteur.

Ce constat guide la structure de cet ouvrage qui vise à explorer ces deux catégories de facteurs (externe et interne) à l'origine de la performance pour la firme. Notre objectif est ici de fournir les concepts, les approches théoriques, les outils et les méthodologies propres à mener à bien un diagnostic stratégique complet, couvrant à la fois la compréhension de l'environnement et l'évaluation du profil de l'entreprise. Dans cette perspective, nous abordons sept thématiques successives (correspondant aux sept chapitres) qui permettent de dérouler de manière complète une méthodologie de diagnostic stratégique. Les quatre premiers chapitres traitent du diagnostic externe et de l'analyse de l'environnement. Les deux suivants (5 et 6) abordent le diagnostic de l'entreprise et l'analyse interne. Enfin, le dernier chapitre propose une synthèse du diagnostic interne et du diagnostic externe.

Le premier thème abordé (chapitre 1) est celui de la segmentation stratégique. Phase préalable indispensable à tout diagnostic, elle a pour objectif d'identifier précisément la nature des environnements considérés ainsi que les règles du jeu qui y sont attachées.

Le deuxième thème (chapitre 2) concerne l'analyse des systèmes concurrentiels, qui permet de caractériser les différentes catégories d'environnement auxquelles l'entreprise peut être confrontée et propose des modes de gestion adaptés à chaque cas de figure.

Le troisième thème (chapitre 3) aborde le modèle des forces concurrentielles. Celui-ci offre une méthodologie permettant d'évaluer les pressions qui s'exercent sur un secteur d'activités et qui conditionnent l'espérance de rentabilité au sein du secteur.

Le quatrième thème (chapitre 4) traite de l'analyse des groupes stratégiques. Ce modèle concentre son attention sur le comportement des entreprises présentes au sein d'une activité. En regroupant les entreprises adoptant le même positionnement au sein de groupes stratégiques, cette approche révèle une topographie de la concurrence ainsi que les mouvements stratégiques envisageables pour les acteurs présents

Le cinquième thème (chapitre 5) porte sur l'analyse de la chaîne de valeur, considérée comme le cœur de la phase de diagnostic interne. Elle vise à établir un diagnostic des ressources présentes au sein des différentes fonctions de l'entreprise afin de mieux comprendre le comportement des coûts au sein de la firme et d'identifier les facteurs de différenciation.

Le sixième thème (chapitre 6) présente un modèle intégrateur et original d'analyse de la performance commerciale, économique et financière de l'entreprise, fondé sur une chaîne de ratios financiers.

Enfin, le dernier thème (chapitre 7) constitue la synthèse de la démarche de diagnostic en rapprochant l'analyse de l'environnement et celle de l'entreprise par des approches par portefeuille d'activités et par la construction de «matrices portefeuilles».

Au-delà de la prise en compte de la dualité existant entre diagnostic de l'environnement et diagnostic des ressources de l'entreprise et la volonté de rapprocher «approche industrielle» et «approche ressources», cet ouvrage poursuit également l'objectif de concilier approche théorique et approche pratique. Dans cet esprit, il est structuré en deux parties traitant chacune des sept thématiques retenues par le biais d'une approche théorique (partie 1) et d'une approche pratique (partie 2).

La partie 1 aborde ainsi les sept thématiques choisies en présentant les modèles existants, les concepts principaux ainsi que les fondements théoriques sous-jacents. Chacun des sept chapitres de cette partie est composé d'une synthèse des connaissances, d'une série de questions courtes permettant de tester ses connaissances et sa compréhension et d'un résumé reprenant les points clés du chapitre.

Quant à la partie 2, elle revient sur chacune des sept thématiques en les illustrant par des études de cas pratiques portant sur des secteurs et des entreprises issus de domaines et de pays différents. Chaque chapitre de cette partie comprend deux études de cas ainsi que des conseils méthodologiques permettant de traiter les questions posées. Enfin, chaque cas est accompagné de propositions de résolution des questions.

Partie 1

Le diagnostic stratégique : concepts, modèles et fondements théoriques

Segmentation stratégique et identification des facteurs clés de succès

Définition et contexte d'application

Un segment stratégique se définit comme un ensemble d'activités homogènes en termes de produits et de services. Plus précisément, un segment stratégique regroupe des activités qui mettent en œuvre les mêmes compétences et qui se caractérisent par la même combinaison de facteurs clés de succès ou FCS (Strategor, 2005). Ils se définissent comme des « *éléments stratégiques qu'une organisation doit maîtriser afin de surpasser la concurrence* » (Frery, 2000). La notion de FCS renvoie donc à une compétence, une ressource, un actif qui permet à l'entreprise de réussir à réaliser l'activité mieux que ses concurrents. C'est cette maîtrise des FCS qui conduit l'entreprise à proposer au client soit une offre à moindre coût, soit une offre à plus forte valeur perçue. Les FCS sont donc de véritables « règles du jeu » attachées à un segment stratégique.

La nécessité de la segmentation naît de la forte hétérogénéité qui caractérise la plupart des entreprises ou des secteurs d'activités. Ainsi, le secteur de l'automobile ne peut pas être considéré de manière monolithique, tant sa diversité est forte en termes de produits offerts, de clients visés, de compétences mobilisées ou de technologies développées. De la même façon, une entreprise comme le groupe Bouygues présente des différences très nettes au sein de l'ensemble des pôles d'activités qui le constituent (télévision, bâtiment ou téléphonie). L'objet de la segmentation stratégique, que l'on considère un secteur d'activités ou une entreprise, est donc de diviser ou de regrouper les activités en ensembles homogènes appelés « segments stratégiques » ou « domaines d'activité stratégique » (DAS) (Strategor, 2005). Ces regroupements visent, d'une part, à identifier très précisément la nature et le fonctionnement des différentes activités et, d'autre part, à affecter valablement des objectifs et des ressources spécifiques à chacune des activités. En ce sens, la segmentation est un prérequis indispensable à toute démarche de diagnostic stratégique et en constitue la première étape.

Ce qu'il faut savoir

La segmentation vise à délimiter des ensembles homogènes d'activités en termes de fonctionnement, de facteurs clés de succès, de compétences requises, de besoins satisfaits, de clients visés, d'objectifs stratégiques ou encore de structure concurrentielle. Elle constitue donc un prérequis indispensable au diagnostic stratégique en définissant et en caractérisant l'unité d'analyse sur laquelle faire porter les différents outils ou méthodes de diagnostic. Cette clarification de la nature de l'activité concernée par l'analyse conditionne, d'une part, la mise en place d'une stratégie adaptée à chaque segment (appelée « stratégie générique » ou « stratégie d'activité ») et, d'autre part, la conception d'une stratégie de croissance et de gestion de l'ensemble des activités du portefeuille de l'entreprise (appelée « stratégie d'entreprise »).

En outre, il est important de souligner que le processus de segmentation peut s'appliquer de manière indifférenciée à un secteur d'activités ou au périmètre d'une entreprise. Dans le cas d'un secteur d'activités, l'objectif est d'identifier très précisément la nature des différents segments qui le composent afin de déterminer leur degré d'attractivité respectif ainsi que les compétences requises pour

s'y développer. Cette analyse conduit ainsi, le cas échéant, à révéler les opportunités de lancement ou d'acquisition de nouvelles activités pour l'entreprise et guide les choix de stratégie de gestion du portefeuille d'activités. Dans le cas d'une entreprise, il s'agit de clarifier la morphologie de l'organisation au travers de l'identification des différentes activités qui la constituent. Il s'agit également d'en déduire les choix de stratégie générique spécifique pour chaque activité (mise en œuvre d'une gestion adaptée aux règles du jeu de l'activité identifiée). La segmentation permet, là aussi, d'orienter les choix de gestion du portefeuille d'activités puisqu'elle constitue un prérequis aux décisions d'investissement ou de désinvestissement (développement d'une activité jugée attractive ou retrait d'une activité considérée comme peu porteuse). Le résultat du processus de segmentation appliqué à un secteur d'activités sera appelé « segment stratégique » alors que le résultat de ce même processus appliqué à une entreprise sera appelé « DAS ».

Par ailleurs, il est important de distinguer le processus de segmentation marketing du processus de segmentation stratégique. En effet, si la démarche est similaire dans les deux cas, l'objet de la segmentation diffère. La segmentation marketing vise à rassembler ou à diviser les consommateurs d'un marché en groupes homogènes en termes de comportement d'achat.

Autrement dit, l'entreprise qui ne peut répondre aux besoins particuliers de chaque client adapte ses produits aux besoins de certaines catégories de consommateurs définies selon des critères objectifs (sexe, âge, etc.) ou subjectifs (personnalité, styles de vie, etc.).

Ces groupes ainsi constitués feront alors l'objet d'un ciblage (choix des groupes de consommateurs visés par l'entreprise) et d'un positionnement (proposition d'une offre en adéquation avec les attentes des clients et détermination d'un *marketing mix* cohérent). La segmentation stratégique vise, quant à elle, à rassembler des activités (et non des consommateurs) et à définir des ensembles homogènes caractérisés par des règles du jeu identiques. En ce sens, la segmentation marketing adopte une vision à plus court terme. Elle concentre son attention sur les aspects commerciaux et « ignore une partie des concurrents en ne considérant que ceux qui fabriquent le même produit » (Strategor, 2005).

Le processus de segmentation stratégique nécessite tout d'abord d'identifier les critères pertinents permettant de regrouper et/ou de diviser les activités en ensembles homogènes. Dans un deuxième temps, il est indispensable de vérifier que les conditions de validité de la segmentation obtenue sont remplies. Enfin, il est important de garder à l'esprit le caractère profondément subjectif de la segmentation.

Critères de segmentation et matrice de segmentation

Définir et identifier une activité nécessite de recourir à des critères de segmentation. Leur choix conditionne grande-

ment le résultat obtenu. Or il n'existe pas véritablement de consensus sur les critères à mobiliser, notamment du fait du caractère contingent du processus de segmentation. Nous abordons ci-dessous les principaux modèles utilisés avant de proposer une méthode synthétique pour segmenter les activités d'une entreprise ou un secteur d'activités.

Dès 1965, @ liste plusieurs possibilités visant généralement à identifier la nature d'une activité. La première consiste à définir l'activité par le biais des caractéristiques des produits fabriqués : le segment des machines-outils ou de l'automobile, par exemple. La deuxième possibilité consiste à identifier l'activité en ayant recours au métier ou à la technologie mobilisée pour concevoir ou fabriquer les produits : l'industrie de l'acier, de l'aluminium, du verre, par exemple. Enfin, la troisième possibilité propose de décrire l'activité par le biais de ses marchés. Dans le contexte précis de la segmentation, le terme de marché (ou de mission) renvoie à la fois aux attentes et aux besoins que le client cherche à satisfaire (laver son linge ou se déplacer en ville par exemple) et aux caractéristiques de la clientèle (particulier, entreprise, famille, célibataire, etc.). Si chacun de ces critères, pris indépendamment, est insuffisant pour identifier et définir précisément la nature d'une activité, il est en revanche possible de les combiner. Le choix d'Ansoff (1965) se porte sur la caractérisation d'une activité par le croisement d'une composante métier et d'une composante marché (ou mission). En ce sens, un ensemble homogène à la fois en termes de produit ou de service (type d'offre conçue, fabriquée et distribuée) et de marché (type de client) définit et spécifie un segment stratégique.

Sur la base de ces deux dimensions produit/marché, il est possible de segmenter les activités de l'entreprise Club Méditerranée. En ce qui concerne le produit, on peut distinguer par exemple les séjours en villages vacances «Club Med» et la gamme de voyages organisés (séjours hôteliers, circuits, thalassothérapie, etc.) proposée par sa filiale touropérateur Jet Tour. En ce qui concerne les groupes de clients, ils peuvent se répartir en fonction de leur âge, de leurs revenus ou de leur statut (célibataire ou famille par exemple). En combinant ces critères, il est possible de distinguer les différents DAS du groupe parmi lesquels on trouvera notamment les «séjours en villages vacances tout compris destinés

aux célibataires» ou les «circuits destinés aux seniors».

→ Pour aller plus loin : www.clubmed.net/corporate

Le modèle d'Abell et Hammond (1979) prolonge cette réflexion en fondant la procédure de segmentation sur un triaxe (voir Figure 1) : dans cette optique, la caractérisation d'un segment nécessite d'identifier précisément le groupe de clients achetant le produit ou le service, la fonction assurée par le produit ou le service pour ces clients, enfin la nature exacte de l'offre (produit ou service).

Dans l'industrie du transport aérien, plusieurs segments peuvent ainsi être distingués sur la base de la combinaison des modalités relatives à ces trois critères. En ce qui concerne la fonction assurée, on peut opposer les vols court et moyen courriers aux vols long courrier. L'offre proposée se répartit en sièges «classe affaires» et sièges «classe économique». Enfin, les clients

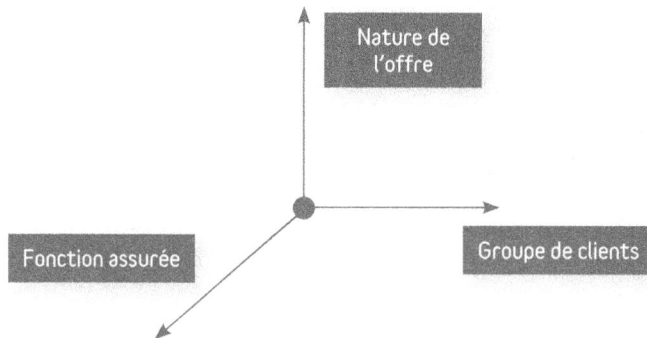

Figure 1 : Définition d'un segment (d'après Abell et Hammond, 1979)

peuvent être segmentés de manières très diverses : en fonction de leur âge, de leurs moyens financiers, en distinguant les individus des familles, etc. La combinaison de ces trois catégories de critères fera émerger les différents segments du secteur. Ainsi, on distinguera le segment des vols long courrier en classe affaires destinés à une clientèle aisée du segment des vols moyen courrier en classe économique visant une clientèle plus modeste.

Le modèle d'Ansoff (1965) fondé sur la détermination du couple produit-marché peut être critiqué, notamment du fait de l'importance excessive accordée aux savoir-faire commerciaux aux dépens des savoir-faire technologiques. Ce mode de segmentation s'apparenterait ainsi plus à de la segmentation marketing qu'à une véritable segmentation stratégique (Strategor, 2005). La proposition d'Abell et Hammond (1979) a le mérite d'élargir le champ de la segmentation en prenant en considération la fonction assurée par l'offre. Cependant, les facteurs clés d'ordre technologique, notamment ceux liés au métier, sont encore sous-estimés dans cette approche. C'est pourquoi, à l'issue de la confrontation de ces deux modèles fondateurs, il est pertinent de proposer un modèle synthétique, à la fois général et intégrateur, en se fondant sur deux catégories de critères à combiner, au cas par cas, selon les situations : une catégorie liée à l'offre – relative à la nature du produit ou du service, au métier concerné ou à la technologie mobilisée – et une autre liée à la demande (relative à la nature de la clientèle, à la fonction assurée ou au type d'attentes ou de besoins satisfaits). Le croisement de critères relatifs à ces deux catégories de variables (ou matrice de segmentation) permet ainsi de proposer une segmentation stratégique appliquée à un secteur d'activités ou aux activités d'une entreprise (Figure 2). En fonction des caractéristiques propres du secteur ou de l'entreprise, l'analyste choisira d'avoir recours à une dimension particulière de la catégorie « offre » (type de technologie, par exemple) et à une dimension particulière de la catégo-

Figure 2 : Matrice de segmentation

Type d'offre	Segment 1	Segment 2
Produits ou métiers ou technologies	Segment 3	Segment 4
	Segment 5	Segment 6

Type de demande

Clients ou attentes ou fonctions

rie «demande» (fonction satisfaite par exemple). Le nombre de segments est de ce fait déterminé par le produit du nombre de modalités relatives à l'axe «offre» et du nombre de modalités relatives à l'axe «demande». Cependant, il est possible que l'un des segments «théorique» issu du croisement des axes n'ait pas d'existence concrète. Dans ce cas, il sera simplement supprimé de l'analyse.

Le groupe Vivarte se caractérise par une grande variété d'enseignes. Née en 1896 sous le nom de Manufacture nancéienne de chaussures, l'entreprise est initialement spécialisée dans la fabrication et la commercialisation de chaussures bon marché. C'est en 1904 qu'apparaît la marque André, qui sera pendant des années le navire amiral du groupe avec une vocation : chausser toute la famille. Dans les années 1960, après une croissance irrégulière, le groupe s'implante dans les centres commerciaux en France

et développe son activité à l'international (Belgique, Canada, Italie, etc.). Au début des années 1980, le groupe dispose d'un réseau de cinq cents magasins. Ces années vont être celles du développement du «discount» avec l'installation, en périphérie des villes, des enseignes Halle aux chaussures et Halle aux vêtements. À partir des années 1990, le groupe s'implante dans la distribution de prêt-à-porter avec le rachat des enseignes Caroll, visant les femmes de 30 à 40 ans, Kookaï, destinée à une clientèle plus jeune, ainsi que Creeks, Liberto et Spot. En 2001, le groupe André change de nom pour devenir Vivarte et contrôle de multiples enseignes de distribution en centre-ville et en périphérie, parmi lesquelles André, Caroll, Kookaï, Creeks-Liberto, Chaussland, la Halle aux chaussures, La Halle aux vêtements, Orcade-Minelli, San Marina, Pataugas, Fosco (réseau de points de vente de chaussures en Espagne), Cosmo et Merkal Calzados (enseigne de chaus-

Figure 3 : Matrice de segmentation des activités du groupe Vivarte

	Mode	Prix
Chaussures	Segment 1 — Distribution de «chaussures mode» en centre-ville et centres commerciaux	Segment 2 — Distribution de «chaussures discount» en périphérie
Vêtements	Segment 3 — Distribution de «vêtements mode» en centre-ville et centres commerciaux	Segment 4 — Distribution de «vêtements discount» en périphérie

Type d'offre

Attente clients

sures discount espagnole). En 2004, à l'issue d'une OPA, PAI Partners prend le contrôle du groupe, avant de le céder en 2007 au fonds d'investissement Charterhouse.

⟶ Pour aller plus loin : www.vivarte.fr

Pour segmenter les activités du groupe Vivarte, il est nécessaire de mobiliser deux critères relatifs à l'offre et à la demande : l'un relatif au métier et au produit (chaussure ou vêtement), l'autre au groupe de consommateurs et aux attentes clients (produit bon marché ou produit de mode). Le croisement de ces deux variables permet d'obtenir la matrice de segmentation suivante, conduisant à la détermination de quatre DAS pour le groupe Vivarte (Figure 3).

Cette matrice de segmentation peut non seulement être mobilisée pour déterminer les domaines d'activité d'une entreprise, mais également être appliquée au cas d'un secteur d'activités.

Pour segmenter le secteur des consoles de jeux vidéo, appuyons-nous sur une dimension relative à l'offre et une autre à la demande. Dans ce cas précis, le critère retenu pour la dimension de l'offre peut être celui de la technologie en distinguant un type de technologie orientée sur la performance (puissance des processeurs, performance des cartes graphiques, capacité à gérer de multiples applications : Internet, jeux, lecteur DVD, etc.) et un type de technologie orientée sur la miniaturisation (poids contenu, taille réduite, ergonomie et maniabilité optimisées malgré la taille réduite, etc.). Le critère relatif à la demande peut être celui du groupe ou de la cible client en dissociant les clients « enfants » des « adolescents et adultes ». Le croisement de ces deux variables permet d'obtenir la matrice de segmentation suivante, conduisant à une catégorisation en quatre segments stratégiques du secteur des consoles de jeux (Figure 4) :

Figure 4 : Matrice de segmentation du secteur des consoles de jeux

Orientée performance	Segment 1 « Consoles de salon enfants »	Segment 2 « Consoles de salon adolescents/adultes »
Type de technologie		
Orientée miniaturisation	Segment 3 « Consoles portables enfants »	Segment 4 « Consoles portables adolescents/adultes »
	Focalisé sur les « 5-12 ans »	Large : adolescents, adultes

Groupe de clients

Conditions de validité de la segmentation et analyse des FCS

Dans le but de vérifier la validité de la segmentation obtenue sur la base de la matrice de segmentation, il est nécessaire de satisfaire deux conditions. La première porte sur l'homogénéité intra-segment en termes de FCS, tandis que la seconde concerne l'hétérogénéité intersegments en termes de FCS. Un segment stratégique se définit comme un ensemble d'activités caractérisées par la même combinaison unique de FCS. En conséquence, d'une part, il est nécessaire lorsque l'on considère un segment stratégique de s'assurer que ses activités relèvent toutes du même ensemble de FCS (homogénéité des FCS intra-segment). D'autre part, il est également indispensable de s'assurer que deux segments différents possèdent une combinaison différente de FCS, c'est-à-dire de vérifier que chaque segment particulier est caractérisé par une combinaison unique de FCS (hétérogénéité des FCS inter-segments). En effet, si des activités appartenant au même segment issu de la matrice de segmentation présentent des FCS différents, cela impose une scission du segment initial et une recomposition des activités. De la même façon, au cas où plusieurs segments issus de la matrice de segmentation présentent des FCS identiques, un regroupement de ces segments s'impose. La matrice de segmentation ne constitue donc que la première étape du processus qui doit impérativement être suivie par l'identification des FCS relatifs à chacun des segments obtenus.

Cette analyse peut, le cas échéant, provoquer une recomposition des segments initialement reconnus.

À ce stade, il est nécessaire de préciser la notion de FCS. Comme nous l'avons souligné précédemment, un FCS est une compétence, une ressource ou un actif qui permet à l'entreprise de réussir à réaliser l'activité mieux que ses concurrents.

Autrement dit, la maîtrise des FCS constitue un gage de réussite.

Les FCS sont donc les éléments sur lesquels se fonde la logique concurrentielle d'un secteur. Les FCS d'une activité sont conditionnés par deux dimensions – l'une relative à la demande et l'autre relative à l'offre – : les exigences des clients et les caractéristiques économiques de production (Atamer et Calori, 2003). Les exigences exprimées par les clients, c'est-à-dire les critères de création de valeur pour le client, vont donc permettre d'identifier une première catégorie de FCS.

Dans le secteur des consoles de jeux, la demande des clients porte sur la richesse du catalogue de jeux disponibles et compatibles avec la console qui leur est vendue. La richesse du catalogue et le large choix des jeux disponibles constituent alors un FCS majeur de cette activité. De la même façon, dans le secteur du prêt-à-porter, le renouvellement très fréquent des modèles présents en boutique constitue une attente forte de la clientèle : la rotation des collections représente de ce fait l'un des FCS principaux de cette activité.

Par ailleurs, les impératifs et les contraintes technologiques ou économiques générés par la structure concurrentielle du secteur d'activité sont également à l'origine de certains FCS. Dans certains cas, les standards de productivité ou de coût existant dans un secteur et mis en place par les concurrents imposent de satisfaire des exigences de taille critique (taille minimum permettant d'atteindre une plus grande efficacité) ou de volume de production permettant de générer des économies d'échelle (Durand, 2003). Celles-ci se définissent comme la diminution du coût unitaire avec l'augmentation du volume de production du fait d'un étalement des frais fixes sur un nombre d'unités produites plus important et par une réduction du coût des investissements par unité de capacité, lorsque la capacité augmente (Strategor, 2005). Ces exigences deviennent de ce fait des FCS.

Dans l'automobile, compte tenu de l'importance des coûts fixes inhérents à la mise en œuvre d'une ligne de production, il est impératif pour une entreprise de s'assurer d'un volume de production (et donc d'un volume de vente) minimum. Le volume de production peut ici être considéré comme un FCS. Dans l'industrie pharmaceutique, étant donné l'investissement considérable nécessaire pour développer un nouveau médicament (évalué à environ 800 millions d'euros de recherche et développement), l'atteinte d'une taille critique permettant d'allouer des investissements de R&D devient un impératif crucial. Cette taille critique peut être considérée comme un FCS essentiel de cette activité, et c'est l'une des raisons qui poussent les entreprises du secteur à multiplier les opérations de concentration.

Les deux dimensions à l'origine des FCS d'une activité (respectivement relative à l'offre et à la demande) sont évi-

Figure 5 : Identification des FCS/DAS du groupe Vivarte

Type d'offre	Mode	Prix
Chaussures	Segment 1 Qualité, image de marque, suivi de la mode, couverture géographique	Segment 2 Prix, accessibilité, richesse de l'assortiment (toute la famille)
Vêtements	Segment 3 Rotation intensive des collections, réactivité par rapport à la mode, qualité et originalité, image de marque, couverture géographique	Segment 4 Prix, accessibilité, richesse de l'assortiment (toute la famille)

Attente clients

demment liées dans la mesure où les capacités techniques, industrielles ou productives visent le plus souvent à satisfaire les attentes exprimées par les clients. En ce sens, on peut conclure qu'il existe deux manières d'exprimer les FCS – en se positionnant du côté du client et de ses demandes ou du côté de l'entreprise et de ses compétences – et non deux types véritablement différents de FCS. Enfin, compte tenu de l'origine des FCS (attentes clients, impératifs technologiques, logique concurrentielle ou modèle économique), ces derniers ne sont pas immuables. En effet, l'évolution des styles ou des modes de vie, l'apparition de nouvelles tendances sociétales (écologie ou développement durable, par exemple) ou encore le phénomène de mondialisation de la consommation conduisent parfois à une modification des FCS dans une activité. De la même façon, les évolutions technologiques peuvent induire une modification des règles du jeu concurrentiel et des FCS.

'analyse des FCS appliquée aux DAS identifiés pour le groupe Vivarte montre que les segments 2 et 4 présentent le même ensemble de FCS (voir Figure 5). En revanche, même si les DAS 1 et 2 présentent des similarités, des différences importantes existent, notamment en termes d'impératif de renouvellement des collections : cet élément constitue en effet une nécessité absolue pour le vêtement (douze à vingt-quatre renouvellements par an), ce qui n'est pas le cas pour la chaussure (renouvellement suffisant de deux à quatre fois par an). Cette différence importante justifie de ce fait le maintien de deux segments distincts. En conséquence, notre segmentation initiale doit être réajustée et transformée pour obtenir une solution en trois DAS (fusion des segments 2 et 4).

L'analyse des FCS appliquée aux segments stratégiques du secteur des consoles de jeux vidéo montre que les segments 1 et 2 présentent le même ensemble de FCS (voir Figure 6). D'autre part, même si les DAS 3 et 4 présentent des similarités,

Figure 6 : Identification des FCS/Secteur des consoles de jeux

	Segment 1	Segment 2
Orientée performance	Puissance des processeurs et cartes graphiques, caractère multi-application, richesse du catalogue de jeux	Puissance des processeurs et cartes graphiques, caractère multi-application, richesse du catalogue de jeux
Type de technologie	Segment 3	Segment 4
Orientée miniaturisation	Prix, poids contenu, taille réduite, ergonomie et maniabilité optimisées	Puissance des processeurs, poids et taille réduite, ergonomie et maniabilité optimisées, richesse du catalogue de jeux
	Focalisé sur les « 5-12 ans »	Large : adolescents, adultes

des différences importantes existent : le prix contenu est un FCS essentiel pour le segment 3 du fait de l'âge de la clientèle visée. En outre, les impératifs de performance et de richesse du catalogue de jeux sont beaucoup plus prononcés dans le segment 4 que dans le segment 3 du fait de la clientèle adolescente et adulte qui est plus exigeante. Cette analyse nous conduit donc à recomposer notre segmentation initiale vers une solution en trois segments (fusion des segments 1 et 2).

Ce qu'il faut retenir

La phase de segmentation constitue la première étape, indispensable, de toute démarche de diagnostic stratégique. Elle permet à la fois de caractériser la nature des activités considérées et de leur affecter des objectifs spécifiques. Face à l'étude d'un secteur ou de l'ensemble des activités dans lesquelles une entreprise est impliquée, l'analyste est confronté le plus souvent à une grande diversité. Il est alors nécessaire de réduire cette diversité et de regrouper en ensembles homogènes (appelés «segments» ou «domaines d'activités stratégiques») l'ensemble de ces activités. C'est l'objet de la segmentation stratégique. Un segment stratégique se définit comme un ensemble d'activités homogènes d'une part en termes de type d'offre et de type de demande et d'autre part en termes de facteurs clés de succès (FCS). La démarche de segmentation stratégique (qui s'applique de manière indifférenciée à un secteur d'activité ou à une entreprise) passe par la construction d'une matrice de segmentation croisant deux dimensions : l'une relative à l'offre et l'autre relative à la demande. Une fois cette matrice réalisée, il est nécessaire de vérifier les conditions de validité de la segmentation. Celle-ci doit, en effet, présenter une homogénéité intra-segment et une hétérogénéité inter-segments en termes de FCS. Les FCS sont des compétences, des actifs, des ressources qui permettent à l'entreprise de réaliser l'activité mieux que ses concurrents. Cette étude des FCS pour chacun des segments obtenus à l'issue de la construction de la matrice de segmentation peut, le cas échéant, et afin de respecter ces deux conditions de validité, conduire à des recompositions (regroupement ou dissociation).

Tester ses connaissances

1 Dans quel cas est-il utile de segmenter une industrie ?
a) Si l'industrie étudiée est homogène.
b) Si l'industrie étudiée est hétérogène.
c) Si l'industrie est en phase de croissance forte.
d) Si l'industrie est très concurrentielle.

2 Un domaine d'activité stratégique (DAS) permet de regrouper :
a) les activités d'une entreprise en ensembles homogènes.
b) les produits et les services similaires dans un secteur d'activités donné.
c) les entreprises ayant adopté la même stratégie dans un secteur d'activités.

3 Laquelle de ces affirmations est inexacte ?
a) Un facteur clé de succès (FCS) est une compétence permettant à l'entreprise de réussir à réaliser une activité mieux que ses concurrents.
b) Un facteur clé de succès (FCS) est une « règle du jeu » attachée à un secteur ou un segment stratégique.
c) Un facteur clé de succès (FCS) est une mesure de la compétitivité d'une entreprise donnée.

4 Une matrice de segmentation est construite :
a) sur la base du croisement de deux dimensions : produit et marché.
b) sur la base du croisement de trois dimensions : nature de l'offre, groupe de client et fonction assurée par le produit.
c) sur la base du croisement de deux dimensions choisies, au cas par cas, l'une relative à l'offre et l'autre relative à la demande.

5 Définissez la notion de DAS puis le concept de segment stratégique.

6 Quelles sont les deux étapes d'un processus de segmentation ?

7 Une fois la matrice de segmentation réalisée, quelles sont les deux conditions nécessaires à la validation de cette segmentation ?

Réponses p. 308.

Tester sa compréhension

1 Laquelle de ces affirmations paraît incorrecte?

a) La segmentation est un prérequis indispensable à la détermination des FCS.

b) La segmentation est un prérequis indispensable à la gestion du portefeuille d'activités de l'entreprise.

c) La segmentation permet d'identifier les sources de création de valeur dans les différentes activités de l'entreprise.

2 Laquelle de ces affirmations paraît correcte?

a) Un FCS se définit comme une compétence détenue par l'entreprise.

b) Un FCS se définit comme une compétence dont doit disposer l'entreprise pour réussir.

c) Un FCS se définit comme une compétence détenue par l'ensemble des concurrents d'un secteur d'activité.

3 Considérant le secteur de la production d'huile d'olive, laquelle des dimensions ci-dessous paraît la moins pertinente pour construire une matrice de segmentation?

a) Le niveau de qualité de d'huile (vierge extra, vierge, courante).

b) L'utilisation de l'huile (friture, assaisonnement, cuisson).

c) Les attentes des consommateurs (nutrition, santé).

4 Laquelle de ces décompositions ne correspond pas à une segmentation stratégique?

a) Le secteur des rollers en ligne se décompose en « roller radical » (adapté à une utilisation sur rampe...) et « roller fitness » (adapté à une utilisation « balade » et « détente »).

b) Le secteur des jeux vidéo se décompose en « *hardcore gamers* » (joueurs ayant une pratique très intensive) et en « joueurs occasionnels ».

c) Le secteur des consoles de jeu se décompose en « consoles portables enfants », « consoles portables adultes » et « consoles de salon ».

5 Précisez les principaux objectifs et intérêts de la phase de segmentation.

6 Analysez les points communs et les différences existant entre le processus de segmentation marketing et le processus de segmentation stratégique.

7 En segmentant les activités « grande distribution généraliste » du groupe Carrefour, un analyste hésite entre deux possibilités :

a) « distribution de produits alimentaires », « distribution de produits non alimentaires » et « distribution de services »

b) « distribution de produits de marque fabricant », « distribution de produits à sa marque » et « distribution de services »

Critiquez et analysez ces deux propositions de segmentation.

Réponses p. 308.

Analyse des environnements concurrentiels (ou typologie des systèmes concurrentiels)

Définition et contexte d'application

La typologie des systèmes concurrentiels développée par le BCG (Boston Consulting Group) est un modèle permettant d'identifier la nature, la structure et le fonctionnement d'un segment stratégique, d'une industrie ou d'un secteur d'activité.

Autrement dit, le modèle des systèmes concurrentiels permet d'identifier les «règles du jeu» relatives à un environnement donné.

Il offre également, de ce fait, des pistes de réflexion quant à la manière de gérer ces activités. Au sein du processus de diagnostic stratégique, cette étape d'identification de l'environnement concurrentiel et des «règles du jeu» propres à cet environnement suit immédiatement la phase de segmentation stratégique (voir chapitre 1).

Pour aller plus loin : www.bcg.com

Partant de l'idée que chaque secteur ou chaque industrie présente une configuration structurelle et concurrentielle qui lui est propre, l'objet du modèle des systèmes concurrentiels est de caractériser des environnements génériques (aussi appelés «systèmes concurrentiels») qui vont permettre d'identifier et de décrire les différents cas de figures possibles. Ceux-ci pourront alors être rattachés aux environnements génériques. Au final, la typologie des systèmes concurrentiels détermine quatre catégories d'environnement auxquelles les activités de l'entreprise peuvent être confrontées et rattachées. Elle décrit le fonctionnement et les principales caractéristiques des quatre systèmes concurrentiels identifiés et permet de déduire également l'attitude que doit adopter l'entreprise pour gérer les activités correspondant à ces différents environnements.

Ce qu'il faut savoir

La typologie des systèmes concurrentiels distingue quatre types d'environnements génériques, c'est-à-dire quatre systèmes concurrentiels distincts. Pour cela, le BCG s'appuie sur deux dimensions combinées : le nombre de sources de différenciation possibles (ou exploitables) d'une part et la solidité de l'avantage concurrentiel d'autre part. Le croisement de ces deux dimensions conduit aux quatre systèmes concurrentiels : fragmenté, spécialisé, volume, impasse (Figure 1).

Le nombre de sources de différenciation possibles fait référence au nombre de FCS sur lesquels, au sein d'une activité, l'entreprise peut s'appuyer pour distinguer son offre de celle de la concurrence, c'est-à-dire pour se différencier. Si les possibilités de différenciation offertes sont peu nombreuses, alors la concurrence s'établira sur la base du prix. À l'inverse, l'existence de sources de différenciation potentielles nombreuses ouvre la possibilité aux concurrents de positionner leur offre de manière originale et de se distinguer des autres entreprises. De ce fait, les entreprises échappent à une concurrence fondée exclusivement sur les prix. En ce sens, avec l'augmentation du nombre de sources de différenciation possibles, le prix voit son importance diminuer dans l'obtention d'un avantage concurrentiel. Par ailleurs, dans une activité donnée, le nombre de sources de différenciation possibles (ou exploitables) dépend fortement de deux dimensions (Atamer et Calori, 2003) : le nombre de technologies disponibles et utilisables d'une part, et celui de groupes d'acheteurs présentant un comportement spécifique d'autre part. Ces deux dimensions sont, en effet, relatives aux deux leviers de différenciation classiques : levier technologique ou marketing.

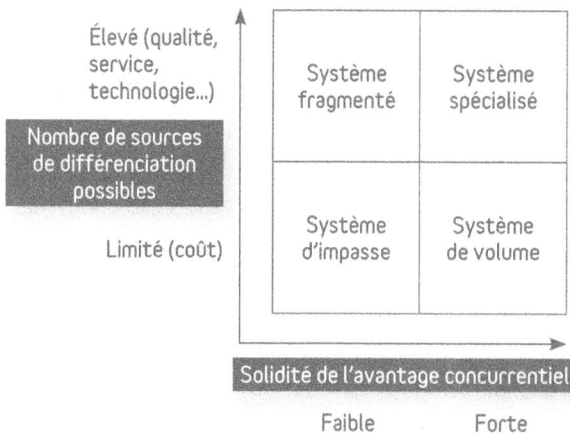

Figure 1 : Matrice des systèmes concurrentiels (BCG, 1982)

Dans le secteur du prêt-à-porter, les sources de différenciation sont nombreuses et liées par exemple à la création, l'originalité, le mode de distribution, l'adéquation avec l'évolution des styles de vie et les phénomènes de mode, etc. Les acteurs du secteur peuvent donc distinguer leur offre de celle des concurrents. En conséquence, la compétitivité d'une entreprise ne dépend pas majoritairement de sa capacité à proposer des prix bas. À l'opposé, dans le segment de l'automobile «low cost», il n'existe que très peu de sources de différenciation. Le seul FCS réside dans la capacité à maîtriser les coûts, et le prix est le levier majeur permettant de développer un avantage concurrentiel.

La solidité de l'avantage concurrentiel fait référence à son caractère durable et défendable. Au sein de certaines activités, les entreprises peuvent développer une position concurrentielle forte et défendable. Cela signifie que, dans certains secteurs, maîtriser un ou plusieurs FCS critiques va protéger durablement l'entreprise de ses concurrents. En ce sens, la solidité de l'avantage concurrentiel dépend de la difficulté à maîtriser les FCS et de l'importance des barrières à l'entrée de l'activité. Dans une activité caractérisée par des barrières à l'entrée fortes, les entreprises déjà installées, et qui disposent d'une maîtrise des facteurs clés de succès, profitent ainsi d'un avantage concurrentiel durable.

Dans le secteur de l'aéronautique, les barrières à l'entrée sont à la fois nombreuses et particulièrement difficiles à surmonter (économies d'échelle, d'expérience, intensité capitalistique, intensité technologique, etc.). C'est la raison pour laquelle les leaders du secteur (Boeing et Airbus) profitent depuis plusieurs dizaines d'années d'une position concurrentielle forte et solide.

Les systèmes de volume

Les environnements de volume se caractérisent par un très faible nombre de sources de différenciation exploitables (la seule option étant généralement le prix) ainsi que par la possibilité de développer un avantage concurrentiel solide du fait d'importantes barrières à l'entrée (BCG, 1982). Au sein de ces environnements, on trouve des produits basiques, banalisés, standard, généralement à faible valeur ajoutée. Ils sont caractérisés par une forte élasticité au prix et correspondent à des besoins simples et homogènes.

Les secteurs de l'automobile «low cost», de la restauration collective ou du papier hygiénique sont des exemples de systèmes concurrentiels de volume.

Pour gérer au mieux ce type d'activité, les entreprises doivent donc chercher à générer un avantage de coût ainsi qu'à établir des barrières à l'entrée importantes. L'entreprise qui possède une activité située dans un environnement de volume dispose alors de plusieurs voies d'action possibles : le recours aux effets de volume, la recherche d'économies de variété ou encore la délocalisation.

35

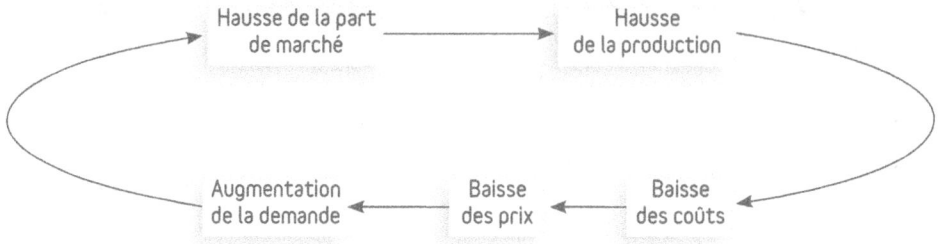

Figure 2 : Cercle vertueux du volume

La première possibilité renvoie à une stratégie dite de «volume» : offrir un produit standard, fabriqué dans la plus grande quantité possible, le plus longtemps possible. En effet, on constate que, dans ce type d'environnement, le volume permet de développer un avantage concurrentiel significatif en termes de coût (et donc de prix) par le biais des effets de taille, des économies d'échelle et d'expérience. L'effet de taille renvoie à l'augmentation du pouvoir de négociation de l'entreprise face à ses fournisseurs du fait de son volume d'achat plus important.

Autrement dit, l'effet de taille permet une baisse des coûts d'achat.

Les économies d'expérience (ou effet d'apprentissage) désignent la baisse du coût unitaire d'un produit avec l'augmentation de sa production cumulée. Ce phénomène est dû à l'amélioration de la productivité du travail du fait de l'apprentissage de la main-d'œuvre et de l'amélioration des processus. Cette stratégie permet de ce fait d'entrer dans le «cercle vertueux du volume» (voir Figure 2), susceptible de consolider la position dominante et de dynamiser la rentabilité des deux ou trois principales entreprises du secteur.

L'indicateur de performance à privilégier dans ce type d'activité est donc la part de marché. En effet, celle-ci permet à l'entreprise de profiter des effets de baisse des coûts plus vite et plus intensément que ses concurrents, établissant, par là même, une position concurrentielle forte et solide.

Avec le 747, Boeing a disposé pendant près de trente ans d'une part de marché dominante sur le segment des gros-porteurs, ce qui lui permettait de bénéficier de coûts unitaires particulièrement compétitifs. C'est cette part de marché qui a permis à l'entreprise de rester leader sur ce segment, privant Airbus de l'accès même au marché des gros-porteurs jusqu'au lancement de l'A380. En effet, la part de marché détenue par Boeing interdisait à Airbus d'atteindre la taille minimale efficiente qui lui aurait permis à la fois d'être compétitif en termes de prix et de rentabiliser ses investissements.

→ Pour aller plus loin : www.boeing.com et www.airbus.com

Outre la baisse des coûts liée aux effets de volume, les entreprises peuvent également chercher à générer des économies de variété pour améliorer leur compétitivité prix. Pour profiter d'économies de variété, l'entreprise doit réduire le nombre de composants ou de sous-systèmes différents, nécessaires à la fabrication de son (ou de ses) produit(s).

Autrement dit, il s'agit de diminuer la diversité des composants requis pour produire une offre sans pour autant réduire la diversité des produits finis.

Cette réduction du nombre de composants peut alors permettre de simplifier le processus de production (gains de productivité), de simplifier le produit (gains en termes de fiabilité et baisse des coûts de non-qualité), et de simplifier la gestion des stocks et la gestion logistique.

L'un des premiers exemples de l'exploitation de ces économies de variété est celui de Texas Instrument, qui est parvenu à réduire de manière brutale le coût (et le prix) de ses calculatrices à la fin des années 1970. Entre 1975 et 1979, l'entreprise a diminué le nombre des éléments électroniques de ses calculatrices de cent vingt-huit à douze, ce qui a permis de faire passer le prix de 225 à 40 dollars. De la même façon, dans les années 1980, Swatch est parvenu à réussir dans le marché sinistré de la montre d'entrée de gamme européenne en profitant, notamment, d'économies de variété importante puisque l'entreprise a divisé par deux le nombre de composants nécessaires à la fabrication de ses montres.

Enfin, la troisième solution envisageable pour générer un avantage de coût dans les activités situées dans ce type d'environnement est le recours à la délocalisation. Dans la majorité des cas, la délocalisation «offshore» permettra à l'entreprise de profiter des coûts salariaux inférieurs, voire d'obtenir un accès facilité à la matière première.

Le recours à la délocalisation offshore est ainsi particulièrement répandu dans les industries de volume. C'est par exemple la logique adoptée par Renault pour sa voiture «low cost». La Logan est en effet fabriquée dans des usines situées en Roumanie, en Russie et en Iran et assemblée dans des usines localisées au Maroc et en Colombie. Autant de pays où le coût de la main-d'œuvre est en moyenne sept fois inférieur à celui de la France.

➤ Pour aller plus loin : www.dacia-logan.com

Au final, les principaux FCS relatifs au système concurrentiel de volume sont la maîtrise des coûts, la part de marché, la réalisation d'économies d'échelle et d'expérience, enfin la standardisation de l'offre.

Cependant, même si les leaders présents sur ces activités apparaissent comme peu menacés, il n'en existe pas moins deux risques majeurs associés à la poursuite d'une logique de volume : un risque d'apparition de rigidité et un autre de déclenchement de guerre des prix. En effet, une compréhension incomplète de la logique de l'environnement de volume pourrait faire croire que la solution réside exclusivement dans la standardisation de l'offre et la production de masse : produire le plus longtemps possible l'offre la plus standard possible, dans la plus grande quantité possible, pour profiter à plein de l'effet du cercle vertueux du volume (effets d'échelle et d'expérience). Or, la poursuite excessive de cette logique de focalisation sur le volume risque, d'une part, d'affaiblir la capacité de l'entreprise à percevoir la modification des attentes des consommateurs et, d'autre part, de diminuer l'attention qu'elle porte aux évolutions technologiques susceptibles d'avoir un impact sur son offre ou son processus de production. Le risque existe alors de développer un avantage de coût sur un produit délaissé par les clients ou sur une technologie dépassée.

Par ailleurs, si plusieurs concurrents de taille et de puissance équivalentes mettent en œuvre simultanément ce type de stratégie orientée sur le volume et la maîtrise des coûts, ils vont tous chercher à baisser leurs prix afin de développer leur part de marché. Pour cela, ils vont accepter de sacrifier leur marge. Cette situation risque de déboucher sur une guerre des prix à l'origine d'une dégradation globale de la rentabilité du secteur, sans pour autant qu'aucun des concurrents ne parvienne à acquérir une position dominante.

Les systèmes spécialisés

Les environnements spécialisés se caractérisent par un nombre très important de sources de différenciation possibles. En outre, ils présentent de fortes barrières à l'entrée. Il est donc possible non seulement de se distinguer de ses concurrents, mais aussi de développer un avantage concurrentiel durable du fait du caractère défendable de cette différenciation (BCG, 1982). Au sein de ces environnements, on trouve des produits évolués, complexes, des produits généralement à forte valeur ajoutée présentant une assez faible élasticité au prix.

Par ailleurs, il est difficile de profiter d'économies d'échelle. À la différence des environnements de volume dans lesquels la demande est homogène, les systèmes spécialisés se définissent par une demande hétérogène, caractérisée par des attentes nombreuses et différentes en termes de nature et d'intensité du besoin. Cette situation conduit alors à une « coexistence pacifique » d'entreprises qui ont choisi des sources de différenciation différentes et sont positionnées sur des créneaux spécifiques (Garibaldi, 2001). Cette situation permet de diminuer la rivalité concurrentielle et d'assurer des marges et une rentabilité intéressantes.

Les secteurs des vaccins, de la distribution sélective de produits cosmétiques ou de l'armement sont des exemples de systèmes concurrentiels spécialisés.

Pour gérer au mieux des activités situées dans un environnement spécialisé, l'entreprise doit proposer une offre différenciée, c'est-à-dire créatrice de valeur pour le client.

Autrement dit, une offre que le client valorise et qui paraît unique à ses yeux.

Il s'agit donc pour l'entreprise de concentrer ses efforts sur un ou plusieurs segments bien choisis pour y construire un avantage concurrentiel (Atamer et Calori, 2003). Pour cela, la firme doit s'appuyer sur un levier technique et technologique et/ou marketing à l'origine de la perception par le client d'une différenciation qu'il valorise. Le levier technologique fait notamment référence à la performance du produit, la fiabilité, l'innovation, la qualité, alors que le levier marketing renvoie par exemple à l'image de marque, à la réputation, à l'histoire du produit ou de l'entreprise. Enfin, la solidité de l'avantage concurrentiel dépendra du caractère difficilement imitable des compétences et des actifs qui sous-tendent la différenciation.

'entreprise Vallourec fabrique et commercialise des tubes en acier sans soudure et des produits tubulaires spécifiques destinés à des applications industrielles. Ces produits s'adressent principalement aux industries pétrolière et gazière (pipeline sous-marin par exemple). Cette activité correspond parfaitement à un environnement spécialisé : produits évolués, avancés technologiquement, à forte valeur ajoutée, barrières à l'entrée importantes notamment technologiques et financières. L'entreprise parvient à mettre en œuvre une stratégie de différenciation réussie en s'appuyant sur plusieurs éléments : une offre de très grande qualité (gamme large, produits très performants par exemple en termes de résistance à la corrosion, à l'écrasement, à l'extension, etc.), une forte intégration verticale amont qui lui permet de contrôler très finement le processus, un investissement massif en R&D, passant notamment par des coopérations multiples (centres de recherche, universités, etc.), enfin un service commercial qui privilégie l'écoute du client en proposant des solutions sur mesure et une personnalisation quasi illimitée des produits. C'est cette différenciation réussie qui permet à Vallourec de bénéficier de taux de rentabilité commerciale de l'ordre de 30 %.

Pour aller plus loin : www.vallourec.com

Au final, les principaux FCS relatifs au système concurrentiel spécialisé sont la performance et la qualité du produit, l'innovation, la R&D, l'image de marque, les services associés. Cependant, même si les systèmes spécialisés apparaissent comme des environnements plutôt favorables du fait de la rentabilité qu'il est possible de générer et de la rivalité modérée qui règne, il existe deux risques principaux pour les entreprises (Garibaldi, 2001). En effet, le créneau sur lequel l'entreprise a positionné son activité peut disparaître – perte de la différenciation dans l'esprit du consommateur ou apparition d'offres concurrentes perçues comme plus créatrices de valeur. De plus, de manière contre-intuitive, le succès et le développement du segment ou du créneau peuvent remettre en cause la position de l'entreprise. Avec l'augmentation de la taille du segment, les conditions de la rivalité concurrentielle ainsi que les FCS peuvent changer et induire une modification même de la nature du système concurrentiel (transformation en un environnement de volume par exemple). L'entreprise risque alors de se retrouver en inadéquation avec les règles du jeu du segment (insuffisance des moyens de financement de la croissance, impossibilité de profiter à plein des effets du volume, coûts trop élevés, inadaptation du positionnement de l'offre, etc.).

Les systèmes fragmentés

Les environnements fragmentés se caractérisent par un nombre très important de sources de différenciation possibles. En revanche, les barrières à l'entrée sont limitées. Il existe ainsi un grand nombre de FCS sur lesquels l'entreprise peut s'appuyer pour distinguer son offre de celle de ses concurrents – et échapper ainsi à une concurrence directe par les prix. Cependant, la maîtrise de ces FCS ne lui permet pas de s'assurer d'une position solide et durable. Au sein de ces environnements, les produits subissent un fort effet de mode, leur cycle de vie est le plus souvent assez court, l'innovation est difficilement protégeable et les risques d'imitation et de copie sont élevés. En outre, il est très difficile de générer des économies d'échelle ou des économies d'expérience. Dans ces activités turbulentes, il n'existe généralement pas de leader historique comme cela peut être le cas en environnement de volume, voire en environnement spécialisé. Les positions concurrentielles sont fluctuantes et la position forte d'une entreprise peut facilement se retrouver menacée par l'arrivée d'un nouveau concurrent positionné sur le même créneau.

Les secteurs du prêt-à-porter, de la restauration commerciale, du service bancaire ou de la production d'huile d'olives locales sont des exemples de systèmes concurrentiels fragmentés.

Pour gérer au mieux des activités situées dans un environnement fragmenté, l'entreprise dispose de deux options : soit jouer les règles du jeu de l'activité fragmentée, soit tenter de modifier la nature de l'activité afin de faire évoluer les règles du jeu à son avantage. Pour jouer les règles du jeu de l'activité, l'entreprise doit non seulement mettre en œuvre une stratégie de différenciation efficace, mais aussi renouveler cette différenciation par des innovations constantes pour se démarquer des concurrents (Atamer et Calori, 2003).

Autrement dit, si, dans l'environnement spécialisé où grâce à l'innovation, l'entreprise reste au sommet de la vague, elle doit dans l'environnement fragmenté multiplier des vagues éphémères d'innovations pour surfer à leur sommet de manière permanente.

À partir du moment où les sources de différenciation sont nombreuses, mais fragiles, car peu défendables, la seule solution est de s'adapter en permanence aux besoins et aux tendances du marché pour profiter d'avantages précaires. En ce sens, l'activité de veille technologique et commerciale est essentielle, car elle permet d'orienter les fonctions marketing et R&D pour se positionner sur de nouveaux créneaux porteurs et pour renouveler les sources d'avantage concurrentiel.

Zara, marque espagnole de prêt-à-porter, est très souvent citée en exemple du fait de son exceptionnelle capacité à s'adapter aux tendances de la mode et aux attentes de ses clients. Grâce à son service de création intégré, qui ne compte pas moins de deux cents stylistes employés à temps plein, l'entreprise renouvelle ses collections de manière intensive et les boutiques de la marque reçoivent une livraison de nouveaux modèles de manière bimensuelle. Cette réactivité lui permet de maintenir son avantage concurrentiel et sa différenciation en renouvelant régulièrement ses produits et en dynamisant la fréquentation des magasins (les clients revenant régulièrement pour prendre connaissance des nouveautés).

↗ Pour aller plus loin : www.inditex.com

L'autre possibilité offerte aux entreprises dont les activités évoluent dans un environnement fragmenté consiste à rechercher une source d'avantage concurrentiel durable. Il s'agit donc ici de transformer la nature de l'activité en vue de faire émerger des barrières à l'entrée et de diminuer la volatilité de la position concurrentielle.

Autrement dit, il s'agit de viser la transformation d'une activité fragmentée en une activité spécialisée ou de volume.

L'entreprise doit alors revoir sa conception de l'activité pour exploiter une différenciation fondée sur un actif rare et difficilement imitable ou pour favoriser une croissance forte permettant d'exploiter des éléments du processus sensibles aux effets de volume (effet de taille, économies d'échelle, d'expérience).

Le succès de Marionnaud dans les années 1990 et 2000 illustre parfaitement la transformation d'une activité fragmentée en activité de volume. En 1984, Marcel Frydman, fondateur de Marionnaud, rachète une parfumerie à Montreuil pour 30 000 euros. Le secteur des parfumeries traditionnelles indépendantes est une activité typiquement fragmentée : sources de différenciation nombreuses (assortiment, emplacement, conseil, accueil, services complémentaires, etc.), mais barrières à l'entrée quasi inexistantes. En réinvestissant systématiquement les bénéfices dans le rachat de nouveaux points de vente, Marcel Frydman va progressivement bâtir un empire (63 points de vente en 1996, 578 en 2000, 1 232 en 2004) fondé sur un modèle économique simple : « le luxe à prix discount ». Pour proposer des prix compétitifs (inférieurs d'environ 20 % à ses concurrents indépendants), Marionnaud s'appuie sur le volume d'achat. En augmentant le nombre de points de vente, il fait croître ses débouchés et peut bénéficier d'importants effets de taille dans la négociation avec les fournisseurs. Il répercute alors une partie des économies réalisées dans la baisse des prix de vente, ce qui a pour effet d'augmenter son volume d'affaires : le cercle vertueux du volume est amorcé. Avec sa stratégie de croissance externe radicale et brutale, Marcel Frydman a modifié la nature de l'activité sur laquelle il était implanté : de la parfumerie traditionnelle indépendante, il est passé à la distribution sélective de chaîne. Il a ainsi su, grâce à une croissance forte, exploiter des effets de volume et créer des barrières à l'entrée solides pour positionner son activité dans un environnement de volume.

— Pour aller plus loin : Brulhart, F. et Meschi, P.-X. «Concurrence et leadership dans le secteur de la distribution des produits cosmétiques», Centrale des cas et des médias pédagogiques, CCIP, Paris, G1436 (2006).

Au final, les principaux FCS relatifs au système concurrentiel fragmenté sont la flexibilité, la réactivité et l'innovation.

Les systèmes d'impasse

Les environnements d'impasse se caractérisent par un très faible nombre de sources de différenciation exploitables – le prix étant le critère principal pour le client – et par des barrières à l'entrée faibles – les technologies sont standards et facilement accessibles. Au sein de ces environnements, les produits et les services sont banalisés et le taux de croissance de l'activité est généralement stagnant, voire déclinant, ce qui accentue encore la rivalité concurrentielle (Atamer et Calori, 2003). Dans ce type d'environnement, on constate souvent l'apparition de nouveaux entrants issus des pays en développement. Ces derniers peuvent en effet se positionner sur l'activité du fait de la faiblesse des bar-

rières à l'entrée et exploiter leurs avantages spécifiques – coût de main-d'œuvre ou accès facilité à la matière première – pour profiter d'une forte compétitivité prix. Du fait des barrières à la sortie élevées dans ce type de secteur, les firmes existantes sont condamnées à « s'enliser » dans l'industrie et à continuer à produire malgré la concurrence agressive des nouveaux entrants, la situation de surcapacité et la chute des prix (Atamer et Calori, 2003). En conséquence, l'ensemble des acteurs de ces activités peine à dégager une rentabilité satisfaisante.

Les secteurs de la pâte à papier, de l'agriculture traditionnelle indépendante, du textile de bas de gamme ou des engrais sont des exemples de systèmes concurrentiels d'impasse.

Confrontée à la gestion d'activités situées en environnement d'impasse, outre le retrait pur et simple de l'activité, l'entreprise dispose là encore de deux options : la première option consiste à tenter de préserver la rentabilité de l'activité pour survivre en adoptant une stratégie «relationnelle» (Anastassopoulos et Blanc, 1995) et en neutralisant la concurrence. Parmi les manœuvres envisagées, on peut citer l'appel à l'intervention publique (mesures protectionnistes, subventions, fixation de quotas, réglementation des prix, etc.), l'entente ou la cartellisation ou encore le recours à la croissance externe (recherche d'une situation de quasi-monopole par le biais d'une concentration intensive). La seconde option vise à transformer la nature de l'activité afin de se positionner dans un environnement concurrentiel plus favorable. En ce sens, l'entreprise doit rechercher des effets de volume ou de spécialisation afin de faire émerger un avantage concurrentiel solide.

En 2007, la suppression des quotas d'importation de textile en Europe (mis en place par les accords multifibres dits AMF) a accentué la crise qui touchait déjà ce secteur depuis les années 1980 en France. Dans ce secteur en impasse, les accords AMF permettaient en effet de protéger les entreprises de la concurrence des pays en développement et notamment de la Chine. La suppression des quotas a permis aux entreprises asiatiques d'inonder massivement le marché européen de leurs produits bon marché et a déclenché de multiples disparitions d'entreprises françaises, incapables d'être compétitives. Ainsi, le groupe DMC, producteur de fil et de tissu, qui avait vu ses effectifs passer de 9 000 salariés en 1990 à 1 150 en 2007, s'est trouvé en situation de cessation de paiement en mai 2008.

Dans le secteur de la construction navale, largement sinistré, les entreprises qui ont choisi de resegmenter et de repositionner leur activité dans le créneau des bateaux de plaisance ont modifié la nature de leur activité. Sur ce nouveau segment, les attentes des clients sont très élevées, l'élasticité au prix est faible et les entreprises doivent disposer de compétences spécifiques et rares (conception, design, matériaux de pointe, aménagement intérieur, service, etc.) pour réussir. Les entreprises qui ont su faire les changements nécessaires évoluent désormais dans un environnement de type spécialisé où elles proposent des produits différenciés et dans lequel les barrières à l'entrée sont élevées.

Ce qu'il faut retenir

L'analyse des systèmes concurrentiels est une méthodologie de diagnostic visant à caractériser les différents types d'environnements auxquels une entreprise peut être confrontée. Elle s'applique aux activités précédemment définies par la phase de segmentation stratégique. Sur la base du croisement de deux dimensions (« nombre de sources de différenciation possibles » et « solidité de l'avantage concurrentiel »), ce modèle construit une matrice (matrice des systèmes concurrentiels) et détermine quatre cas de figure (soit quatre systèmes concurrentiels distincts) : l'environnement de volume, l'environnement spécialisé, l'environnement fragmenté et l'environnement d'impasse. Pour chacun de ces environnements, le modèle des systèmes concurrentiels décrit et analyse leur structure et leur fonctionnement respectifs (types de produit présents, principales attentes des clients, indicateurs de performance pertinents, risques majeurs, etc.) ainsi que les règles du jeu qui y sont associées (FCS). En outre, le modèle propose différentes options stratégiques, voies d'action et modes de gestion adaptés afin de guider les entreprises impliquées dans des activités correspondant à ces environnements.

Tester ses connaissances

1 Le principe du modèle des systèmes concurrentiels repose sur :

a) la détermination du modèle économique sur lequel est fondée la rentabilité d'une entreprise donnée.

b) l'analyse de cinq forces s'exerçant sur un secteur d'activité donné.

c) l'évaluation de deux dimensions : le nombre de sources de différenciation et la solidité de l'avantage concurrentiel.

d) l'analyse de deux dimensions : métier et mission.

2 Parmi ces différents secteurs en Europe, lequel correspond le plus à un système concurrentiel en impasse ?

a) Automobile

b) Agriculture traditionnelle

c) Construction navale (bateaux de plaisance)

d) Fabrication de produits cosmétiques

3 Laquelle de ces affirmations vous paraît la plus pertinente ?

a) Dans un environnement de volume, les deux ou trois plus grandes entreprises se partagent l'essentiel de la rentabilité du secteur.

b) Dans un environnement spécialisé, le risque majeur est la guerre des prix.

c) Dans un environnement fragmenté, il est facile de consolider sa position concurrentielle.

d) Dans un environnement fragmenté, le leader est intouchable.

4 Parmi ces différents segments de l'industrie de la distribution des produits cosmétiques, lequel correspond le mieux au système fragmenté ?

a) Vente directe

b) Grande diffusion (grandes surfaces généralistes)

c) Grandes chaînes spécialisées de distribution sélective

d) Parfumerie traditionnelle indépendante

5 Quels sont les deux facteurs influençant le nombre de sources de différenciation existantes dans un secteur d'activité ?

6 Explicitez les principales caractéristiques d'un environnement de volume ainsi que la dynamique de ce type de système concurrentiel.

7 Définissez le concept de solidité de l'avantage concurrentiel.

Réponses p. 308.

45

Tester sa compréhension

1 Laquelle de ces affirmations vous paraît la plus logique ?

a) Une entreprise peut disposer d'un avantage concurrentiel solide, à condition de mettre en place une stratégie de différenciation efficace.

b) Une entreprise peut disposer d'un avantage concurrentiel solide, à condition de produire moins cher que ses concurrents.

c) Une entreprise peut disposer d'un avantage concurrentiel solide, à condition de disposer de compétences rares et difficilement imitables.

2 Dans un environnement en impasse, quelle est la solution la plus inadaptée pour l'entreprise ?

a) Mettre en place une manœuvre de cartellisation pour annuler la concurrence.

b) Augmenter les prix pour générer plus de marge.

c) Faire appel à l'intervention publique pour réglementer les prix.

d) Recourir à des manœuvres de croissance externe pour augmenter le degré de concentration du secteur.

3 Laquelle de ces affirmations vous paraît la plus logique ?

a) Dans un environnement fragmenté, la seule solution est de proposer le prix le plus bas et de maîtriser ses coûts.

b) Dans un environnement fragmenté, la seule solution est de jouer la flexibilité et la réactivité.

c) Dans un environnement spécialisé, la différenciation est plus difficile à maintenir que dans un environnement fragmenté.

d) Dans un environnement spécialisé, l'imitation est facile.

4 Laquelle de ces affirmations vous paraît la plus logique ?

a) Un environnement caractérisé par un nombre élevé de sources de différenciation ne permet à aucune entreprise de générer une forte rentabilité dans le secteur.

b) Un environnement caractérisé par un nombre élevé de sources de différenciation permet aux entreprises présentes d'échapper à une concurrence directe par les prix.

c) Un environnement caractérisé par un nombre élevé de sources de différenciation permet aux entreprises présentes de profiter d'effets de volume.

5 Dans les années 1950, les enseignes de restauration rapide se sont multipliées aux États-Unis. Caractérisez le type d'environnement dans lequel ces entreprises évoluaient alors.

6 Plus tard, McDonald's va changer la nature de son activité et modifier son environnement grâce notamment à la standardisation des processus de production, à la centralisation des approvisionnements et aux stratégies conjuguées d'internationalisation et d'impartition. Caractérisez le nouveau type de système concurrentiel.

7 En 2003, l'entreprise Tati connaît de graves difficultés, dépassée par les nouveaux venus sur le marché du textile bon marché. Rachetée par le groupe Vetura, l'enseigne dispose en 2007 de quarante magasins en France, sous le slogan : « Les plus bas prix sont chez Tati. » Dans quel système concurrentiel l'entreprise Tati évoluait-elle ? Retrouvez les solutions offertes à l'entreprise et la voie qu'elle a apparemment choisie.

Réponses p. 308.

Analyse
des forces concurrentielles

3

Définition et contexte d'application

Le modèle d'analyse des forces concurrentielles (ou analyse structurale) développé par Michael Porter (1982) est une méthodologie visant à évaluer l'attractivité d'un secteur d'activité ou d'un segment stratégique. Cette attractivité est conditionnée par l'intensité concurrentielle qui y règne et qui détermine la rentabilité au sein de ce secteur. L'originalité de ce modèle est de prendre en considération, pour déterminer l'attractivité du secteur, non seulement des influences strictement internes au secteur – liées au comportement des concurrents –, mais aussi des influences extérieures au secteur – liées à la menace des substituts et des nouveaux entrants, au comportement des clients et des fournisseurs. La résultante issue de l'ensemble de ces influences conditionne alors l'intensité concurrentielle du secteur et sa rentabilité potentielle.

Mis en œuvre à la suite d'une analyse globale permettant de caractériser les principales règles du jeu et la dynamique des segments d'activités étudiés (voir chapitre 2), le modèle des forces concurrentielles approfondit l'approche de diagnostic en précisant l'effet sur la rentabilité des principales influences présentes à la fois au sein de l'activité, mais également en périphérie de celle-ci.

Ce qu'il faut savoir

Chacune des cinq influences identifiées par Michael Porter renvoie à une volonté de s'approprier une partie de la rentabilité potentielle du secteur – *via* une tentative de captation de la marge pour les acteurs positionnés sur l'axe horizontal et *via* une tentative de captation du chiffre d'affaires pour les acteurs positionnés sur l'axe vertical. Le postulat de ce modèle repose sur l'idée que chaque secteur d'activité pos-

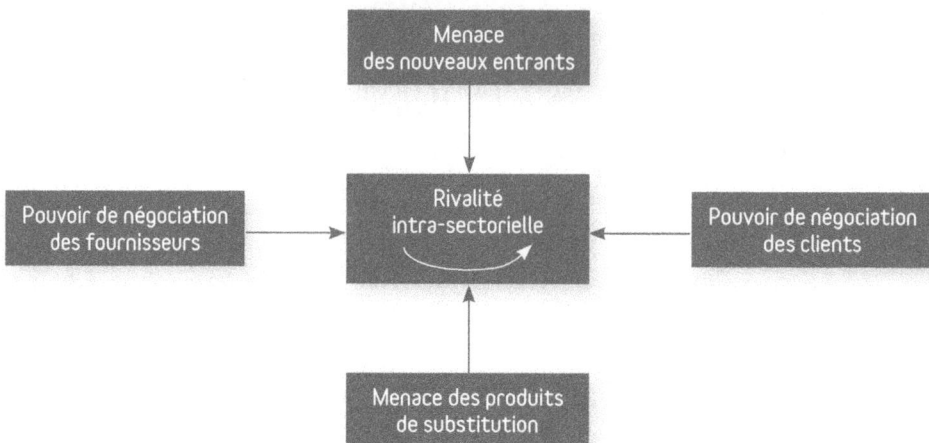

```
                    Menace
                des nouveaux entrants
                         │
                         ▼
  Pouvoir de négociation      Rivalité         Pouvoir de négociation
  des fournisseurs      →  intra-sectorielle  ←     des clients
                         ▲
                         │
                Menace des produits
                  de substitution
```

sède un potentiel de création de richesses, un potentiel de rentabilité. La puissance respective de ces cinq influences – qui diffère selon les secteurs d'activité considérés – va conditionner la répartition de la richesse générée par le secteur d'activité et donner une indication sur l'attractivité de ce dernier (voir Figure 1).

Les cinq forces identifiées par Michael Porter (1982) sont détaillées successivement ci-après afin de préciser leur nature ainsi que les conditions de leur influence.

La menace constituée par les nouveaux entrants

Cette menace renvoie à la capacité de certaines entreprises de se positionner sur un secteur sur lequel elles n'étaient pas présentes et de capter ainsi une part du chiffre d'affaires du marché. Les nou-

veaux entrants sont donc des entreprises récemment arrivées sur le secteur ou sur le point de s'y installer. En pénétrant le secteur d'activité, ces nouveaux entrants contribuent à accentuer la concurrence et tentent de dégrader la position concurrentielle des entreprises en place. Cette menace dépend essentiellement de la capacité des nouveaux entrants potentiels à surmonter les barrières à l'entrée du secteur, définies comme des obstacles à franchir pour y pénétrer. Celles-ci peuvent être financières, technologiques, commerciales ou réglementaires.

Plusieurs facteurs constituent traditionnellement des barrières à l'entrée significatives pour les nouveaux entrants.

Les économies d'échelle

L'échelle efficiente constitue une barrière non négligeable pour le nouvel entrant, qui doit arbitrer entre deux possibilités : soit il privilégie la maîtrise des coûts en produisant à grande échelle, ce qui réduit ses coûts unitaires, mais provoque un risque de mévente ; soit il fait le choix d'une échelle de production inférieure et accepte une dégradation de sa compétitivité prix.

Pendant près de trente ans, Boeing est resté seul sur le marché des très gros porteurs avec son 747 de quatre cents places. Airbus a été incapable de pénétrer ce segment de marché malgré son expertise technologique. L'explication réside dans l'échelle minimale efficiente : pour rentabiliser l'investissement de développement (environ 10 milliards d'euros), Airbus aurait été dans l'obligation de vendre quarante avions par an, soit l'équivalent de la taille totale du marché annuel, chose impossible compte tenu de la position dominante de Boeing sur le segment. La seule solution pour Airbus était donc de réduire l'échelle efficiente minimale et de limiter l'investissement de départ en capitalisant progressivement sur des modules communs aux différents avions de la gamme.

Les économies d'expérience

Les économies d'expérience se définissent comme la baisse du coût unitaire total d'un produit avec l'augmentation de sa production cumulée au sein d'une entreprise.

Autrement dit, le coût unitaire d'un produit baissera d'un pourcentage donné (entre 10 % et 50 %) lorsque la production cumulée de ce produit doublera.

Cette diminution du coût unitaire s'explique par l'amélioration de la productivité du travail (Strategor, 2005). Le nouvel entrant sur un secteur d'activité se positionne obligatoirement en retrait sur la courbe d'expérience. En conséquence, il doit assumer un désavantage de coût lié à son retard d'expérience dans l'activité et à son volume de production réduit.

Dans le secteur de la carte à puce par exemple, un nouvel entrant devrait assumer aujourd'hui un coût unitaire global dix fois supérieur aux entreprises arrivées les premières sur l'activité.

L'intensité capitalistique

Dans certains secteurs d'activité, l'investissement financier de départ (le « ticket d'entrée » financier) nécessaire pour exister dans l'activité est considérable. Il constitue alors une barrière importante pour le nouvel entrant.

Dans l'industrie pharmaceutique, l'innovation et la commercialisation de nouveaux médicaments représentent un FCS fondamental. Or, la mise au point d'une nouvelle molécule représente un investissement financier qui ne cesse d'augmenter, atteignant environ 800 millions d'euros.

L'accès aux compétences critiques

Dans certains secteurs, la maîtrise de compétences technologiques avancées et spécialisées est un prérequis indispensable au développement et à la réussite. L'acquisition de ces compétences représente alors une barrière importante pour un nouvel entrant. Pourtant les ressources indispensables au nouvel entrant ne sont pas obligatoirement de nature technologique : matière première spécifique ou emplacement critique, par exemple.

Un des atouts significatifs de Club Méditerranée réside dans le nombre et la qualité de ses implantations mondiales pour ses villages vacances. La nécessité de proposer un large choix de sites de prestige pour réussir dans cette activité rend la tâche problématique pour un nouvel entrant potentiel, qui se trouve dans l'obligation d'avoir recours à la croissance externe.

L'accès à un réseau de distribution

Le réseau de distribution relatif au secteur d'activité étant déjà organisé autour des concurrents présents, le nouvel entrant doit parvenir à convaincre les distributeurs existants de référencer ses produits ou, à défaut, créer de toutes pièces un réseau de distribution spécifique par le biais d'une manœuvre d'intégration verticale. Ces difficultés constituent une cause d'échec très répandue pour les nouveaux entrants (Strategor, 2005).

L'existence d'une clientèle fidélisée

Certains secteurs sont caractérisés par l'existence de concurrents anciens disposant d'une image de marque et d'une réputation bien établies ainsi que d'une clientèle fidélisée. Ce type de situation oblige alors le nouvel entrant à capter des clients aux dépens de ces concurrents existants, ce qui le contraint à de lourdes dépenses de communication (Frery, 2000).

La difficulté des marques automobiles françaises, comme Renault ou Peugeot, à pénétrer le segment des berlines très haut de gamme pour concurrencer Mercedes ou Audi s'explique en grande partie par ce déficit d'image et de réputation.

Les licences, les normes ou les brevets

Certaines barrières sont enfin relatives à la réglementation et correspondent à la volonté de l'État de limiter l'accès à certains secteurs d'activité (licences d'exploitation), de contrôler la qualité (normes), de protéger l'innovation (brevet) ou de mener une politique protectionniste (quotas).

Autrement dit, ces mesures d'ordre juridique ou politique restreignent la concurrence et dissuadent les nouveaux entrants.

Dans l'industrie pharmaceutique, afin de préserver l'activité d'élaboration d'un nouveau médicament, les molécules sont protégées par un brevet de vingt ans qui peut être prolongé de cinq ans par un certificat complémentaire de protection (CCP).

En 2002, Microsoft lance sa console de jeux XBox destinée à concurrencer le numéro un mondial Sony et sa PlayStation 2. Les barrières à l'entrée sont élevées sur ce secteur d'activité : technologiques (puissance du processeur, performance de la carte graphique, multi-applicabilité), commerciales (réputation du leader Sony et fidélité des clients attachés à la PlayStation après deux générations successives 1 et 2, richesse de la bibliothèque de jeux disponibles, couverture intensive en termes de distribution) et financières (économies d'échelle, ticket d'entrée financier). Pourtant, malgré ces barrières, Microsoft représente indiscutablement une menace forte : il dispose de la capacité financière grâce à sa trésorerie largement excédentaire, il profite d'une notoriété mondiale et il est reconnu pour son excellence technologique. En outre, Microsoft est prêt à faire des sacrifices pour s'approprier des parts de marché, notamment vis-à-vis des éditeurs de jeux, puisque aucune redevance (royalties) ne leur est demandée afin de les encourager à développer le catalogue de jeux XBox. Après un départ difficile, les ventes mondiales de la console atteignent effectivement quatre millions d'unités en quelques mois. Cet exemple montre parfaitement la nécessité d'examiner non seulement l'importance des barrières à l'entrée, mais aussi de les mettre en relation avec le profil spécifique des nouveaux entrants considérés, avant de conclure sur l'intensité de la menace.

➤ Pour aller plus loin : www.microsoft.com ; www.sony.com

La menace constituée par les produits de substitution

Les produits de substitution se définissent comme des produits qui satisfont les mêmes besoins ou assument les mêmes fonctions que les produits du secteur étudié (produit principal), mais en mobilisant des compétences ou des technologies différentes. Très souvent, les nouveaux entrants sont donc amenés à s'appuyer sur l'innovation pour renouveler la manière dont les clients satisfont traditionnellement leurs besoins. Le risque existe alors d'un transfert de chiffre d'affaires du secteur du produit principal vers le secteur du produit de substitution.

Avec le développement de la technologie du CD, celui-ci a progressivement remplacé le disque vinyle de la même façon que les lecteurs mp3 ont supplanté les baladeurs CD.
Les commissaires-priseurs, dont la profession est strictement réglementée, s'inquiètent de la popularité croissante des sites d'enchères du type eBay, qui pourraient réduire de manière significative leur volume d'affaires.

La menace des produits de substitution dépend fondamentalement de l'influence conjointe de deux facteurs : le degré de substituabilité entre le produit principal et le produit de substitution et le différentiel de rapport avantage/coût entre ces mêmes produits. Le degré de substituabilité renvoie à la facilité de transfert du client qui souhaite recourir au produit de substitution à la place du produit principal, c'est-à-dire à la facilité avec laquelle il peut passer de l'un à l'autre pour satisfaire les mêmes attentes. Le différentiel de rapport avantage/coût fait référence à la différence entre l'utilité apportée par le produit de substitution (performance, qualité, facilité d'usage) comparée à celle du produit principal, rapportée à leur coût respectif (financier, psychologique). Lorsque le degré de substituabilité est fort et que le rapport avantage/coût est favorable au produit de substitution, celui-ci représente une menace forte pour le produit principal en ce qu'il risque de capter l'essentiel du chiffre d'affaires généré par le secteur du produit principal.

Si le trajet en TGV entre Paris et Marseille est très substituable au même trajet réalisé en avion, en revanche la différence de rapport avantage/coût n'est pas significative, ce qui explique la coexistence des deux modes de transport sans que l'un ou l'autre ne prenne véritablement l'ascendant.
Considérant le secteur de l'eau en bouteille, les principaux produits de substitution possibles sont l'eau du robinet, les soft drinks et les jus de fruits. Concernant l'eau du robinet, le rapport avantage/coût lui semble favorable du fait du prix beaucoup plus faible du substitut – environ

0,30 centime d'euro au litre soit de cent à trois cents fois moins cher que l'eau en bouteille. Mais la substituabilité est mal perçue par les consommateurs qui considèrent l'eau du robinet comme de faible qualité (odeur de chlore, suspicion de présence de polluants). En outre, l'eau en bouteille (notamment minérale) véhicule des connotations de santé, de prestige et de fête (besoin d'appartenance) absentes pour l'eau du robinet. La menace de l'eau du robinet est donc relativement faible, voire absente dans certaines zones du monde où elle ne remplit pas les conditions de potabilité. Quant aux jus de fruits et aux sodas, ils souffrent d'une image de boissons trop sucrées, peu saines, ce qui réduit là aussi leur substituabilité et rend leur menace limitée.

Le pouvoir de négociation des clients

Le pouvoir de négociation des clients renvoie à la capacité de ces derniers d'influencer à leur avantage la relation avec les entreprises d'un secteur. Le client se définit ici comme un maillon de la filière situé en aval du secteur qui fait l'objet de l'analyse ; il peut donc s'agir d'un client final consommateur, d'un intermédiaire ou d'un distributeur, par exemple. Le pouvoir de négociation des clients leur offre la possibilité de s'approprier la valeur générée par le secteur en captant plus de marge aux dépens des entreprises du secteur. Ainsi, les grands distributeurs généralistes (comme Carrefour ou Auchan) peuvent imposer leurs conditions à leurs fournisseurs (délais de paiement, exigences logistiques, baisses des prix, etc.). Ces exigences ont pour conséquence de réduire les profits des fournisseurs qui ne peuvent pas se permettre de perdre ces clients importants. Cinq facteurs principaux permettent d'évaluer le pouvoir relatif des clients.

Le degré de concentration relative

La notion de concentration relative fait référence à la différence de degré de concentration entre le secteur qui fait l'objet de l'analyse et celui des clients. Un secteur concentré se caractérise par un nombre limité d'entreprises qui réalisent une grande partie du chiffre d'affaires de l'activité (aéronautique ou automobile par exemple), par opposition à un secteur atomisé ou fragmenté. Si le secteur des clients présente une structure très concentrée, ceux-ci peuvent profiter d'une position favorable. Les clients disposent en effet de moyens de pression importants, notamment du fait qu'ils représentent une part significative des débouchés pour les entreprises du secteur. Le cas des grands distributeurs généralistes est édifiant, car ils représentent très souvent le client majoritaire des entreprises industrielles.

La facilité de transfert

Cette notion renvoie à la facilité qu'ont les clients de changer de source d'approvisionnement ainsi qu'au coût induit par ce changement de fournisseur. La facilité de transfert dépend à la fois du nombre d'entreprises présentes sur le secteur ainsi que du degré de différenciation des produits. Ainsi, si le degré de différenciation des produits est élevé et si le nombre d'entreprises du secteur est réduit, le client aura de grandes difficultés à changer de fournisseur, ce qui réduit son pouvoir de négociation.

En imposant à leurs clients des durées d'abonnement minimales de douze à vingt-quatre mois, les opérateurs de téléphonie mobile cherchent précisément à limiter la facilité de transfert des consommateurs.

La capacité d'intégration amont

Il s'agit ici de la facilité avec laquelle le client peut s'intégrer en amont, c'est-à-dire réaliser lui-même l'activité des entreprises du secteur (le client devient alors un nouvel entrant). Si le coût induit par cette intégration est faible, le client augmente son pouvoir de négociation face aux entreprises du secteur.

Les entreprises du secteur de la carte à puce disposent par exemple d'une forte facilité d'intégration amont, vers le segment des fabricants de support plastique, mais d'une faible facilité d'intégration vers le secteur des fabricants de microprocesseurs, du fait de barrières technologiques et financières.

Le degré de qualité liée

La qualité liée concerne l'impact de la qualité des biens ou des services livrés au client sur la qualité des produits fabriqués ou des services rendus par le client. Ainsi, si la qualité liée est élevée, cela signifie que la qualité des produits du client dépend en grande partie de celle de ses achats, ce qui réduit son pouvoir de négociation.

C'est l'importance de la qualité liée qui permet aux fournisseurs de moteurs de l'industrie aéronautique de contrebalancer le pouvoir des avionneurs.

Le décalage entre l'offre et la demande

En cas de ralentissement massif de la demande par rapport à l'offre présente sur le marché, la surcapacité ainsi générée permet aux clients d'obtenir une position de force dans la négociation. À l'inverse, dans une situation caractérisée par une demande pléthorique par rapport à l'offre, le pouvoir de négociation du client est réduit.

Considérons le secteur de l'entretien des jardins et comparons le segment de l'élagage des arbres avec celui de l'entretien courant (coupe de l'herbe, plantations, taille des massifs, etc.). Pour un client potentiel il est assez aisé de prendre en charge l'entretien courant de son jardin (intégration amont); en outre, sa facilité de transfert est élevée du fait du caractère banalisé de la prestation. Le client dispose donc d'un pouvoir assez fort pour négocier face à l'entreprise prestataire. Si chacun peut envisager sans trop de difficultés de passer la tondeuse pendant ses week-ends, en revanche, il n'en va pas de même s'il s'agit de réaliser l'ascension d'un arbre de vingt-cinq mètres pour couper une branche abîmée par le vent, *a fortiori* muni d'une tronçonneuse en fonctionnement. La capacité d'intégration amont du client est dans ce cas très limitée, de même que sa facilité de transfert du fait du caractère hautement spécialisé et différencié de la prestation. Dans ce dernier cas, le client ne dispose donc que d'un faible pouvoir de négociation.

Le pouvoir de négociation des fournisseurs

Les critères d'évaluation du pouvoir des clients sont ici également valides, mais de manière symétrique, pour évaluer le pouvoir de négociation relatif des fournisseurs. Ainsi, si ces derniers sont plus concentrés que les entreprises du secteur étudié et si la qualité liée est élevée, le rapport de force sera plus favorable aux fournisseurs.

Autrement dit, les clients n'ont que des possibilités limitées de choix entre les fournisseurs, qui peuvent dès lors imposer leurs conditions.

De la même façon, si la capacité d'intégration amont des entreprises du secteur étudié est faible (ou si la capacité d'intégra-tion aval des fournisseurs est forte) ainsi que leur facilité de transfert, le pouvoir des fournisseurs s'en trouvera accru.

Considérant le secteur de la distribution de produits cosmétiques, les fournisseurs sont de trois types : les grandes entreprises spécialisées dans la fabrication de cosmétiques (L'Oréal, qui détient environ 15 % des parts de marché mondiales, Estée Lauder, Shiseido); les entreprises spécialisées de taille plus modeste ayant adopté des positionnements plus focalisés (Clarins, L'Occitane, InterParfums); mais également les leaders mondiaux des produits de consommation courante (Unilever, Procter & Gamble ou Johnson & Johnson). Le secteur de la distribution cosmétique apparaît beaucoup plus fragmenté que le secteur de ses fournisseurs (avec un ou deux groupes de distribution de taille régionale en Europe par exemple, le reste étant composé de très nombreuses entreprises de taille réduite). La qualité liée est forte, car les distributeurs ont besoin de capitaliser sur l'image différenciée des marques des produits cosmétiques, ce qui réduit d'autant leur facilité de transfert. Enfin, les fournisseurs ont la capacité de s'intégrer en aval (création de Sephora par LVMH par exemple) alors que l'inverse est plus problématique. En conséquence, il est possible de conclure à un très fort pouvoir des fournisseurs sur le secteur de la distribution de produits cosmétiques.

Pour aller plus loin : Brulhart, F. et Meschi, P.-X. «Concurrence et leadership dans le secteur de la distribution des produits cosmétiques», Centrale des cas et des médias pédagogiques, CCIP, Paris, G1436 (2006).

La rivalité intra-sectorielle

La rivalité intra-sectorielle renvoie à l'intensité de la concurrence au sein du secteur. De plus, la concurrence directe que se livrent les entreprises d'un secteur tend à réduire leur rentabilité. Une forte concurrence se manifeste souvent par l'agressivité des politiques commerciales : promotions, investissements publicitaires massifs, multiplication de lancements de nouveaux produits, etc.

Ainsi, dans le secteur des eaux en bouteille, Nestlé investit massivement dans la publicité – 70 millions d'euros annuels environ, ce qui en fait le neuvième annonceur mondial – et multiplie les actions de sponsoring : Perrier et le tournoi de Roland-Garros, Buxton et le tournoi de Wimbledon, Poland Spring et le marathon de New York, Aquarel et le Tour de France, etc.

Pour aller plus loin : www.nestle.fr

Plusieurs facteurs peuvent être mobilisés pour évaluer l'intensité de la rivalité intra-sectorielle.

L'équilibre des forces en présence sur le secteur

Si les entreprises concurrentes sont nombreuses, de taille et de puissance équivalentes, la lutte concurrentielle en sera accentuée, car chacune aura la volonté de surclasser les autres.

Ainsi dans le secteur des ordinateurs portables, plus de cent vingt entreprises se partagent le marché mondial, sans qu'aucune ne domine véritablement. Depuis le début des années 1990, les prix ont diminué de 25 à 30 % par an, et les taux de marge sont passés de 12 à 3 % en moyenne (Barney et Hesterly, 2006).

Le taux de croissance de l'activité

Si le taux de croissance de l'activité est faible, révélateur d'un secteur à maturité, les entreprises souhaitant se développer n'ont pas d'autre choix que de conquérir des parts de marché aux dépens de leurs concurrents, ce qui accentue la rivalité intra-sectorielle. Par opposition, si le taux de croissance est élevé, tous les acteurs ne seront pas forcément en mesure de s'approprier leur part de la croissance, ce qui laisse la possibilité aux autres compétiteurs de profiter de ce volume d'affaires sans entrer en concurrence frontale.

L'augmentation des capacités de production et l'existence de barrières à la sortie

Dans le cas d'un secteur caractérisé par la possibilité de réaliser des économies d'échelle ou d'expérience, les entreprises présentes vont être amenées à augmenter leur capacité de production afin de diminuer leurs coûts. Cette augmentation peut alors provoquer une situation de surcapacité et une concurrence exacerbée qui va se traduire par une baisse des prix et de la rentabilité. La probabilité d'apparition de ce scénario sera d'autant plus forte que les barrières à la sortie du secteur seront fortes. Les barrières à la sortie font référence aux actifs hautement spécifiques que l'entreprise doit nécessairement déployer dans un secteur d'activité. Dans l'impossibilité de redéployer ses actifs, l'entreprise qui connaît des difficultés ne peut quitter le secteur sans accepter de lourdes pertes. Forcée de maintenir son activité, elle contribue à la surcapacité du secteur et pénalise la rentabilité des autres entreprises et du secteur dans sa globalité.

La nature du produit/service

Lorsque les produits du secteur sont banalisés, les entreprises peuvent très difficilement mettre en œuvre une stratégie de différenciation et sont dans l'obligation de mener une stratégie de domination par les coûts. La rivalité est d'autant plus destructive pour la rentabilité qu'elle porte sur les prix, car, dans ce cas, elle transfère directement la richesse du secteur vers les clients (Porter, 2008).

À la suite du mouvement de déréglementation du secteur du transport aérien initié dans les années 1980 et 1990 (accords *d'open sky*), le secteur a évolué et les prix ont chuté de manière très importante sur les trajets les plus fréquentés comme Paris-New York, pour lesquels les compagnies ne parvenaient plus à différencier leur offre.

Dans le secteur de l'eau en bouteille, deux entreprises de taille équivalente (Nestlé et Danone, le leader en volume et le leader en valeur) s'affrontent pour la maîtrise d'un marché dont la croissance ralentit, notamment sur le marché traditionnelle-ment le plus important (Europe). En outre, deux challengers (Coca-Cola et Pepsi), qui représentent une part de marché limitée du marché de l'eau, mais peuvent s'appuyer sur leurs autres activités pour financer leur développement et leurs investissements dans le domaine de l'eau, deviennent de plus en plus menaçants. Ils peuvent notamment s'appuyer sur leurs réseaux de distribution existants. Ces quatre opérateurs princi-paux s'affrontent en multipliant les inno-vations portant à la fois sur le produit (eau aromatisée par exemple) et sur le packaging (bouchon sport par exemple). Les budgets de communication et de publicité sont considérables et alimentent le lancement permanent de marques nouvelles. Ces élé-ments nous conduisent à conclure à l'exis-tence d'une forte rivalité intra-sectorielle au sein du secteur de l'eau en bouteille.

— Pour aller plus loin : Brulhart, F. «Nestlé, Danone et le secteur de l'eau en bouteille», Centrale des cas et des médias pédagogiques, CCIP, Paris, G1329 (2004).

Ce qu'il faut retenir

L'objectif du modèle d'analyse des forces concurrentielles est double. Il vise tout d'abord à décrire et à évaluer les pressions qui s'exercent sur un secteur d'activité : pressions issues de la rivalité intra-sectorielle, de la menace des nouveaux entrants, de la menace des produits de substitution, du pouvoir de négociation des fournisseurs et du pouvoir de négociation des clients. Il a également pour objectif de déterminer un niveau de pression global qui s'exerce sur le secteur, résultant de la confrontation des cinq forces précédemment identifiées. Cette pression résultante, appelée «intensité concurrentielle», va alors déterminer l'espérance de rentabilité au sein du secteur. En effet, l'intensité concurrentielle affecte les investissements requis, les coûts et les prix. Elle est donc directement reliée aux comptes de résultat et aux bilans des acteurs de l'industrie. Le modèle d'analyse structurelle permet en ce sens d'évaluer et d'expliquer la performance moyenne attendue pour une entreprise du secteur. Selon les secteurs considérés, cette performance montrera des variations considérables. À titre d'exemple, entre 1992 et 2006, la rentabilité moyenne annuelle des capitaux investis a varié de − 10 % à + 50 % au sein d'un échantillon de plus de cinquante secteurs d'activité américains (Porter, 2008).

Tester ses connaissances

1 La menace des nouveaux entrants dépend :
a) des barrières à l'entrée du secteur.
b) de la capacité des nouveaux entrants à surmonter les barrières à l'entrée du secteur.
c) du risque d'apparition de produits de substitution.
d) du nombre de concurrents dans le secteur.

2 Si dans un secteur donné l'intensité concurrentielle est forte, cela signifie que :
a) la rentabilité du secteur est forte.
b) les clients ont un fort pouvoir de négociation.
c) la rentabilité du secteur est faible.
d) l'attractivité du secteur est forte.

3 Lorsque l'on fait référence aux produits de substitution, cela désigne :
a) des produits utilisant la même technologie, mais qui ne sont pas en concurrence.
b) des produits qui satisfont le même besoin client, mais en utilisant des compétences ou des technologies différentes.
c) des produits appartenant au même secteur d'activité/segment stratégique, mais qui ne sont plus rentables.
d) des produits obligatoirement fabriqués par les nouveaux entrants.

4 Les économies d'échelle et les économies d'expérience peuvent constituer :
a) des barrières à l'entrée majeures du fait de la différenciation des produits dont profitent les entreprises déjà installées bénéficiant de ces économies.
b) des barrières à l'entrée majeures du fait de l'accès au réseau de distribution dont profitent les entreprises déjà installées bénéficiant de ces économies.
c) des barrières à la sortie.
d) des barrières à l'entrée majeures du fait de l'avantage de coût de revient unitaire dont profitent les entreprises déjà installées bénéficiant de ces économies.

5 Explicitez les cinq critères permettant d'évaluer le pouvoir de négociation des clients.

6 Expliquez la différence entre la notion d'intensité concurrentielle et celle de rivalité intra-sectorielle.

7 Définissez les concepts de barrières à la sortie et à l'entrée.

Réponses p. 308.

59

Tester sa compréhension

1 Si, dans un secteur d'activité donné, les produits de substitution représentent une menace forte, on peut en déduire que :
a) la substituabilité entre produit principal et produit de substitution est faible.
b) les clients ont un fort pouvoir de négociation.
c) le rapport avantage/coût favorise des produits de substitution.
d) la menace des nouveaux entrants est élevée.

2 Si, dans un secteur donné, le produit livré par les fournisseurs aux entreprises du secteur analysé possède une qualité liée forte, alors il est possible d'en déduire que :
a) le pouvoir de négociation des fournisseurs est fort.
b) leur pouvoir de négociation est faible.
c) leur pouvoir de négociation est moyen.
d) on ne peut pas se prononcer sur leur pouvoir de négociation, car il manque des éléments d'appréciation.

3 Si, dans un secteur donné, les clients sont concentrés, qu'ils disposent d'une forte capacité d'intégration amont, que le degré de qualité liée est faible et que leur facilité de transfert est forte, alors il est possible d'en déduire que :
a) leur pouvoir de négociation est fort.
b) leur pouvoir de négociation est faible.
c) leur pouvoir de négociation est moyen.
d) on ne peut pas se prononcer sur leur pouvoir de négociation.

4 Dans la liste suivante, quel élément ne témoigne pas d'une forte rivalité intra-sectorielle ?
a) l'équilibre des forces en présence.
b) la forte différenciation des produits.
c) le faible taux de croissance de l'activité.
d) l'existence de barrières à la sortie.

5 Présentez les différentes étapes à mettre en œuvre pour une entreprise qui souhaite évaluer l'intérêt de s'installer dans un nouveau secteur d'activité.

6 Proposez des leviers d'actions possibles permettant à une entreprise de limiter le pouvoir de négociation de ses fournisseurs.

7 Déterminez des voies d'actions possibles pour préserver une entreprise de la menace issue des nouveaux entrants.

Réponses p. 308.

Analyse
des groupes stratégiques

Définition et contexte d'application

Un groupe stratégique se définit comme l'ensemble des entreprises présentant des caractéristiques stratégiques similaires et adoptant, au sein d'une industrie, le même type de positionnement stratégique ou de trajectoire stratégique. Les entreprises d'un même groupe stratégique présentent des similarités fortes sur une ou plusieurs dimensions clés de la stratégie et diffèrent des entreprises extérieures au groupe (Porter, 1979). L'analyse par le modèle des groupes stratégiques vise donc, sur la base d'éléments objectifs, à identifier les morphologies et les comportements stratégiques des entreprises afin de dresser une véritable «topographie de la concurrence» au sein d'un secteur d'activité (Strategor, 2005).

Cette analyse s'inscrit dans la suite de l'analyse d'ensemble des environnements. En effet, après avoir identifié les règles du jeu relatives à une activité (voir chapitre 2) ainsi que les forces (tant internes qu'externes) qui s'exercent sur cette activité (voir chapitre 3), il est nécessaire de concentrer l'analyse sur la structure de la concurrence au sein de l'activité, sur les caractéristiques des concurrents présents ainsi que sur la dynamique concurrentielle. L'analyse des groupes stratégiques dans un secteur va précisément permettre de répondre à cet objectif en identifiant les « profils » et les comportements des concurrents présents et en caractérisant la nature et la logique de l'affrontement concurrentiel.

Ce qu'il faut savoir

Partant du constat de la forte hétérogénéité des trajectoires adoptées, des ressources contrôlées et des performances réalisées par les entreprises au sein de la plupart des secteurs d'activité, l'analyse des groupes stratégiques vise donc à regrouper les entreprises qui ont des profils, des comportements et des performances similaires.

Ainsi, de manière très simplifiée, il est possible de considérer que, dans le secteur de l'hôtellerie, il existe deux groupes stratégiques distincts : le premier constitué par l'ensemble des chaînes généralistes multi-enseignes (Accor par exemple), le second composé par l'ensemble des hôteliers traditionnels indépendants.

➤ Pour aller plus loin : www.accor.com

Le point de départ d'une réflexion en termes de groupes stratégiques réside dans le constat que, d'une part, les entreprises présentes au sein d'un secteur d'activité disposent de ressources, de compétences ou d'actifs différents et que, d'autre part (de manière partiellement liée), elles adoptent des stratégies ou des positionnements différents. En outre, ces différences à la fois en termes de contrôle des ressources et de choix de positionnement stratégique expliquent les différences de performance existant entre des groupes d'entreprises, caractérisés par une forte similarité de profil et de choix à l'intérieur de chacun des groupes, mais de fortes différences entre eux.

Autrement dit, les groupes sont des ensembles disjoints, toutes les entreprises étudiées ont une place dans un groupe, mais une entreprise n'appartient qu'à un et un seul groupe. Toutes les entreprises d'un groupe ont le même profil, mais les entreprises de deux groupes ne se ressemblent pas.

Enfin, le maintien de ces différences (à la fois en termes de profil, de positionnement et de performance) entre les groupes dépend de l'existence de barrières à la mobilité plus ou moins fortes. Les barrières à la mobilité constituent une généralisation de la notion de barrières à l'entrée. Elles désignent les compétences, les actifs ou les ressources dont l'entreprise doit disposer pour intégrer un groupe stratégique donné ou pour passer d'un groupe stratégique à un autre (dans ce cas, on pourra également parler de coût de conversion). En ce sens, les barrières à la mobilité freinent l'entrée dans un groupe stratégique en empêchant l'imitation (« barrières à l'imitation »), mais peuvent également limiter la sortie d'un groupe stratégique : une entreprise ayant consenti de lourds investissements pour mettre en œuvre son positionnement sera en effet dissuadée de le modifier si ses investissements ou ses actifs sont difficilement re-déployables ou s'ils sont majoritairement irrécouvrables.

Autrement dit, les barrières à la mobilité limitent le nombre d'entreprises concurrentes qui peuvent exploiter ainsi leurs avantages.

Bien évidemment, l'importance de ces barrières à la mobilité diffère d'un groupe stratégique à un autre.

Ainsi, considérant les deux groupes identifiés précédemment dans l'analyse simplifiée du secteur de l'hôtellerie, il apparaît clairement que le groupe numéro un des chaînes généralistes multi-enseignes bénéficie des barrières à la mobilité (définies ici comme des barrières à l'imitation) les plus fortes. En effet, la taille, le nombre d'enseignes et le caractère internationalisé de ces groupes imposent des investissements très lourds. De même, leur présence sur tous les segments et le nombre d'implantations élevé leur permettent de bénéficier d'effets de taille et d'économies d'échelle. À l'opposé, le groupe numéro deux des hôteliers indépendants est peu protégé par rapport au groupe numéro un des chaînes multi-enseignes. Les membres du groupe numéro deux peuvent d'ailleurs constituer des cibles faciles pour les chaînes multi-enseignes susceptibles d'élargir leur réseau par des opérations d'acquisition.

Les groupes stratégiques sont généralement représentés sous la forme de cartes à deux dimensions. Compte tenu du fait que les firmes présentes au sein du même groupe sont similaires sur un certain nombre de variables stratégiques clés, il est bien sûr possible d'identifier ces groupes sur la base de *n* dimensions – en ayant recours par exemple à une analyse multivariée (hiérarchique ou factorielle). Cependant, il est préférable pour simplifier la lecture et l'analyse de proposer des cartes à deux dimensions, quitte à combiner, sur la base de variables différentes, plusieurs cartes de groupes stratégiques complémentaires pour affiner et enrichir l'interprétation.

Construction des cartes de groupes stratégiques

La démarche de construction d'une ou de plusieurs cartes de groupes stratégiques passe par quatre étapes successives (Bidault, 1988). La première concerne l'identification des variables stratégiques les plus révélatrices du comportement, du positionnement stratégique ou de la performance des entreprises au sein d'un secteur d'activité, c'est-à-dire l'identification des variables « discriminantes ». Puis viennent l'analyse et la caractérisation des choix ou de l'attitude des entreprises sur ces différentes variables, suivies de la combinaison des variables deux à deux pour faire émerger des cartes en deux dimensions. Enfin, la dernière étape est le choix des cartes les plus pertinentes, c'est-à-dire permettant de traduire le plus finement les similarités et les différences stratégiques entre les entreprises du secteur afin d'identifier les groupes.

La détermination des variables stratégiques discriminantes permettant de construire les cartes de groupes stratégiques est bien évidemment contingente à la nature du secteur considéré. De nombreux auteurs ont cependant proposé des listes de variables potentiellement utilisables (Porter, 1979 ; McGee et Thomas, 1986). Il nous semble utile de distinguer deux catégories de variables mobilisables : celles permettant de décrire les caractéristiques, les comportements et les choix stratégiques des firmes – que nous appellerons « critères comportementaux » – et celles permettant d'évaluer leur performance d'autre part – que nous nommerons «critères de performance». Parmi les critères «comportementaux», il est souvent pertinent d'analyser les dimensions suivantes, qui peuvent être relatives aux axes de croissance de l'entreprise, aux choix industriels mis en œuvre, aux politiques commerciales, etc. :

- degré de focalisation géographique ;
- degré de focalisation produit ;
- degré d'intégration verticale ;
- intensité capitalistique ;
- intensité des investissements en R&D ;
- taille de l'entreprise ;
- taille relative de l'entreprise ;
- politique financière (endettement) ;
- taille des stocks ;
- largeur de gamme ;
- largeur de la cible client ;
- nombre de marques ;
- degré de différenciation des produits ;
- degré de qualité des produits ;
- politique de prix ;
- intensité des investissements publicitaires.

Parmi les critères de performance, les variables ci-dessous sont les plus souvent mobilisées :

- croissance du chiffre d'affaires (CA) ;
- croissance du profit (mesurée par exemple sur la base du résultat d'exploitation ou du résultat net) ;
- performance commerciale (mesurée par exemple sur la base du ratio résultat net/CA) ;
- rentabilité économique (mesurée par exemple sur la base du ratio résultat net/actif économique) ;
- performance boursière (mesurée par exemple sur la base du PER).

Les deux catégories retenues et cette liste de variables ne prétendent en aucun cas à l'exhaustivité. Elles visent simplement à appréhender la diversité des dimensions possibles et à illustrer les possibilités offertes pour construire une carte de groupes stratégiques.

Outre la question du choix des variables à retenir, il est également indispensable de déterminer la meilleure mesure possible pour ces variables. Dans certains cas, l'opérationnalisation est évidente : ainsi, la taille de l'entreprise peut être mesurée par le chiffre d'affaires ou par l'effectif ; de même, la rentabilité commerciale peut être facilement approchée par le ratio «résultat net/CA». Dans d'autres cas, le choix d'une mesure adaptée est moins évident. Ainsi, dans le cas du degré de focalisation géographique, il est possible d'utiliser plusieurs indicateurs : «nombre de pays couverts par l'entreprise» ou «pourcentage de CA réalisé hors du pays d'origine de l'entreprise» ou encore «CA de la zone géographique la plus importante/CA total»… Le choix de la mesure sera alors conditionné à la fois par la disponibilité de l'information et par l'adéquation de cette mesure avec la nature du secteur d'activité considéré.

Une fois déterminées les dimensions discriminantes des firmes du secteur, il reste à combiner deux à deux ces différentes variables afin de faire émerger des propositions de cartes de groupes stratégiques. Trois cas de figure sont envisageables :

- la combinaison de deux critères comportementaux ;
- la combinaison de deux critères de performance ;

- la combinaison d'un critère comportemental et d'un critère de performance.

Enfin, les cartes de groupes stratégiques visant à décrire le positionnement stratégique des entreprises appartenant au même secteur, à caractériser leur position concurrentielle ou à analyser les mouvements offensifs ou défensifs des firmes présentes (Atamer et Calori, 2003), la dernière étape du processus d'élaboration d'une carte consiste donc à retenir la ou les cartes (c'est-à-dire le ou les couples de variables) permettant d'atteindre au mieux ces objectifs.

Interprétation des cartes de groupes stratégiques

Les cartes de groupes stratégiques apportent deux types d'information (Atamer et Calori, 2003) : elles donnent une indication sur l'attitude et le positionnement des firmes ainsi que sur la nature de la concurrence dans le secteur à un moment donné (elles permettent d'interpréter le présent). De plus, elles informent sur les manœuvres stratégiques potentielles des concurrents (et permettent d'interpréter les futurs possibles).

L'analyse du positionnement présent des firmes et de la structure concurrentielle

Comme nous l'avons vu précédemment, les cartes de groupes stratégiques se construisent sur la base du croisement de deux variables avec trois cas de figure possible : le croisement de deux critères comportementaux, de deux critères de performance ou d'un critère comportemental et d'un critère de performance. La combinaison de deux critères comportementaux vise le plus souvent un objectif de description et de discrimination des stratégies ou

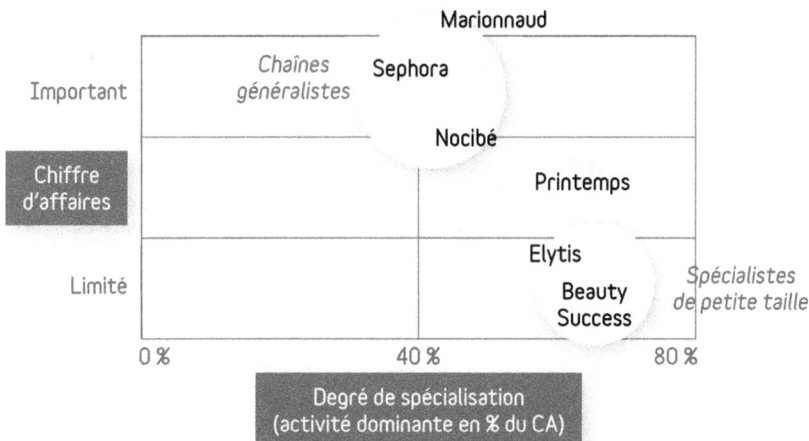

Figure 1 : Carte de groupes stratégiques : distribution de produits cosmétiques

des positionnements adoptés par les firmes au sein du secteur.

En France, le secteur de la distribution sélective de produits cosmétiques recouvre la distribution de parfums, de produits de soin et de produits de maquillage. Les différentes enseignes de distribution sélective (par opposition aux enseignes de grande diffusion et de vente sur conseil pharmaceutique) présentes sur le marché national réalisent environ 45 % des ventes. Cependant, les entreprises présentes sur ce segment sont très différentes : grands groupes succursalistes, chaînes franchisées, groupements, grands magasins, indépendants, coopératives, etc. Une carte de groupes stratégiques (voir Figure 1) combinant une indication portant sur la taille à une indication portant sur la nature de l'activité et le degré de spécialisation entre les trois types de produit (parfum, soin, maquillage) permet d'analyser la topo-

graphie de la concurrence. Même si l'on constate que l'activité dominante de l'ensemble de ces entreprises reste la distribution de parfums, leur degré de spécialisation sur ce produit diffère et permet de dégager deux groupes principaux : les chaînes généralistes et les spécialistes de petite taille.

➤ Pour aller plus loin : Brulhart, F. et Meschi, P.-X., «Concurrence et leadership dans le secteur de la distribution des produits cosmétiques», Centrale des cas et des médias pédagogiques, CCIP, Paris, G1436 (2006).

L'association dans une même carte de groupes stratégiques de deux dimensions relatives à la performance des entreprises conduit généralement à distinguer non seulement les différentes trajectoires stratégiques adoptées par les entreprises, mais aussi à évaluer l'efficacité ou la pertinence des voies empruntées par les firmes dans le secteur.

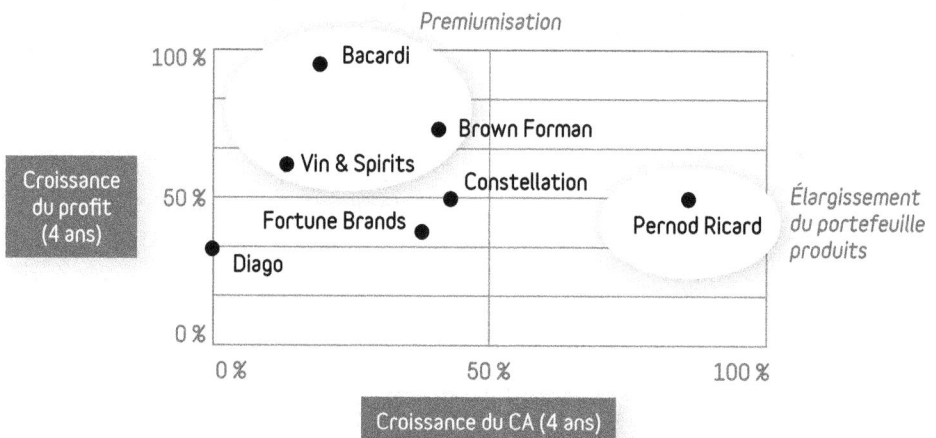

Figure 2 : Carte de groupes stratégiques : industrie mondiale des spiritueux

Dans l'industrie mondiale des vins et spiritueux, la combinaison de deux indicateurs de performance (croissance du profit d'une part et croissance du CA d'autre part) permet de mettre en évidence deux types de stratégies déployées par les grandes entreprises du secteur (voir Figure 2) : l'élargissement du portefeuille de produits d'une part et la «premiumisa-tion» (ou montée en gamme) d'autre part. Ces deux stratégies correspondent à deux impératifs majeurs pour les leaders de l'industrie : la volonté d'atteindre une taille critique (ce qui explique le mouvement de concentration accéléré dans ce secteur) et la concentration des efforts sur les produits haut de gamme particulièrement générateurs de marge dans ce secteur (développement des marques internationales dites «premium»).

— Pour aller plus loin : Brulhart, F. et Meschi, P.-X. «Pernod Ricard 1 & 2: La quête du leadership dans le secteur des vins et spiritueux», Centrale des cas et des médias pédagogiques, CCIP, Paris, G1579 (2006).

La combinaison d'un critère de performance et d'un critère comportemental, enfin, vise le plus souvent à faire apparaître des facteurs clés de succès du secteur en soulignant des corrélations éventuelles entre le critère comportemental et le critère de performance.

Dans l'industrie mondiale du pneumatique, on constate une hétérogénéité des performances notamment en termes de marge commerciale ainsi qu'une diversité des politiques de recherche et développement. Le rapprochement de ces deux variables dans le cadre d'une carte de groupes stratégiques (voir Figure 3) permet de faire l'hypothèse d'une corrélation entre l'intensité de l'investissement en R&D et le taux de marge commerciale (résultat net/CA). Certes, de nombreuses dimensions non contrôlées dans cette analyse peuvent influencer les variables considérées, et il apparaît nécessaire de confirmer cette hypothèse par d'autres investigations. Néanmoins, ces résultats semblent démon-

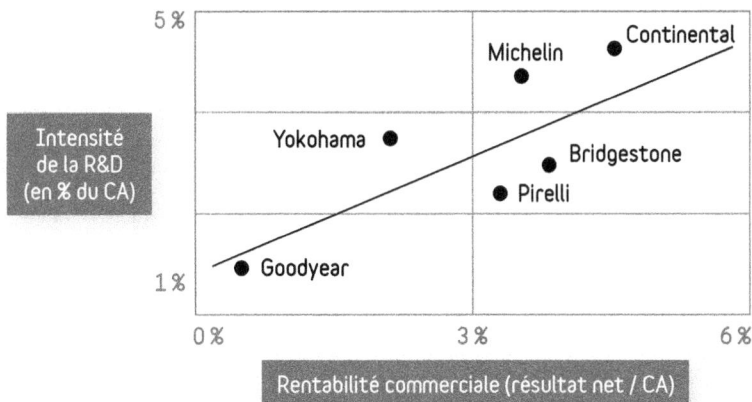

Figure 3 : Carte de groupes stratégiques : industrie mondiale du pneumatique

trer le rôle crucial de la R&D dans cette industrie traditionnellement de volume.

Analyse du positionnement futur des firmes et anticipation des mouvements stratégiques possibles

Outre l'analyse de la logique de la concurrence interne au secteur et du positionnement actuel des firmes présentes, les cartes de groupes stratégiques peuvent également donner des indications visant à interpréter les mouvements possibles des entreprises et leurs choix stratégiques futurs. En matière de mouvements possibles, trois orientations majeures apparaissent pour les entreprises présentes dans le secteur (Strategor, 2005).

La première consiste à renforcer et préserver la position existante de la firme, c'est-à-dire rester dans son groupe stratégique et développer sa position concurren-

tielle au sein de ce groupe. La deuxième vise à modifier le comportement de la firme pour migrer vers un autre groupe stratégique jugé plus favorable, c'est-à-dire faire évoluer sa stratégie et rejoindre un autre groupe de concurrents pour profiter d'un positionnement stratégique plus avantageux. Enfin, la troisième revient à innover en termes de comportement stratégique et créer un nouveau groupe stratégique, c'est-à-dire adopter un positionnement original.

Ces trois options stratégiques sont schématisées dans la Figure 4 ci-dessous :

Pour réaliser ce choix, l'entreprise doit s'appuyer sur deux analyses fondamentales : l'audit de la pertinence de son positionnement d'une part et l'évaluation de ses coûts de conversion d'autre part. Pour déterminer la valeur et la pertinence de son positionnement, l'entreprise doit pouvoir comparer valablement sa performance à la fois par rapport à ses concurrents du même groupe stratégique

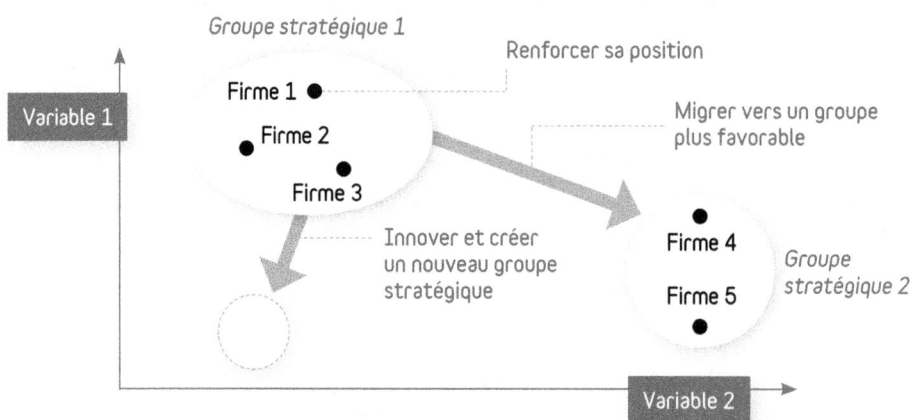

Figure 4 : Carte de groupes stratégiques : les mouvements possibles

(performance intragroupe) et à ceux des autres groupes stratégiques (performance intergroupe). Pour juger de l'opportunité de modifier son positionnement, la firme doit évaluer les coûts de conversion liés aux barrières à la mobilité (difficulté à redéployer les actifs existants et difficulté à se mettre en adéquation avec le nouveau positionnement).

Le Tableau 1 reprend les principaux cas de figure ainsi que les solutions à adopter. L'expression «performance intragroupe favorable» signifie que l'entreprise présente une bonne performance par rapport à ses concurrents du même groupe. «Performance intragroupe défavorable»

signifie pour sa part que l'entreprise présente une mauvaise performance par rapport à ses concurrents du même groupe. Quant à l'expression «performance intergroupes favorable», elle signifie que l'entreprise présente une bonne performance par rapport à ses concurrents des autres groupes existants. Enfin «performance intergroupes défavorable» signifie que l'entreprise présente une mauvaise performance par rapport à ses concurrents des autres groupes existants. Les termes de «coût de conversion» font ici référence à la difficulté et au coût induits par une migration de l'entreprise vers un autre groupe existant.

	Performance intragroupe et intergroupes favorable	Performance intragroupe et intergroupes défavorable	Performance intragroupe favorable et intergroupes défavorable	Performance intragroupe défavorable et intergroupes favorable
Coûts de conversion acceptables	Renforcer	Migrer ou innover	Migrer (ou renforcer)	Innover
Coûts de conversion non acceptables	Renforcer	Innover	Innover (ou renforcer)	Innover

Tableau 1 : Carte de groupes stratégiques – matrice de choix

Ce qu'il faut retenir

L'analyse des groupes stratégiques approfondit les trois premières phases de diagnostic stratégique (voir chapitres 1 à 3) en concentrant l'attention non plus seulement sur le fonctionnement des environnements, mais sur le comportement des entreprises présentes au sein des activités considérées. Cette approche s'appuie sur l'idée que les différences de performance existant entre les entreprises s'expliquent à la fois par les différences en matière de profil de compétences et de choix de positionnement stratégique. L'objet de l'analyse des groupes stratégiques est de regrouper, sur la base d'éléments objectifs (critères comportementaux ou de performance), les entreprises qui adoptent le même positionnement. Ces regroupements sont alors représentés graphiquement sous la forme d'une carte à deux dimensions. La démarche de construction de ces cartes passe par quatre étapes : l'identification des variables stratégiques les plus discriminantes (c'est-à-dire les plus révélatrices du comportement stratégique), l'analyse des choix des concurrents sur ces variables, la construction de cartes en combinant les variables identifiées deux à deux, le choix des cartes les plus pertinentes. Avec l'analyse des cartes réalisées, le modèle propose les mouvements stratégiques possibles regroupés en trois options : renforcer sa position, modifier son comportement pour migrer vers un groupe stratégique plus favorable, ou modifier son comportement et innover pour créer un positionnement original (nouveau groupe stratégique).

Tester ses connaissances

1 Laquelle de ces affirmations est erronée?

a) La notion de barrières à la mobilité renvoie aux compétences dont l'entreprise doit disposer pour passer d'un groupe stratégique à un autre.

b) La notion de barrières à la mobilité désigne les barrières que l'entreprise doit surmonter si elle souhaite changer de secteur d'activité.

c) La notion de barrières à la mobilité est un concept issu de la généralisation de la notion de barrières à l'entrée.

d) La notion de barrières à la mobilité est similaire à celle de coûts de conversion.

2 Le modèle des groupes stratégiques a pour objectif essentiel de :

a) déterminer la rentabilité des concurrents les plus actifs;

b) déterminer les moyens de surclasser les concurrents similaires en termes de positionnement stratégique.;

c) déterminer les concurrents similaires en termes de positionnement stratégique;

d) déterminer les moyens de diminuer l'intensité de la rivalité intra-sectorielle.

3 Laquelle de ces affirmations est erronée?

a) Les cartes de groupes stratégiques permettent de représenter en deux dimensions le positionnement des entreprises d'un même secteur d'activité.

b) Il est préférable de combiner plusieurs cartes de groupes stratégiques complémentaires pour enrichir l'interprétation.

c) Les cartes de groupes stratégiques représentent graphiquement le positionnement des différents segments stratégiques d'une même entreprise.

4 Laquelle de ces affirmations est erronée?

a) Pour construire une carte de groupes stratégiques, il est possible de combiner deux critères comportementaux ou deux critères de performance.

b) Pour construire une carte de groupes stratégiques, il est possible de combiner deux critères comportementaux ou deux critères de performance, mais il est impossible de combiner un critère comportemental et un critère de performance.

c) Pour construire une carte de groupes stratégiques, il est possible de combiner deux critères comportementaux ou un critère comportemental et un critère de performance.

5 Définissez la notion de « trajectoire stratégique ».

6 Quelles sont les étapes du processus de construction d'une carte de groupes stratégiques?

7 Quel est l'objectif d'une carte de groupe stratégique construite sur la combinaison de deux critères comportementaux?

Réponses p. 308.

Tester sa compréhension

1 Combiner un critère de performance et un critère comportemental pour générer une carte de groupes stratégiques :
a) permet de faire émerger des FCS du secteur en soulignant des corrélations éventuelles entre le critère comportemental et le critère de performance.
b) permet de déterminer le segment stratégique le plus rentable pour l'entreprise.
c) est inutile, car il est impossible de combiner un critère de performance et un critère comportemental pour générer une carte de groupes stratégiques.

2 Laquelle de ces affirmations est incorrecte ?
a) Une analyse par les groupes stratégiques permet d'obtenir une vision d'ensemble de l'état de la concurrence à un moment donné.
b) Une analyse par les groupes stratégiques permet d'évaluer la performance d'une entreprise.
c) Une analyse par les groupes stratégiques permet d'anticiper les mouvements stratégiques futurs possibles pour les entreprises.

3 Considérant le secteur de la production de produits cosmétiques, lequel des couples de deux variables ci-dessous paraît le moins intéressant pour construire une carte de groupes stratégiques ?
a) Taille (mesurée par le chiffre d'affaires) et degré de spécialisation des activités (mesuré par le ratio « CA cosmétiques/CA total »).
b) Taille (mesurée par le CA) et résultat net.
c) Taille (mesurée par le CA) et rentabilité (mesurée par le ratio « résultat net/CA »).

4 Laquelle de ces décompositions ne correspond pas à une analyse par les groupes stratégiques ?

a) Le secteur de la bière se décompose en deux groupes : les groupes internationalisés visant une cible clientèle large et les groupes régionaux visant une cible étroite.
b) Le secteur des jeux vidéo se décompose en deux groupes : les « hardcore gamers » (joueurs ayant une pratique très intensive) et les « joueurs occasionnels ».
c) Le secteur de l'hôtellerie se décompose en deux groupes : les hôtels de chaînes et les hôtels indépendants.

5 Précisez les principaux objectifs et intérêts de l'analyse par les groupes stratégiques.

6 Synthétisez la procédure permettant aux entreprises de juger de la pertinence ou de la nécessité de la modification de leur positionnement stratégique (critères à utiliser, mode de mobilisation des critères).

7 En réalisant une analyse des groupes stratégiques du secteur de la restauration collective, un analyste propose la décomposition suivante du secteur : le groupe des « généralistes internationalisés » composé par exemple d'entreprises telles que Compass ou Sodexo, le groupe des « généralistes régionaux ou nationaux » constitué par des entreprises comme Sogeres ou Alsacienne de restauration et le groupe des « spécialistes régionaux ou nationaux » constitué par exemple d'entreprises comme LRS (Les Repas Santé) ou Score (restauration sur le lieu de travail).
Analysez cette proposition, identifiez les critères retenus par l'analyste et proposez des critères complémentaires permettant d'enrichir l'interprétation et susceptibles de générer de nouvelles cartes de groupes stratégiques.

Réponses p. 308.

Analyse de la chaîne de valeur et sources d'avantage concurrentiel

Définition et contexte d'application

L'analyse de la chaîne de valeur est une méthodologie développée par Michael Porter dans son ouvrage intitulé *L'Avantage concurrentiel* (Interéditions, 1986). Cette méthodologie permet de décrire et de décomposer l'activité d'une entreprise dans une industrie donnée. En analysant de manière systématique l'ensemble des fonctions (ou activités) assurées par l'entreprise ainsi que les interactions entre ces fonctions (ou activités), il est possible d'identifier les sources de l'avantage concurrentiel (Porter, 1986). Selon Porter (1986), la compétitivité de l'entreprise résulte de sa capacité à générer de la valeur pour le client (différenciation) et/ou à dégager des économies pour la firme (domination par les coûts). Dans cette optique, la chaîne de valeur permet, au travers de la décomposition de l'activité de la firme, de mieux comprendre le comportement des coûts au sein de l'organisation et d'identifier les possibilités de différenciation. Elle constitue en ce sens un outil pour optimiser à la fois chaque élément du processus de manière isolée, mais aussi l'organisation globale de l'activité, avec l'objectif d'offrir une valeur maximum à un coût minimum.

Alors que les quatre chapitres précédents portent sur l'analyse de l'environnement de l'entreprise et sur l'étude du secteur d'activité sur lequel elle est positionnée (phase de diagnostic externe), les chapitres 5 et 6 traitent, quant à eux, de l'analyse du potentiel de l'entreprise (diagnostic interne). À cet égard, l'analyse de la chaîne de valeur vise d'abord à identifier les fonctions, les ressources ou les compétences à l'origine d'un avantage concurrentiel actuel ou potentiel. Elle a aussi pour objectif d'analyser et d'évaluer la configuration et l'organisation du processus de création de valeur au sein de l'entreprise et dans ses relations avec ses partenaires.

Ce qu'il faut savoir

Michael Porter (1986) considère l'entreprise comme un ensemble d'activités destinées à concevoir, fabriquer et distribuer une offre commerciale. L'objet de la chaîne de valeur est précisément de représenter l'ensemble de ces activités (voir Figure 1). Pour cela, on décompose l'entreprise en deux types d'activités (ou de fonctions) : les activités principales et de soutien.

Autrement dit, la chaîne de valeur éclaire sur le positionnement de chaque stade de production tout en donnant un aperçu global de l'entreprise.

Les activités principales (ou fonctions opérationnelles) sont directement créatrices de valeur et incluent généralement les fonctions achats, logistique, production ou commercialisation. Celles de soutien (ou fonctions supports) sont au service des activités principales et facilitent le bon fonctionnement des étapes opérationnelles. Elles incluent par exemple la fonction finance ou gestion des ressources humaines. Si la Figure 1 suivante permet de visualiser le principe de la chaîne de valeur, il faut cependant préciser qu'elle ne constitue qu'un exemple de décomposition. En effet, les chaînes de valeur sont contingentes au secteur d'activité et à l'entreprise considérés. D'un secteur à l'autre et d'une entreprise à l'autre, les chaînes de valeur sont ainsi très diverses.

À la recherche de marge et de rentabilité, l'entreprise doit développer un avantage concurrentiel solide. Celui-ci peut s'appuyer sur une capacité à proposer au client une offre à moindre coût et/ou une offre génératrice de plus de valeur par rapport à ses concurrents. Selon Michael Porter (1986), la force et la solidité de cet avantage concurrentiel (qu'il soit de coût

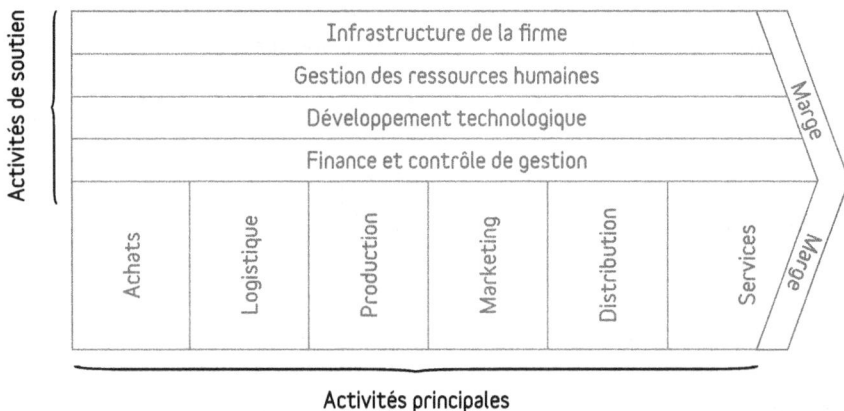

Figure 1 : Chaîne de valeur (d'après Michael Porter, 1986)

ou de différenciation) dépendent de la capacité de la firme à optimiser le fonctionnement de chaque étape de sa chaîne de valeur, mais aussi de sa capacité à harmoniser l'enchaînement et la coordination de chacune de ces étapes.

Chaque maillon de la chaîne de valeur correspond à une fonction dont la mise en œuvre nécessite le recours à un ensemble de ressources et de compétences. Au-delà des activités même de la chaîne de valeur, l'avantage concurrentiel repose en fait sur deux éléments. Il s'agit d'abord des compétences ou des ressources sous-jacentes présentes au sein des activités de la chaîne (qui permettent le bon fonctionnement de chaque étape de la chaîne considérée isolément). L'avantage concurrentiel repose également sur l'existence de capacités organisationnelles sous-jacentes, visant à organiser et à déployer au mieux les compétences au sein de la chaîne de valeur de l'entreprise, mais aussi à l'intérieur d'un système de valeur composé des chaînes de valeur de tous les partenaires de la firme (fournisseurs, concurrents, sous-traitants, clients, etc.). En ce sens, le développement d'un avantage concurrentiel peut être conditionné non seulement par l'existence de compétences fondamentales (excellence opérationnelle), mais aussi de capacités organisationnelles permettant le déploiement et l'exploitation de ces compétences dans un contexte interne et externe à l'entreprise.

Pendant de nombreuses années, le groupe américain de biotechnolo-gies végétales Monsanto a profité d'un avantage concurrentiel particulièrement solide sur le secteur des édulcorants de synthèse, grâce au brevet dont il disposait sur l'aspartame. C'est la possession d'une ressource particulière (brevet) au sein de sa chaîne de valeur et issue de son activité de R&D qui a permis à l'entreprise d'affirmer sa différenciation, de créer de la valeur pour le client et de générer une forte rentabilité.

Pour aller plus loin : www.monsanto.fr

À la fin des années 1930, Caterpillar, PME américaine du secteur des équipements de travaux publics, remporte un contrat exclusif avec le ministère de la Défense pour la construction d'infrastructures au niveau mondial (Frery, 2000). L'entreprise va alors développer avec l'aide des Forces alliées un réseau de distribution mondial pour permettre l'acheminement et la livraison de matériels et de pièces détachées dans le monde entier. C'est ce réseau de distribution, conservé et renforcé après la Seconde Guerre mondiale, qui lui a permis de développer un avantage concurrentiel très important sur ses concurrents. En effet, l'entreprise était capable de livrer en moins de 48 heures, et dans le monde entier, des pièces détachées pour ses engins de chantier. Là encore, cette compétence fondamentale, localisée au sein de l'activité distribution de sa chaîne de valeur, lui a permis de proposer une offre différenciée et un service particulièrement créateur de valeur pour ses clients.

Pour aller plus loin : www.cat.com

Le fabricant de mobilier suédois Ikea est très régulièrement cité en exemple pour sa capacité à avoir réorganisé sa chaîne de valeur, générant ainsi une amélioration de sa différenciation et une baisse des coûts. En effet, au-delà de ses compétences fondamentales en termes de design ou de qualité de fabrication, l'avantage concurrentiel d'Ikea est né de la reconfiguration de sa chaîne de valeur en transférant les activités de livraison et d'assemblage au client. Ce transfert des responsabilités au client a été rendu possible par le conditionnement en paquets plats et le système du libre-service dans ses magasins/entrepôts. En modifiant l'organisation des activités dans la chaîne de valeur ainsi que leur répartition entre les partenaires externes à l'entreprise et leur coordination, Ikea est parvenu à augmenter la valeur créée pour le client tout en réalisant d'importantes économies. L'avantage concurrentiel ainsi créé a alors permis à l'entreprise de dynamiser sa rentabilité.

Pour aller plus loin : www.ikea.com

Ainsi, le rôle de la chaîne de valeur en tant qu'outil de diagnostic interne et d'analyse de l'organisation consiste tout d'abord à découper l'activité de l'entreprise en étapes pertinentes sur le plan de la stratégie (fonctions principales et fonctions de soutien). Dans un second temps, l'analyse de la chaîne de valeur permet d'apprécier la capacité de la firme à générer un avantage concurrentiel de coût ou de différenciation. Pour cela, il est nécessaire d'évaluer les compétences et les ressources présentes au sein des activités de la chaîne, de même que les capacités organisationnelles permettant d'optimiser la coordination des activités intra-entreprise et interentreprises. L'analyse de la chaîne de valeur explore donc deux causes possibles de l'hétérogénéité des performances entre les firmes : une hétérogénéité due à une différence de profil en termes de ressources ou de compétences et une autre due à une différence d'organisation ou de configuration des activités de la chaîne et du processus de création de la valeur.

Diagnostic des activités et analyse de la performance

L'analyse de la chaîne de valeur débute par le diagnostic de la situation de chaque activité (ou fonction) de l'entreprise afin d'identifier les sources de performance ou de contre-performance.

Autrement dit, si des activités créent de la valeur, d'autres en consomment.

Pour cela, et pour chaque type d'activité, il est possible de proposer une liste (non exhaustive) d'indicateurs visant à identifier les forces ou les faiblesses de l'entreprise, notamment par rapport à ses concurrents (Atamer et Calori, 2003). Pour les principales fonctions, plusieurs indicateurs relatifs à l'efficacité, à la productivité ou à la rentabilité des activités sont proposés. À titre d'exemples :

Fonction «achats et approvisionnements» :

• valeur des achats/valeur des stocks ;

- volume des achats/volume des stocks ;
- valeur des achats/CA ;
- nombre de contentieux fournisseurs/ nombre de commandes fournisseurs ;
- nombre de fournisseurs/nombre de composants achetés.

Fonction «recherche et développement» :
- dépenses de R&D/CA ;
- dépenses de R&D/valeur ajoutée (VA) ;
- gains liés aux innovations de processus récentes (mises en place au cours des deux dernières années)/ coût de production ;
- CA relatif aux nouveaux produits (lancés sur les deux dernières années)/CA ;
- revenus issus des brevets/dépenses de R&D.

Fonction «production» :
- valeur de la production/effectif de production ;
- valeur de la production/actifs de production ;
- coût de non-qualité/coût de production ;
- nombre de produits/nombre de composants.

Fonction «marketing et distribution» :
- CA/actif commercial ;
- CA/effectif commercial ;
- charges commerciales/CA ;
- nombre de nouveaux clients (sur la dernière année)/nombre total de clients ;
- nombre de clients perdus (sur la dernière année)/nombre total de clients ;
- nombre de contentieux clients/nombre de commandes clients ;

- nombre de commandes/nombre de prospections.

Fonction «logistique» :
- coûts logistiques/CA ;
- nombre de retards/nombre de livraisons ;
- coût de stockage/CA ;
- coût de stockage/valeur du stock ;
- valeur du stock/CA (en nombre de jours) ;
- valeur de la démarque/valeur du stock.

Certes, cette liste d'indicateurs ne prétend à aucun caractère exhaustif et vise simplement à proposer des exemples de ratios mobilisables dans le cadre d'une analyse de la chaîne de valeur. En outre, il est indispensable d'adapter les indicateurs utilisés au contexte spécifique de l'entreprise ou du secteur d'activité. Enfin, pour avoir l'image la plus fiable possible de la performance ou de la contre-performance de l'entreprise, il est souhaitable de réaliser soit une analyse comparée – pour mettre en perspective les résultats de l'entreprise et ceux de ses principaux concurrents –, soit une analyse longitudinale – pour visualiser dans le temps l'évolution de la performance de l'entreprise sur plusieurs mois ou plusieurs années.

Compétences fondamentales et optimisation des activités

Les différences de performance révélées par l'analyse comparée ou longitudinale des indicateurs proposés ci-dessus peuvent s'expliquer par le fait qu'au sein d'un secteur d'activité, une entreprise n'a pas accès aux mêmes compétences que ses concurrents ou qu'elle dispose de compétences ou de ressources différentes au cours de son histoire. Parmi les compétences ou ressources à l'origine de ces différences notables de performance, celles qui permettent de développer un avantage concurrentiel possèdent quatre caractéristiques majeures qui en font des «compétences fondamentales» (Barney, 1991 ; 1995 ; Laroche et Nioche, 1998 ; Carpenter et Sanders, 2007) : la valeur, la rareté, le caractère non imitable et non substituable et l'appropriation.

La valeur

Une compétence a de la valeur lorsqu'elle permet à l'entreprise de profiter d'une opportunité ou de neutraliser une menace de son environnement. Une compétence de valeur peut par exemple permettre à une firme de satisfaire une demande spécifique de ses clients, d'accéder à un nouveau marché, de se protéger de l'attaque de ses concurrents ou de satisfaire les exigences d'une nouvelle réglementation.

Dans le secteur de la distribution de produits de grande consommation, Carrefour s'appuie sur ses compétences et ses ressources en termes de logistique et de négociation avec les fournisseurs (centrales d'achat) pour obtenir des conditions d'achat très avantageuses et proposer au client des prix particulière-

ment compétitifs. Dans un contexte de pouvoir d'achat menacé, les compétences de Carrefour peuvent être considérées comme source de valeur.

La rareté

Une compétence est rare lorsque très peu d'entreprises sur le marché, voire une seule d'entre elles, y ont accès. En outre, sa rareté est renforcée par la difficulté à transférer cette compétence ou cette ressource, c'est-à-dire lorsque cette compétence peut difficilement faire l'objet d'une transaction sur le marché.

Lorsque McDonald's passe un accord avec Carrefour pour installer un de ses restaurants dans la galerie commerciale de l'hypermarché, il obtient ainsi un accès exclusif à une zone de chalandise à fort potentiel. McDonald's dispose alors d'une ressource rare, susceptible de lui conférer un avantage sur ses concurrents.

Le caractère non imitable et non substituable

Une compétence est non imitable lorsque les concurrents désireux de reproduire la stratégie ne peuvent pas accéder à ces ressources de manière rapide ou ne pourraient y accéder sans supporter un important désavantage de coût. De la même façon, une compétence est non substituable lorsque les concurrents ne peuvent pas accéder aux mêmes avantages en ayant recours à une ressource ou une combinaison de ressources différentes.

Par définition, les brevets constituent une ressource non imitable et difficilement substituable, tout au moins pendant la période de protection légale. Mais ils ne constituent pas les seules ressources non imitables. Au cours de la Seconde Guerre mondiale, le gouvernement américain, désirant que les soldats puissent acheter une bouteille de Coca-Cola à un prix compétitif quel que soit l'endroit où ils se trouvaient, coopéra avec Coca-Cola pour construire plus de soixante usines de production dans le monde. À la fin de la guerre, cette implantation mondiale (subventionnée par l'État américain) constitua la base du développement international de l'entreprise, rendant très difficile la tâche des concurrents, notamment de Pepsi, devant assumer un désavantage de coût considérable pour développer sa présence internationale.

L'appropriation (ou l'exploitation)

La simple possession d'une ressource est nécessaire, mais non suffisante. En effet, l'entreprise doit pouvoir être capable de se l'approprier pour l'exploiter, c'est-à-dire d'organiser ses structures et ses processus afin d'en extraire la valeur et de se l'approprier. Pour obtenir un avantage concurrentiel, l'organisation doit être capable de réaliser la valeur potentielle de cette compétence ou de cette ressource.

Dans les années 1980, Xerox disposait d'un centre de recherche particulièrement performant situé à Palo Alto. Durant cette période, les équipes de chercheurs ont développé des produits particulièrement innovants, parmi lesquels des imprimantes laser, des interfaces réseau Ethernet, des logiciels à interfaces graphiques, etc. Pourtant, l'entreprise a été incapable de mettre ces produits sur le marché en temps voulu et les concurrents ont profité de ces espaces laissés libres. Pénalisées par un fonctionnement bureaucratique, ces nouvelles idées étaient étouffées avant d'avoir pu être diffusées au sein de l'organisation. En outre, le management privilégiait la performance à court terme et il n'existait pas d'incitations efficaces permettant de favoriser une dynamique de prise de risque et d'innovation (Kearns et Nadler, 1992 ; Barney, 1995).

Ces quatre caractéristiques doivent être cumulées par l'entreprise qui veut développer un avantage concurrentiel. En effet, si l'entreprise dispose de compétences ou de ressources de valeur, elle est alors capable d'entrer dans le champ concurrentiel d'un secteur d'activité, sans pour autant disposer d'un avantage concurrentiel. En revanche, si les compétences contrôlées par l'entreprise sont également rares, elles contribuent à générer un avantage concurrentiel, même s'il peut s'avérer provisoire. Un avantage concurrentiel durable et solide doit s'appuyer sur des compétences non seulement rares mais aussi difficilement imitables ou substituables. Enfin, ces trois conditions sont insuffisantes pour construire un avantage concurrentiel si l'entreprise ne dispose pas de la capacité à exploiter ces compétences.

Capacités organisationnelles et organisation de la chaîne de valeur

Indépendamment de l'avantage concurrentiel issu des compétences fondamentales situées dans les différentes activités (ou fonctions) de la chaîne de valeur, il est possible pour l'entreprise de développer un avantage concurrentiel en s'appuyant sur une optimisation de la gestion des liens entre les fonctions, voire des liens entre la chaîne de valeur de l'entreprise et celle de ses partenaires. Ces capacités de coordination interfonctionnelle ou de coordination externe peuvent être considérées comme des «capacités organisationnelles», facilitant l'exploitation des compétences dans un contexte interne et externe à l'entreprise et susceptibles de générer un effet de «levier» (Frery, 2000). Ce type de «levier» renvoie donc à une

amélioration de la performance issue de la gestion des liens entre les différentes compétences ou les différentes fonctions au sein de la chaîne de valeur de l'entreprise, mais aussi plus généralement au sein d'un système de valeur qui relie la chaîne de la firme à celles de ses différents partenaires (Voir Figure 2).

Au sein de la chaîne de valeur de la firme, la coordination interfonctionnelle vise à permettre aux différentes fonctions de collaborer dans le but d'offrir une valeur supérieure au client ou de générer des économies supplémentaires (Frery, 2000 ; Strategor, 2005). En effet, l'optimisation individuelle de chaque fonction, de manière isolée, n'est pas forcément synonyme d'une optimisation globale de la chaîne. En outre, les fonctions de l'entreprise peuvent avoir à défendre des intérêts divergents, générateurs de conflits. Ainsi, dans certains cas, la fonction production cherche à réduire les coûts en favorisant la standardisation et la fabrication de masse alors que la fonction marketing vise à privilégier la flexibilité et la personnalisation des produits pour convaincre le client

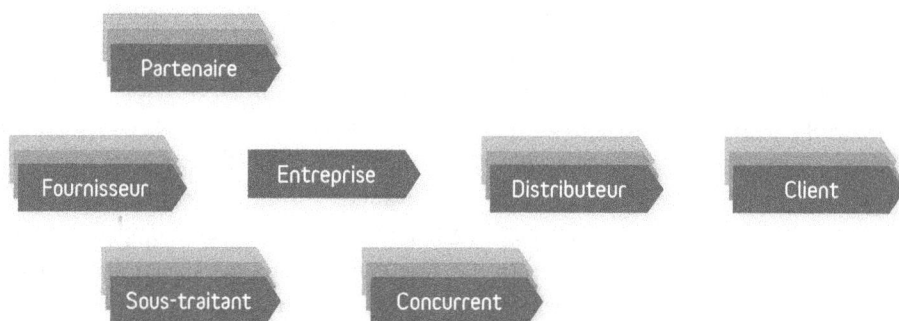

Figure 2 : Système de valeur (d'après Michael Porter, 1986)

qu'il existe une offre spécialement adaptée à ses besoins. De même, si parfois la fonction logistique préfère disposer de stocks importants pour faciliter la planification de la production et le temps de réponse à la demande du client, la fonction finance a pour objectif de limiter les stocks pour limiter la croissance du besoin en fonds de roulement (BFR). L'objet de la coordination interfonctionnelle est précisément de limiter les conflits, les incompatibilités et les blocages issus de ces divergences de vue, et d'assurer les arbitrages permettant globalement, au total, de maximiser la valeur offerte au client tout en minimisant les coûts supportés par la firme.

Par ailleurs, dans le cadre du système de valeur, la chaîne de valeur de l'entreprise ne peut être isolée de celles de ses partenaires situés en aval et en amont (fournisseurs, sous-traitants, distributeurs, clients, etc.). Mais, outre la coordination nécessaire avec les acteurs de la filière, l'entreprise doit également considérer l'ensemble des autres acteurs économiques avec lesquels elle est en contact (concurrents, alliés, partenaires, etc.). L'entreprise peut donc tenter de développer un avantage concurrentiel en adoptant une perspective globale visant l'optimisation du système de valeur tout entier. Les entreprises doivent donc travailler ensemble pour coproduire de la valeur (Normann et Ramirez, 1993). L'avantage concurrentiel est alors dépendant de leur capacité à définir ou redéfinir les rôles et les relations des différents acteurs économiques en jeu dans le processus de création de valeur. Cette vision se traduit tout d'abord par une réflexion portant sur les choix d'intégration et d'externalisation des activités de la firme – répartition des tâches et des responsabilités au sein du système de création de valeur entre les acteurs –, puis par des mesures permettant de coordonner de façon étroite le flux de valeur avec ses partenaires – amélioration de l'efficacité des liaisons en termes de coût et de qualité, mais aussi en termes de temps (Stalk et Hout, 1990).

Avantage concurrentiel et stratégies génériques

Les compétences et les ressources dont dispose la firme au sein de sa chaîne de valeur, de même que les capacités organisationnelles qu'elle est capable de mettre en œuvre pour assurer la coordination interne et externe de ces compétences, visent à proposer une offre valorisée par le client et/ou obtenue à moindre coût. C'est cette excellence en termes de maîtrise des coûts ou de création de valeur pour le client qui est à l'origine de l'avantage concurrentiel potentiel. La gestion et la coordination de la chaîne de valeur traduisent de ce fait les orientations de la firme en termes de stratégie générique : stratégie de domination par les coûts ou stratégie de différenciation (Porter, 1982).

La stratégie de domination par les coûts

Elle consiste généralement à présenter au client une offre standard, de « référence », proche de celle des concurrents (une offre de « référence » sur un marché renvoie à ce que les clients s'attendent implicitement à se voir proposer), mais proposée à un prix inférieur, grâce à une meilleure maîtrise des coûts. Le postulat de cette approche est que l'entreprise la plus compétitive est celle qui, du fait de son efficacité supérieure en termes de maîtrise des coûts, a les prix les plus bas – ou la marge la plus importante dans le cas d'un prix de marché qui s'imposerait aux entreprises du secteur. Dans ce contexte, c'est donc de sa capacité à réduire l'ensemble de ses coûts que dépend l'avantage concurrentiel (Strategor, 2005).

La poursuite de cette stratégie générique conduit de ce fait l'entreprise à réduire ses coûts tout au long de sa chaîne de valeur et à chaque étape (conception, achat, production, commercialisation, etc.) afin de minimiser ses coûts complets. Pour cela, la firme peut par exemple mettre en œuvre une stratégie de volume pour générer des économies d'échelle, d'expérience ou bénéficier d'effets de taille. Elle peut également s'appuyer sur une organisation de sa chaîne de valeur fondée sur l'externalisation de certaines fonctions à des prestataires spécialistes capables d'assurer certaines fonctions à moindre coût (logistique, systèmes d'information, etc.). La firme peut enfin chercher à obtenir un avantage de coût par le biais d'une délocalisation de tout ou partie de ses activités dans des zones à bas salaires.

Avec sa Dacia Logan, Renault mène une stratégie de domination par les coûts, fondée sur la recherche d'écono-mies à toutes les étapes de la chaîne de valeur. Le principe retenu par l'entreprise pour ce véhicule est de réduire au maximum les composants ou les sous-systèmes spécifiques. Ainsi, la plateforme de la Logan est commune à celle des Renault Modus, Clio ou de la Nissan Micra. En outre, plus de 80 % des composants nécessaires à la fabrication du véhicule sont issus du catalogue des autres modèles du groupe Renault (moteurs, poignées de porte, comodos de commande au volant, aérateurs, etc.). Cette organisation permet à l'entreprise de bénéficier d'effets de taille importants au niveau des achats, mais génère aussi des économies d'échelle et de variété au niveau de la production. Avec une ambition de 700 000 ventes annuelles, l'objectif est également de pouvoir profiter d'économies d'expérience importantes. L'entreprise a par ailleurs fait le choix d'une délocalisation de la production et de l'assemblage dans des pays à main-d'œuvre bon marché (Roumanie, Iran, Russie, Maroc, Colombie). Enfin, la marge des concessionnaires a été réduite afin de limiter les coûts liés à l'activité de distribution et de commercialisation.

Pour aller plus loin : www.dacia-logan.com

La stratégie de différenciation

Elle consiste à présenter au client une offre « améliorée » (différenciation vers le haut) ou « dégradée » (différenciation vers le bas) par rapport à l'offre de « référence ». Dans le cas d'une offre « améliorée», cette stratégie vise à créer un surplus de valeur pour le client qui la perçoit comme «unique», ce qui justifie un prix plus élevé et le plus souvent une marge supérieure pour l'entreprise. Une offre «dégradée» se caractérise par une valeur perçue inférieure aux offres concurrentes et vise des clients qui privilégient le prix au détriment de la qualité.

Autrement dit, le client valorise le prix au détriment notamment de fonctionnalités multiples et innovantes.

Dans le cas d'une stratégie de différenciation par le bas (ou stratégie d'épuration), l'ensemble de la chaîne de valeur est organisé pour proposer un produit simplifié au maximum : la R&D, tout comme les services associés, sont quasiment inexistants, la gamme des produits est très étroite, la qualité est souvent sacrifiée... L'offre de l'entreprise est dégradée par rapport à l'«offre de référence». Dans le cadre d'une stratégie de différenciation par le haut, l'entreprise va travailler sur toutes les dimensions constitutives de l'offre afin d'augmenter la valeur perçue par le client. Pour cela, elle peut se focaliser sur les activités de R&D et de fabrication pour améliorer le produit (performance, fiabilité, qualité, design, excellence technologique, etc.). Elle peut également s'appuyer sur la fonction marketing et commercialisation pour améliorer l'image du produit proposé (puissance de la marque, réputation, notoriété, authenticité, etc.). Elle peut enfin développer les services associés à l'offre dans les phases de commercialisation ou

d'après-vente (accueil, conseil, livraison, installation, SAV, etc.).

Avec le Bic Phone, lancé en juillet 2008, Bic et Orange, en partenariat, mettent en œuvre une stratégie de différenciation vers le bas : ils proposent un téléphone mobile «prêt à l'emploi» avec une batterie déjà chargée, un numéro de téléphone prédéfini et soixante minutes de communication pour 49 euros. De conception et de fabrication chinoise (TCT Mobile Limited), le Bic Phone est dépourvu des fonctionnalités dont sont habituellement équipés les produits concurrents (appareil photo, lecteur mp3, vidéo, accès Internet, quadri-bande, grand écran, technologie Edge ou 3G, etc.) et se concentre sur deux fonctions de la téléphonie : les appels et les SMS.

Pour aller plus loin : www.bicworld.com

Dans son activité «mode et maroquinerie» (Louis Vuitton, Loewe, Berlutti, Givenchy, etc.), LVMH développe une stratégie de différenciation par le haut qui s'appuie sur des compétences situées tout au long de la chaîne de valeur. Les activités de R&D sont privilégiées afin d'assurer l'originalité et la continuité de la création. En outre, l'entreprise offre une large possibilité de personnalisation des produits et de fabrication sur mesure, impliquant le client dans l'élaboration de l'offre. La fonction production est dédiée à la qualité des produits et s'appuie sur des savoir-faire exclusifs souvent issus de l'artisanat d'art. Par ailleurs, l'entreprise privilégie pour ce pôle «mode et maroquinerie» un réseau de distribution exclusif, largement détenu en propre, permettant d'assurer un contrôle de la qualité du service (accueil, cadre, conseil, etc.). Enfin, la fonction marketing est au centre de l'activité de ce pôle, avec la volonté de toujours renforcer la puissance et la réputation des marques par des actions de communication, de sponsoring ou de mécénat.

Pour aller plus loin : www.lvmh.fr

Une troisième voie

Outre les deux options classiques de la stratégie de domination par les coûts et de la stratégie de différenciation, longtemps réputées incompatibles (Porter, 1982), certains auteurs introduisent la possibilité d'une troisième voie, hybride, combinant différenciation et maîtrise des coûts (Hill, 1988 ; Miller, 1992 ; Frery, 2000). Le principe de cette stratégie hybride (aussi appelée « stratégie de valeur ») consiste à améliorer la valeur perçue par les clients en maintenant un investissement dans la différenciation, tout en réduisant les coûts grâce à une organisation optimisée de la chaîne de valeur. Cette orientation passe par une remise à plat du système d'offre permettant d'identifier très précisément, au sein de l'ensemble des composantes constitutives de l'offre, les sources de valeur pour le client. L'entreprise doit isoler les compétences fondamentales permettant de générer une différenciation sur ces composantes créatrices de « valeur-client ». La stratégie hybride consiste alors à concentrer les investissements sur ces compétences fondamentales (à l'origine de la « valeur-client ») et à réduire fortement les coûts des autres fonctions en limitant au maximum les investissements sur les compétences non directement créatrices de valeur pour le client.

Comme nous l'avons vu précédemment, Ikea s'inscrit pleinement dans cette logique de stratégie hybride. L'entreprise suédoise réalise des économies importantes dans certains domaines de sa chaîne de valeur : standardisation poussée de la production, élimination des activités de livraison et de montage de son offre (assumées par le client), optimisation de la logistique (concepts des paquets plats et des magasins/entrepôts). Les économies ainsi réalisées permettent à Ikea de développer ses axes de différenciation fondés sur la qualité des produits (design, solidité, suivi, etc.) et son image de marque.

Pour aller plus loin : www.ikea.com

Ce qu'il faut retenir

L'analyse de la chaîne de valeur constitue le cœur de la phase de diagnostic interne de l'entreprise. Cette méthodologie décompose l'organisation en maillons (ou fonctions) relatifs à deux types d'activités (les activités principales directement créatrices de valeur et les activités de soutien permettant le bon fonctionnement des activités principales) afin d'identifier les forces et les faiblesses de la firme. Ce modèle vise à établir un diagnostic des compétences et des capacités organisationnelles présentes au sein des différentes fonctions de l'entreprise afin de mieux comprendre le comportement des coûts dans la firme et d'identifier les facteurs de différenciation. En ce sens, l'analyse de la chaîne de valeur a pour ambition d'identifier les sources d'avantage (ou de désavantage) concurrentiel reposant sur les compétences fondamentales détenues par l'entreprise (compétences de valeur, rares, difficilement imitables, exploitables) et/ou reposant sur les capacités organisationnelles chargées d'assurer la coordination interfonctionnelle et la coordination avec les partenaires externes de la firme. Enfin, l'analyse de la chaîne de valeur permet de faire le lien entre les compétences et les capacités organisationnelles, d'une part, et les stratégies génériques mises en œuvre par l'entreprise, d'autre part, (stratégie de domination par les coûts, stratégie de différenciation, stratégie de valeur).

Tester ses connaissances

1 Laquelle de ces affirmations est erronée ?

a) L'analyse de la chaîne de valeur vise à analyser l'organisation du processus de création de valeur au sein de l'entreprise.

b) L'analyse de la chaîne de valeur vise à identifier les activités dont il convient de se désengager (désinvestissement).

c) L'analyse de la chaîne de valeur vise à analyser l'organisation du processus de création de valeur dans les relations de l'entreprise avec ses partenaires.

2 Laquelle de ces affirmations vous paraît la plus logique ?

a) La stratégie de différenciation correspond à la mise sur le marché d'un produit moins cher que celui des concurrents.

b) La stratégie de domination par les coûts permet de pratiquer des prix plus élevés que la moyenne.

c) La stratégie de différenciation peut se traduire soit par une amélioration de l'offre soit par une dégradation de l'offre.

3 L'obtention d'un avantage concurrentiel repose exclusivement et obligatoirement sur la capacité de la firme à disposer de compétences fondamentales ou de ressources critiques.

a) Vrai.

b) Faux.

4 Dans quel cas peut-on utiliser le modèle de la chaîne de valeur ?

a) Lorsque l'entreprise est en difficulté et qu'il faut faire des choix de rationalisation et de restructuration (abandon d'une activité par exemple).

b) Lorsque l'on souhaite identifier l'origine de l'avantage concurrentiel (différenciation ou domination par les coûts).

c) Lorsque l'entreprise souhaite évaluer sa performance en la comparant à celle de ses concurrents les plus directs.

5 Définissez la notion de « système de valeur ».

6 Quelle différence y a-t-il entre une compétence fondamentale et une capacité organisationnelle ?

7 Quel est le principe de la stratégie de domination par les coûts ?

Réponses p. 308.

Tester sa compréhension

1 Laquelle de ces affirmations vous paraît la plus logique ?

a) Une entreprise peut disposer d'un avantage concurrentiel solide et durable à condition de produire moins cher que ses concurrents.

b) Une entreprise peut disposer d'un avantage concurrentiel solide et durable à condition de disposer d'une part de marché supérieure à celle de ses concurrents.

c) Une entreprise peut disposer d'un avantage concurrentiel solide et durable à condition d'exploiter des compétences de valeur, rares et difficilement imitables.

2 L'entreprise Ferrari décide de baisser les tarifs de ses véhicules de 20 %. Ce choix correspond-il à la mise en œuvre d'une stratégie de valeur ?

a) Oui.

b) Non.

3 Parmi les éléments ci-dessous, lequel ne correspond pas à l'un des objectifs poursuivis dans le cadre d'une stratégie de différenciation par le haut ?

a) L'obtention d'une forte rentabilité.

b) L'obtention d'une forte part de marché.

c) La construction d'une forte image de marque.

4 Parmi les compétences et/ou ressources listées ci-dessous, laquelle ne peut pas être considérée comme difficilement imitable ou substituable ?

a) La réputation attachée à la marque Louis Vuitton.

b) Les compétences d'audit comptable et financier des consultants du cabinet PriceWaterhouseCoopers.

c) La liste des composants présents dans le Coca-Cola.

5 Précisez les enjeux et les freins liés à la coordination interfonctionnelle.

6 L'entreprise taïwanaise Acer mène une stratégie de domination par les coûts dans le secteur des ordinateurs portables. Depuis plusieurs années, elle procède à des rachats réguliers de concurrents (Gateway en 2007 par exemple). Expliquez en quoi le recours à des manœuvres d'acquisition de concurrents permet de contribuer à la réussite de sa stratégie de domination par les coûts.

7 Quelles sont les différences entre une stratégie de domination par les coûts et une stratégie de différenciation par le bas ? Expliquez.

Réponses p. 308.

Modèle d'analyse de la performance

Définition et contexte d'application

Le modèle d'analyse de la performance est un outil d'évaluation et de diagnostic de la situation économique et financière de l'entreprise. Aujourd'hui, les problématiques financières prennent une place croissante dans la gestion et le pilotage de l'entreprise, notamment par le biais de la montée en puissance des actionnaires qui deviennent de plus en plus exigeants. Par ailleurs, les difficultés de nombreuses organisations résident souvent dans l'insuffisance des méthodes de suivi et de contrôle de la performance mises en œuvre, notamment dans le contexte de petites et moyennes entreprises. Nombreux sont les chefs d'entreprise qui s'écartent, volontairement ou inconsciemment, des analyses quantitatives pour se concentrer sur les aspects qualitatifs de la gestion, considérés comme plus attractifs. Le modèle d'analyse présenté dans ce chapitre tente de réconcilier ces deux aspects de la gestion en proposant une évaluation de la viabilité économique et financière de la firme ainsi que des implications stratégiques induites.

Le modèle d'analyse de la performance propose une chaîne de ratios financiers permettant de mettre en œuvre une analyse simple, mais complète, de l'origine de la rentabilité de l'entreprise. Il permet non seulement d'analyser la situation des principaux fondamentaux financiers, mais constitue également un outil d'analyse stratégique. En ce sens, ce modèle complète et éclaire les résultats de l'analyse de la chaîne de valeur (voir chapitre 5) en mettant en exergue les leviers de profit présents au sein des activités de l'entreprise et en pointant les sources éventuelles de destruction de valeur économique. Ce modèle constitue donc une étape indispensable dans la phase de diagnostic interne.

Ce qu'il faut savoir

Le modèle d'analyse de la performance est issu du modèle initialement développé en 1918 par DuPont Corporation. Centré sur l'origine de la rentabilité économique de l'entreprise et identifiant deux leviers de la rentabilité, ce modèle a été complété par plusieurs apports successifs intervenus en 1970 avec un modèle à trois leviers expliquant la création de valeur actionnariale (Liesz, 2002 ; Montebello, 2004), puis en 1999 avec un modèle à cinq leviers (Hawawini et Viallet, 1999). Ces différents apports sont ici repris, adaptés et enrichis. Nous proposons un modèle mettant l'accent sur six déterminants de la valeur pour l'actionnaire. Ce modèle se décompose en cinq équations successives visant à approfondir progressivement la compréhension de la formation de la performance de l'entreprise. Le modèle présenté ici simplifie volontairement certaines approches financières classiques afin de se concentrer sur les aspects stratégiques reliés aux phénomènes financiers.

La première équation (Eq. 1) s'attache à analyser la rentabilité des capitaux propres en prenant en compte la rentabilité des actifs de l'entreprise, mais aussi le poids des charges financières et de l'impôt ainsi que l'effet multiplicateur lié à l'endettement. La deuxième équation (Eq. 2) concerne l'approfondissement de l'étude de la rentabilité des actifs par une décomposition introduisant la performance commerciale ainsi que la rotation des actifs. L'équation suivante (Eq. 3) se concentre sur la performance commerciale et introduit la notion de valeur ajoutée. L'avant-dernière équation (Eq. 4) considère le ratio de rotation des actifs et met en perspective le rôle de l'outil de production dans les ventes ainsi que leur importance relative dans l'actif. Enfin, la dernière équation (Eq. 5) reprend l'ensemble des données analysées pour proposer un modèle synthétique d'analyse.

Cependant, pour l'ensemble des ratios composant les équations proposées, et afin d'obtenir l'image la plus fiable possible de la performance, il sera souhaitable de réaliser soit une analyse comparée – pour mettre en perspective les résultats de l'entreprise et ceux de ses principaux concurrents –, soit une analyse longitudinale – pour visualiser l'évolution de la performance de l'entreprise dans le temps, sur plusieurs années.

Analyse de la rentabilité pour l'actionnaire

La rentabilité pour l'actionnaire – aussi appelée « rentabilité des capitaux propres » (RCP) ou « rentabilité financière » – se mesure par le ratio suivant, dans lequel RN désigne le résultat net après impôts, et CP désigne les capitaux propres :

$$RCP = \frac{RN}{CP}$$

Ce taux mesure la rentabilité obtenue pour un euro de capitaux propres investi par l'actionnaire dans l'entreprise. Ce ratio donne ainsi une indication sur l'enrichissement de l'actionnaire à la suite de son placement dans l'entreprise, au cas où le résultat net lui serait attribué en totalité sous forme de dividendes (taux de rémunération maximum théorique).

Cependant, outre cette information, l'indicateur de RCP offre également une mesure de la capacité de l'entreprise à financer sa croissance, si le profit est réinvesti (Montebello, 2004). Dans cette optique, la RCP mesure le taux de croissance interne maximum, théorique, supportable de l'actif et du CA de l'entreprise (Zakon, 1974 ; Montebello, 2004). En effet, dans l'hypothèse d'un résultat entièrement réinvesti, les capitaux propres augmentent du montant du résultat généré par l'activité – dans cette hypothèse, le taux de RCP est donc égal au taux de croissance des capitaux propres. À levier d'endettement constant, cette augmentation du passif autorise, de ce fait, une augmentation du même pourcentage du montant de l'actif. Si l'on accepte l'idée d'une efficacité constante des actifs (rotation des capitaux investis stable), alors cette augmentation des actifs peut se traduire par une hausse du CA dans les mêmes proportions.

Le taux de RCP mesure donc bien la capacité de croissance interne – car issue de l'entreprise et non de sources de financement externes –, maximum – puisque le résultat net est réinvesti en totalité –, théorique – car il s'agit d'un potentiel de croissance non automatique qui doit se traduire par une réalité sur le terrain et qui suppose une efficacité constante des capitaux investis –, enfin supportable – puisque n'induisant aucune modifica-

tion du niveau de risque : levier financier constant – de l'actif et du CA.

Prenons l'entreprise A, dont le passif simplifié est composé de 10 000 euros de capitaux propres et de 10 000 euros de dette financière, et qui réalise 50 000 euros de CA. Elle dégage un résultat net de 5 000 euros, soit une RCP de 50 %. Si cette entreprise décide de réinvestir entièrement son profit et de maintenir la même structure du capital, le total de l'actif et du passif passera à 30 000 euros. Sous l'hypothèse d'un maintien du taux de rotation du capital investi, l'entreprise pourra alors financer un CA en augmentation de 50 %, soit un CA de 75 000 euros (d'après Montebello, 2004).

La RCP offre également, de ce fait, une bonne indication sur la capacité de l'entreprise à suivre la croissance du marché et à conserver (voire à améliorer) sa part de marché (Montebello, 2004). En effet, à structure de financement stable pour l'entreprise, la comparaison du taux de croissance du marché et de la RCP (sous l'hypothèse d'un profit entièrement réinvesti) donne une indication sur la possibilité pour l'entreprise de s'approprier sa part de la croissance du marché. Si le taux de croissance du marché est inférieur à la RCP, alors l'entreprise a la possibilité d'améliorer sa position concurrentielle en augmentant sa part de marché. Si le taux de croissance du marché est supérieur à la RCP, alors l'entreprise est dans l'impossibilité de capter sa part de la croissance du marché et risque de voir sa position concurrentielle dégradée (à moins d'augmenter son recours à la dette ou d'accueillir de nouveaux capitaux).

Autrement dit, l'entreprise, dans cette situation, ne disposera pas des ressources nécessaires au financement de sa croissance.

Bien qu'importante pour l'actionnaire et l'entreprise, l'analyse de la rentabilité des capitaux propres est insuffisante si on ne distingue pas les trois composantes qui en sont à l'origine. En effet, la RCP est la résultante de l'impact conjoint des charges d'intérêt et d'impôt, de la rentabilité économique et du levier financier. Le RCP peut alors s'exprimer sous la forme suivante :

Équation 1 :

$$RCP = \frac{RN}{RE} \times \frac{RE}{AEN} \times \frac{AEN}{CP}$$

Dans cette équation, RE désigne le résultat d'exploitation et AEN l'actif économique net. L'actif économique net – aussi désigné sous le terme de capitaux investis – est égal à la somme des encours nets engagés par l'entreprise dans les cycles d'investissement et d'exploitation (Quiry & Lefur, 2005). Il se définit comme la somme des actifs immobilisés et du besoin en fonds de roulement (addition de la valeur des stocks et des créances clients diminuée des dettes fournisseurs) de l'entreprise. Cette notion renvoie donc à l'ensemble des besoins financiers de l'entreprise nécessaires à son fonctionnement.

Le premier ratio (résultat net après impôts/résultat d'exploitation) permet d'évaluer l'importance de trois catégories d'éléments : le poids des charges financières – c'est-à-dire des charges d'intérêt –, l'impact des produits financiers, enfin l'effet des éléments exceptionnels (charges et produits exceptionnels) et de l'impôt sur les sociétés. L'intégration dans l'équation 1 de ce ratio permet donc d'identifier ce qui, dans la rentabilité des capitaux propres, est issu de ces trois éléments. Bien sûr, si ce ratio s'avère être le contributeur majeur de la rentabilité pour l'actionnaire (en la dégradant lourdement ou en la majorant de manière significative), il sera nécessaire d'approfondir l'analyse afin d'isoler, au sein de l'ensemble des trois éléments pris en compte, le ou les facteurs les plus représentatifs de cet impact.

Le deuxième ratio (résultat d'exploitation/actif économique net) renvoie à la notion de rentabilité économique, utilisée en stratégie pour mesurer la performance économique de l'exploitation de l'entreprise, c'est-à-dire la pertinence ou la cohérence de son modèle économique. Le terme de modèle économique (ou *business model*) est utilisé ici pour désigner le processus, le système ou le concept par le biais duquel l'entreprise génère du profit sur la base des moyens économiques investis. La rentabilité économique renvoie de ce fait à la capacité qu'a l'entreprise de dégager du profit avec son métier, sur son activité et sur la base des capitaux investis. Même s'il n'intègre pas la notion de risque, ce ratio est fondamental puisqu'il mesure l'efficacité de l'activité de l'entreprise d'un point de vue économique (Quiry & Lefur, 2005).

Ce ratio peut être augmenté – et la performance économique dynamisée – en augmentant le numérateur (RE) ou en diminuant le dénominateur (AEN), ou encore en faisant les deux. S'il est souhaitable de privilégier l'augmentation du résultat, il est souvent plus facile de diminuer les capitaux investis. Cette dernière option est effectivement louable lorsqu'il s'agit de réduire des immobilisations considérables sans véritable rapport avec l'activité ou la mission de l'entreprise (un parc immobilier par exemple). De même, l'intérêt de la poursuite d'un objectif de stock minimum, voire de fonctionnement en flux tendus a depuis longtemps été reconnu. Enfin, l'amélioration du cycle de trésorerie lié au décalage « créances/dettes » constitue un objectif incontestable pour tout gestionnaire. Cependant, la réduction des actifs au-dessous de leur niveau minimum peut constituer une erreur de gestion, voire correspondre à une volonté délibérée de manipuler le ratio de rentabilité économique sur le court terme (Montebello, 2004). C'est la raison pour laquelle il est important de vérifier qu'une rentabilité élevée ne cache pas un artifice visant à surévaluer l'entreprise en diminuant les actifs de manière non justifiée (*downsizing* excessif par exemple).

Le troisième ratio désigne l'effet de levier financier. Par définition, l'effet de levier est égal à la différence entre la rentabilité des capitaux propres et la rentabilité économique (Quiry et Lefur, 2005). Lorsque la rentabilité économique est supérieure au coût de l'endettement, l'augmentation de la dette permet aussi alors d'augmenter la rentabilité des capitaux propres. À l'inverse, lorsque la rentabilité économique est inférieure au taux de la dette, l'effet de levier joue négativement et dégrade la rentabilité des capitaux propres (effet de massue). Ce ratio exerce donc un effet multiplicateur sur la rentabilité économique et constitue ainsi un moyen d'augmenter la rentabilité pour l'actionnaire. Il faut donc garder présent à l'esprit que si l'effet de levier peut améliorer la rentabilité des capitaux propres, il augmente également le risque lié aux capitaux propres du fait de la croissance de l'endettement. De ce fait, si ce ratio permet d'évaluer l'effet multiplicateur du recours à l'endettement – c'est-à-dire l'« effet volume » de l'effet de levier –, il est impératif de le mettre en perspective avec « l'effet coût » de l'effet de levier, révélé par le poids des charges financières.

Prenons le cas de trois entreprises (A, B et C) qui présentent la même RCP de 10 % (voir Tableau 1). Pourtant, si l'on procède à la décomposition de la RCP sur la base de l'équation 1, l'évaluation de leur performance respective se révèle très différente :

Entreprise	$\frac{RN}{CP}$	$\frac{RN}{RE}$	$\frac{RE}{AEN}$	$\frac{AEN}{CP}$
A	10 %	132 %	3,03 %	2,5
B	10 %	15 %	6,06 %	11
C	10 %	30 %	33,3 %	1

Tableau 1 : Décomposition de la RCP pour les entreprises A, B et C

'entreprise A présente un endettement relativement modéré – ce qui induit un risque réduit de même que des charges financières potentiellement modérées –, mais la rentabilité économique de son activité reste assez faible. Elle réalise 10 % de rentabilité pour l'actionnaire essentiellement sur la base du ratio RN/RE. Ce sont donc les éléments exceptionnels ou les produits financiers qui sont à l'origine de cette rentabilité satisfaisante pour les actionnaires. À ce stade, il est nécessaire d'approfondir l'analyse afin d'identifier très précisément l'origine de l'importance de ce ratio : plus-value liée à la cession d'une activité jugée non stratégique ou à la cession de biens immobiliers, placements financiers, etc.

L'entreprise B présente une rentabilité de l'activité supérieure à l'entreprise A (6,06 % contre 3,03 %), ce qui suppose une meilleure maîtrise du modèle économique. En outre, elle mobilise un fort effet multiplicateur du levier financier – l'actif économique net étant financé à moins de 10 % par les capitaux propres et à plus de 90 % par des dettes. Ce fort taux d'endettement induit un risque élevé (de liquidité ou de solvabilité) et explique potentiellement la faible valeur du ratio « résultat net/résultat d'exploitation ». Il est en effet possible que ce ratio soit pénalisé par une lourde charge d'intérêt liée aux emprunts contractés par l'entreprise – bien sûr, il sera nécessaire de vérifier cette hypothèse en isolant le poids des charges financières.

L'entreprise C, enfin, semble présenter le meilleur profil. Elle affiche, d'une part, une rentabilité économique très importante (33,3 %), ce qui sous-tend potentiellement l'existence de compétences fondamentales ou de capacités

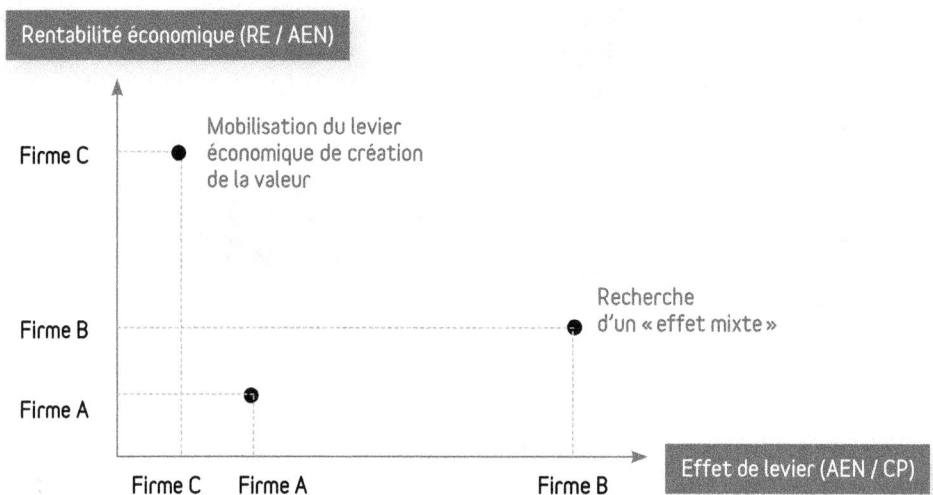

Figure 1 : Analyse conjointe de la rentabilité économique et de l'effet de levier

organisationnelles à l'origine d'un avantage concurrentiel fort. Par ailleurs, son endettement très faible, voire nul (puisqu'elle finance la totalité de l'actif économique par ses capitaux propres), induit un risque faible ainsi que des charges financières limitées ou nulles. Ce faible recours à la dette ouvre, d'autre part, la possibilité d'un recours accentué possible à l'endettement afin de financer la croissance de l'activité et/ou de bénéficier d'un effet de levier financier.

Il est possible de représenter graphiquement la rentabilité économique et l'effet de levier dont l'impact conjoint rend compte de la création de valeur issue de l'exploitation pour l'actionnaire (Figure 1). Sur ce graphique, la firme C mobilise un très fort levier économique de création de valeur et témoigne d'un modèle économique sain (et d'une dette nulle), alors que la firme B recherche un effet de création de valeur « mixte » permettant de potentialiser l'effet économique de création de valeur et l'effet de levier. Si, dans ce cas, le risque induit par la dette importante est justifié par la forte rentabilité offerte aux actionnaires, il est néanmoins nécessaire de vérifier que le poids des charges financières lié à la dette ne pénalise pas de manière excessive la rentabilité des capitaux propres (analyse du ratio RN/RE par exemple). Enfin, la firme A ne parvient à dynamiser la création de valeur issue de l'exploitation pour l'actionnaire ni par le biais du levier économique, ni par le biais du levier financier.

Analyse de la rentabilité économique

Au même titre que pour la RCP, le ratio de rentabilité économique est un résultat qui doit donner lieu à un approfondissement de l'analyse. Il est possible de décomposer le ratio de rentabilité économique afin d'identifier deux origines possibles de la performance de l'activité de l'entreprise. La rentabilité économique est en effet la résultante de l'effet conjoint de la performance commerciale et de l'efficacité des actifs. Le ratio de rentabilité économique peut alors s'exprimer sous la forme de l'équation suivante où CA désigne le chiffre d'affaires :

Équation 2 :

$$\frac{RE}{AEN} = \frac{RE}{CA} \times \frac{CA}{AEN}$$

Le premier ratio (résultat d'exploitation/CA) est un taux de performance commerciale (ou taux de marge d'exploitation). Il offre une indication sur l'efficacité commerciale de l'entreprise exprimée en termes de marge, c'est-à-dire sur la capacité de l'entreprise à optimiser la gestion conjointe de ses coûts et de ses prix.

Le second ratio (CA/actif économique net) est un taux de rotation des actifs. Il mesure l'efficacité commerciale en termes de volume de vente – et non plus de marge. Ce ratio mesure en effet la capacité qu'a l'entreprise à optimiser l'utilisation de ses actifs pour augmenter le volume de vente. Il amplifie le taux de marge.

Analysés conjointement, ces deux ratios permettent de faire une hypothèse sur la nature de l'environnement concurrentiel dans lequel évolue l'entreprise (voir chapitre 2) ainsi que sur la nature et le succès de la stratégie générique menée par l'entreprise : domination par les coûts ou différenciation (voir chapitre 5). En effet, le cas d'une entreprise présentant une forte performance commerciale, mais un faible taux de rotation des actifs peut permettre à l'observateur de faire l'hypothèse d'une stratégie de différenciation réussie et/ou d'un environnement caractérisé par une faible pression sur les prix et par la possibilité de distinguer son offre de celle des concurrents (environnement fragmenté ou spécialisé).

À l'inverse, le cas d'une entreprise présentant une faible performance commerciale, mais un fort taux de rotation des actifs va conduire l'analyste vers l'hypothèse d'une stratégie de domination par les coûts et/ou d'un environnement caractérisé par une forte pression concurrentielle sur les prix et par la difficulté à différencier son offre de celle de ses concurrents (environnement de volume ou d'impasse). Le cas d'une entreprise qui présente un fort taux de performance commerciale ainsi qu'un taux de rotation des actifs élevé laisse présager d'une stratégie « hybride » (aussi appelée « stratégie de valeur ») réussie combinant différenciation et maîtrise des coûts (voir chapitre 5). Enfin, devant le cas d'une entreprise dont le taux de performance commerciale et le taux de rotation des actifs sont faibles, plusieurs hypothèses doivent être envisagées pour expliquer cette rentabilité économique déficiente : incapacité à maîtriser ses coûts, difficulté à générer une différenciation dans l'esprit des consommateurs

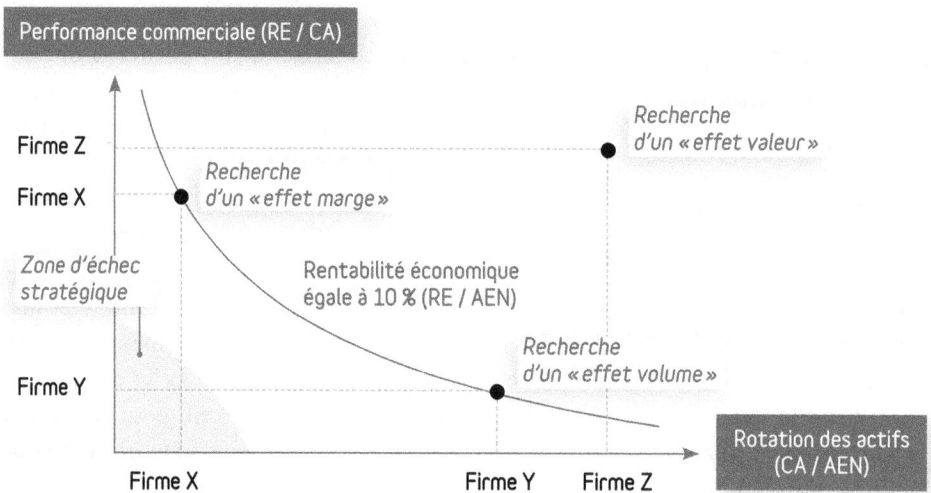

Figure 2 : Analyse de la rentabilité économique

ou environnement concurrentiel hostile (environnement d'impasse par exemple). Quel que soit le cas de figure, ces hypothèses devront être confrontées à l'analyse de la performance des concurrents pour permettre de valider les diverses interprétations possibles.

La représentation graphique conjointe de ces deux ratios (voir Figure 2) permet de visualiser rapidement le positionnement de l'entreprise : recherche d'un «effet marge» (firme X) dans un environnement spécialisé ou d'un «effet volume» (firme Y) dans un environnement de volume par exemple. Ce schéma met également en évidence la présence d'une zone d'«échec stratégique», correspondant au cas des entreprises présentant une mauvaise rentabilité économique du fait d'une incapacité à générer de la marge ou du volume. Enfin, la zone située au nord-est de la matrice traduit la recherche d'un «effet valeur» combinant différenciation et maîtrise des coûts (firme Z).

Analyse de la performance commerciale

À ce stade, il est encore nécessaire de pousser l'analyse en décomposant le ratio de performance commerciale de l'exploitation. Cette décomposition vise à déterminer l'origine de la formation de la marge. Dans cette perspective, le ratio de performance commerciale peut alors s'exprimer sous la forme de l'équation suivante, où VA signifie valeur ajoutée :

Équation 3 :

$$\frac{\text{RE}}{\text{CA}} = \frac{\text{RE}}{\text{VA}} \times \frac{\text{VA}}{\text{CA}}$$

La valeur ajoutée traduit le supplément de valeur donné par l'entreprise, dans son activité, aux biens et aux services en provenance des tiers (Quiry et Lefur, 2005). Ces consommations intermédiaires se composent, notamment, des achats de matières premières ou de marchandises, du coût de la sous-traitance, des charges liées à l'énergie, au transport, aux assurances, etc.

Le premier ratio (résultat d'exploitation/VA) permet de mettre en évidence la maîtrise des charges internes d'exploitation de personnel et les choix en matière de politique d'amortissement et de dépréciations d'exploitation. Lorsque ce ratio est élevé, il est possible de faire l'hypothèse d'une bonne maîtrise des charges salariales. Cependant, les faibles charges salariales peuvent également être liées au choix d'un recours à la sous-traitance – cette hypothèse devra être confirmée par l'analyse du second ratio. Par ailleurs, un ratio élevé peut également être synonyme d'une politique d'investissement limitée – révélée par un montant d'amortissement réduit. L'analyste doit alors compléter son investigation à la lumière notamment des caractéristiques du secteur d'activité concerné.

Le second ratio (VA/CA) permet de mettre en évidence la maîtrise des charges externes d'exploitation, c'est-à-dire le poids des charges liées aux achats en provenance des tiers. Un ratio faible peut traduire une incapacité à créer de la valeur sur la base du CA et une mauvaise maîtrise des charges externes. Néanmoins, un ratio faible peut également traduire un recours intensif à la sous-traitance et n'est donc pas obligatoirement synonyme d'une mauvaise gestion. À l'inverse, un ratio élevé peut être le signe d'une bonne maîtrise des charges externes ou d'une forte intégration de l'activité dans la filière.

Analyse de l'efficacité des actifs

La quatrième équation proposée permet de décomposer le ratio de rotation des actifs (CA/actif économique net) en mesurant l'efficacité des immobilisations (ou outil de production). Celui-ci peut s'exprimer de la manière suivante (IMMO renvoie à la valeur des immobilisations) :

Équation 4 :

$$\frac{CA}{AEN} = \frac{CA}{IMMO} \times \frac{IMMO}{AEN}$$

Le premier ratio (CA/immobilisations) est un taux de rotation des immobilisations. Il constitue un indicateur de la productivité des immobilisations, c'est-à-dire de la capacité qu'a l'entreprise à optimiser l'utilisation de ses actifs pour augmenter le volume de vente.

Autrement dit, il mesure le chiffre d'affaires généré par un euro d'immobilisations.

Le second ratio (immobilisations/actif économique net) mesure l'importance

de la part des immobilisations dans l'actif économique. Il constitue donc une mesure de l'«intensité capitalistique des immobilisations» (ou de l'outil de production) et permet d'informer sur la nature du secteur d'activité (activité à plus ou moins forte intensité capitalistique des immobilisations). Ainsi et de manière simplifiée, une activité positionnée dans le secteur des services aura généralement un ratio beaucoup plus faible qu'une activité industrielle.

Modèle synthétique d'analyse de la performance de l'entreprise

La combinaison de ces quatre équations (voir équation 5) offre la possibilité d'une vision synthétique de la performance de l'entreprise et d'un approfondissement des origines de la création de valeur (ou de l'absence de création de valeur) pour l'actionnaire :

Équation 5 :

$$RCP = \frac{RN}{RE} \times \frac{RE}{VA} \times \frac{VA}{CA} \times \frac{CA}{IMMO}$$
$$\times \frac{IMMO}{AEN} \times \frac{AEN}{CP}$$

Ainsi, au sein de cette équation, le premier ratio (RN/RE) permet de rendre compte du poids des charges financières et de l'impact du résultat exceptionnel, le deuxième (RE/VA) et le troisième (VA/CA) se combinent et témoignent de la performance commerciale de la firme. Le quatrième (CA/IMMO) et le cinquième ratio (IMMO/AEN) permettent

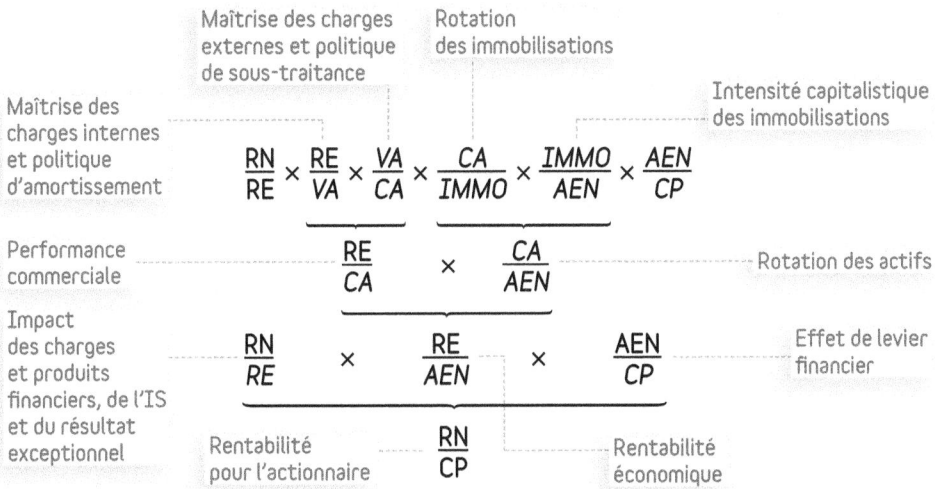

Figure 3 : modèle d'analyse de la performance (synthèse)

l'analyse de la rentabilité économique de l'activité. Enfin, le sixième ratio (AEN/CP) offre une indication sur la structure de financement retenue par l'entreprise et l'importance de l'effet de levier financier. L'ensemble du modèle est représenté graphiquement dans la Figure 3.

Utilisation du modèle dans un contexte de comptabilité anglo-saxonne

Il existe d'importantes différences dans la présentation des comptes financiers anglo-saxons et des comptes français. Or, dans le cadre d'un processus de diagnostic stratégique, il est souvent nécessaire de devoir comparer des firmes ayant adopté l'un ou l'autre des systèmes comptables. Dans cette perspective, il est possible de transférer l'équation finale (Eq. 5) dans le contexte de la comptabilité anglo-saxonne (équation 5') :

Équation 5' :

$$\text{ROE} = \frac{\text{NP}}{\text{OP}} \times \frac{\text{OP}}{\text{GP}} \times \frac{\text{GP}}{\text{SALES}}$$
$$\times \frac{\text{SALES}}{\text{FA}} \times \frac{\text{FA}}{\text{IC}} \times \frac{\text{IC}}{\text{EQUITY}}$$

ROE désigne la rentabilité des capitaux propres (*Return On Equity*), NP désigne le résultat net (*Net Profit*), OP renvoie à la notion de résultat d'exploitation (*Operating Profit*), GP se rapproche du concept de la valeur ajoutée (*Gross Profit*), SALES renvoie à la notion de chiffre d'affaires (*Sales*), FA désigne les immobilisations (*Fixed Assets*), IC renvoie à la notion d'actif économique net

(*Invested Capital*), EQUITY désigne les capitaux propres (*Equity*). Néanmoins, du fait des différences entre les deux systèmes, certaines notions présentent des différences dans leur constitution. Il sera donc nécessaire d'en tenir compte lors de l'interprétation. C'est le cas de l'*Operating profit*, qui, à la différence du résultat d'exploitation, intègre les éléments de produits financiers et de résultat exceptionnel liés à l'exploitation. C'est également le cas de *Gross Profit*, qui, à la différence de la valeur ajoutée, intègre les coûts de main-d'œuvre liés à la production.

Ce qu'il faut retenir

Le modèle d'analyse de la performance est une méthodologie globale et synthétique visant à réaliser une évaluation et un diagnostic de la situation commerciale, économique et financière de l'entreprise. Fondé sur une chaîne de ratios financiers, ce modèle met en perspective la situation stratégique de l'entreprise à la lumière d'une série d'analyses financières de la performance. Cette analyse éclaire et complète la phase d'analyse de la chaîne de valeur en identifiant six déterminants de la création de valeur pour l'entreprise. Pour cela, le modèle commence par analyser l'origine de la rentabilité des capitaux propres (création de richesse actionnariale) et en distingue trois composantes : le poids des charges et des produits financiers et l'effet du résultat exceptionnel et de l'impôt d'une part, la rentabilité économique témoignant de la cohérence du modèle économique d'autre part, l'effet multiplicateur du levier financier, enfin. Poursuivant la décomposition, le modèle approfondit les déterminants de la rentabilité économique en distinguant l'effet de la performance commerciale (stratégie de différenciation et effet marge) de l'impact de la rotation des actifs (domination par les coûts et effet volume). La performance commerciale est ensuite décomposée pour dissocier l'influence de la maîtrise des charges internes de la maîtrise des charges externes et permettre d'identifier la politique d'intégration dans la filière adoptée par la firme. Enfin, l'étude de l'effet volume met en évidence l'impact de la rotation des immobilisations ainsi que l'intensité capitalistique de l'outil de production.

Tester ses connaissances

1 Parmi les objectifs listés ci-dessous, lequel ne correspond pas au modèle d'analyse de la croissance?

a) Mettre en œuvre une analyse de l'origine de la rentabilité de l'entreprise.

b) Analyser la situation des principaux fondamentaux financiers.

c) Identifier les partenaires potentiels de l'entreprise dans le cadre d'alliances stratégiques.

d) Compléter et éclairer les résultats de l'analyse de la chaîne de valeur.

2 Parmi ces ratios, lequel permet de mesurer la performance commerciale de l'entreprise?

a) « Résultat net/capitaux propres ».

b) « Résultat d'exploitation/CA ».

c) « VA/CA ».

3 Laquelle de ces affirmations est erronée?

a) Si l'entreprise présente un ratio « CA/AEN » élevé, cela signifie qu'elle optimise l'utilisation de ses actifs.

b) Si l'entreprise présente un ratio « CA/AEN » élevé, cela signifie qu'elle mène une stratégie de différenciation réussie.

4 Une entreprise présentant une faible performance commerciale est obligatoirement située dans un environnement de volume.

a) Vrai.

b) Faux.

5 Caractérisez la notion de « rentabilité économique ».

6 Que permet de mettre en évidence l'analyse conjointe des deux ratios suivants : « RE/VA » et « VA/CA » ?

7 Définissez et expliquez le ratio « IMMO/CA ».

Réponses p. 308.

Tester sa compréhension

1 Laquelle de ces affirmations vous paraît la plus logique?
a) Gucci a une performance commerciale élevée et un taux de rotation des actifs élevé, et Carrefour une performance commerciale faible et un taux de rotation des actifs faible.
b) Pernod Ricard a une performance commerciale faible et un taux de rotation des actifs élevé, et EADS a une performance commerciale faible et un taux de rotation des actifs élevé.
c) LVMH a une performance commerciale élevée et un taux de rotation des actifs faible, et Carrefour une performance commerciale faible et un taux de rotation des actifs élevé.
d) EADS a une performance commerciale élevée et un taux de rotation des actifs élevé, et Valeo une performance commerciale faible et un taux de rotation des actifs élevé.

2 Une entreprise présente un ratio « immobilisation/CA » particulièrement faible. Parmi les différentes propositions ci-dessous, dans quelle activité cette entreprise est-elle probablement positionnée?
a) La sidérurgie.
b) Le conseil en management.
c) L'aéronautique.
d) La vente de voitures de luxe d'occasion.

3 Une entreprise présente un ratio « résultat net/résultat d'exploitation » très élevé. Parmi les propositions ci-dessous, laquelle ne peut pas expliquer cette situation?
a) L'entreprise a procédé à la cession d'une de ses activités et a réalisé une forte plus-value.
b) Ses disponibilités, placées en valeurs mobilières, ont généré une forte rentabilité.

c) L'entreprise maîtrise particulièrement bien ses charges de personnel.

4 Une entreprise présente une bonne rentabilité économique (RE/AEN), mais est très faiblement endettée. Pour obtenir un effet mixte et créer plus de valeur pour l'actionnaire à partir de son exploitation, il lui suffit d'augmenter le levier d'endettement (AEN/CP).
a) Vrai.
b) Faux.

5 Une entreprise souhaite améliorer rapidement sa rentabilité économique. Quelles sont les différentes possibilités qui lui sont offertes? Commentez.

6 Commentez l'affirmation suivante : « Du fait de son effet multiplicateur sur la rentabilité des capitaux propres, l'effet de levier doit être utilisé au maximum lorsque le coût de la dette est inférieur à la rentabilité économique. »

7 Une entreprise, leader mondial dans le secteur de la fabrication de chaussures de sport et connue pour son logo en forme de virgule, présente un ratio « VA/CA » particulièrement faible. Un analyste explique cette situation par une mauvaise maîtrise des charges externes (consommation et achats en provenance des tiers). Qu'en pensez-vous?

Réponses p. 308.

7

Analyse
du portefeuille d'activités

Définition et contexte d'application

L'analyse de portefeuille est une méthodologie permettant de faire un diagnostic de la valeur globale de l'ensemble des activités de l'entreprise, d'évaluer le caractère équilibré du portefeuille d'activités ainsi constitué, et de guider les choix d'allocation de ressources entre les domaines d'activités actuels ou potentiels. En ce sens, l'analyse de portefeuille constitue à la fois un outil de synthèse de la situation des activités de l'entreprise (ou DAS) et un outil d'aide à la décision stratégique pour les entreprises qui gèrent un portefeuille de segments d'activités distincts ou qui souhaitent diversifier leur activité.

Cette analyse se matérialise par la construction de « matrices portefeuilles » permettant de représenter graphiquement et de manière synthétique la position stratégique de chacun des DAS de l'entreprise. Ces matrices, dont les plus connues ont été développées par les principaux cabinets de conseil en stratégie américains (Boston Consulting Group, Arthur D. Little, A.T. Kearney ou McKinsey par exemple), positionnent les activités de l'entreprise sur un schéma croisant deux dimensions : l'attractivité du segment d'activité d'une part et la situation concurrentielle de la firme sur ce segment d'autre part. L'approche par portefeuille d'activités conclut ainsi la démarche globale de diagnostic stratégique : elle mobilise les différents apports abordés précédemment (voir chapitres 1 à 6) et réalise une synthèse du diagnostic externe (voir chapitres 1 à 4) et du diagnostic interne (voir chapitres 5 à 6) en combinant dans l'analyse une évaluation de l'attractivité des activités (analyse externe) d'une part et de la situation de la firme (analyse interne) d'autre part.

Pour aller plus loin : www.mckinsey.com ; www.atkearney.com ; www.adlittle.com

Ce qu'il faut savoir

L'utilisation de matrices portefeuilles permet de réaliser un diagnostic du potentiel stratégique de l'entreprise dans son ensemble (Atamer et Calori, 2003). En proposant une photographie de la situation de chaque DAS et en la resituant au sein du portefeuille, cette analyse permet à la fois d'évaluer la pertinence et l'intérêt du positionnement de chaque DAS indépendamment l'un de l'autre et de comparer les activités les unes par rapport aux autres sur la base de critères identiques. D'autre part, l'analyse portefeuille guide la stratégie d'entreprise en suggérant les orientations possibles ou souhaitables du portefeuille d'activités, c'est-à-dire en guidant les choix d'investissement ou de désinvestissement. Elle permet donc d'identifier les éventuels enjeux de confortement (renforcement d'activités existantes), de diversification (création de nouvelles activités), de désengagement partiel (réduction d'activités existantes) ou de désengagement total (recentrage ou retrait d'activités).

De nombreuses matrices distinctes ont été développées par les grands cabinets de 3 en management. Cependant, elles reposent toutes sur le même principe : combiner l'évaluation de l'attractivité d'un segment stratégique (rentabilité, croissance, potentiel du segment, etc.) qui va guider la décision d'investir (ou de désinvestir), et l'évaluation de la position concurrentielle de la firme sur ce segment (part de marché, maîtrise des FCS, etc.)

qui va déterminer les espérances (et l'horizon) de rentabilité de cet investissement (voir Figure 1).

Autrement dit, les matrices portefeuilles combinent une évaluation des menaces et des opportunités de l'environnement comme des forces et des faiblesses de l'entreprise.

En outre, les activités (DAS) positionnées sur ces matrices sont généralement représentées par des disques dont le diamètre est proportionnel à leur part du chiffre d'affaires de l'entreprise. Enfin, certaines représentations peuvent inclure la mention du taux de marge associé à chaque activité.

S'il est possible de considérer ces caractéristiques comme étant communes à la quasi-totalité des modèles d'analyse de portefeuilles d'activités, en revanche, ces modèles diffèrent très largement quant à la mesure retenue pour évaluer les indicateurs d'attractivité du segment et de force de la position concurrentielle. Dans ce domaine, on distingue habituellement deux types de matrices (Atamer et Calori, 2003) : celles fondées sur une optique quantitative et universelle qui ne recourent qu'à un seul indicateur «objectif» pour mesurer chacune des deux dimensions (matrice BCG par exemple) ; celles basées sur une optique plus qualitative qui visent à agréger plusieurs indicateurs plus «subjectifs», susceptibles d'évoluer en fonction de la nature du secteur ou des caractéristiques de l'entreprise, pour évaluer les deux dimensions du modèle

Figure 1 : Principes d'analyse des « matrices portefeuilles »

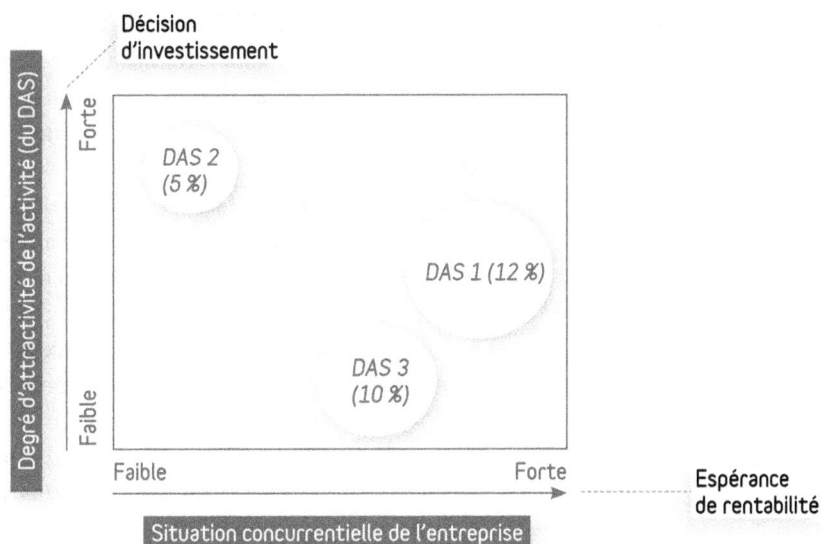

(matrice McKinsey par exemple). Dans la suite de ce chapitre, nous présentons successivement les deux matrices porte-feuilles les plus courantes, développées par le BCG et par le cabinet McKinsey.

Matrice BCG

Popularisée au début des années 1980 par le cabinet BCG, cette matrice est probablement la plus connue et la plus populaire en raison de sa vocation universelle et de sa simplicité de construction. Cependant, sa simplicité apparente – essentiel-lement due à une mesure monocritère des deux axes qui la composent – implique des conditions d'utilisation particulières et la rend, au final, délicate à interpré-ter. C'est pourquoi après avoir présenté les caractéristiques et le fonctionnement

de cette matrice, nous reviendrons sur les limites liées à son utilisation.

La structure de la matrice BCG

La matrice BCG s'articule autour de deux variables stratégiques permettant de mesurer les axes du modèle (voir Figure 2). Pour mesurer l'axe relatif au degré d'attractivité du DAS, cette matrice recourt au taux de croissance de l'activité concernée – c'est-à-dire à l'ac-croissement du marché en volume ou en valeur d'une année sur l'autre. L'échelle retenue initialement par le BCG s'étend de 0 à 20 % – mais peut être adaptée selon les cas – et la valeur médiane (fixée à 10 % initialement par le BCG) corres-pond à la croissance moyenne du PIB ou des activités du portefeuille de l'entreprise. Pour mesurer la situation concurrentielle de l'entreprise sur chaque DAS, la matrice BCG recourt à la part de marché relative de l'entreprise sur l'activité considérée. La part de marché relative correspond au ratio des ventes de l'entreprise dans le segment sur les ventes de son concurrent le mieux placé (Atamer et Calori, 2003).

Autrement dit, la part de marché relative est supérieure à 1 si l'entreprise est leader et inférieure à 1 dans le cas contraire.

La valeur médiane est généralement fixée à 1, permettant de visualiser immédiatement les activités sur lesquelles l'entreprise est leader en termes de parts de marché.

Le choix du taux de croissance comme indicateur de l'attractivité du segment repose sur l'idée que les activités en croissance sont à la fois propices au développement d'une position concurrentielle forte, à la création d'un avantage concurrentiel durable, et favorables à la réalisation d'économies et de réductions de coûts importantes (Strategor, 2005). Si le taux de croissance de l'activité est fort, celle-ci est alors considérée comme prometteuse en termes de rentabilité future (à condition d'investir pour se forger une position concurrentielle forte). En outre, un taux de croissance élevé traduit des perspectives d'économies futures par le biais des possibles économies d'échelle et d'expérience. À l'inverse, un taux de croissance faible induit le plus souvent une situation de maturité dans laquelle les parts de marché et les coûts sont figés, ne laissant que peu d'opportunités pour l'entreprise.

Par ailleurs, le choix de la part de marché relative comme indicateur de la position concurrentielle de la firme renvoie,

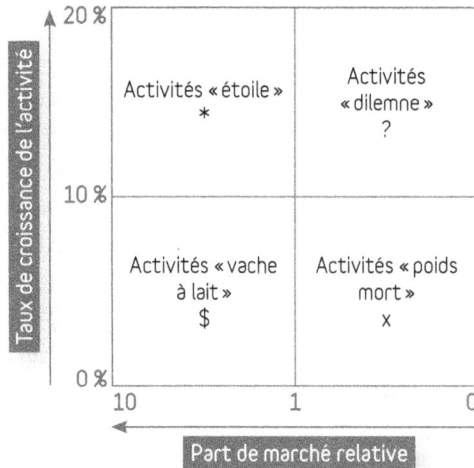

Figure 2 : Matrice portefeuille du BCG (1980)

là encore, aux notions d'effets de taille, d'économies d'échelle et d'économies d'expérience. En effet, dans cette perspective, une part de marché relative élevée permet à l'entreprise de réduire ses coûts de manière plus importante que ses concurrents, du fait de son volume de production supérieur. Cette compétitivité en termes de maîtrise des coûts lui confère ainsi une rentabilité supérieure et peut lui permettre d'accéder à une position concurrentielle dominante.

L'objectif de la matrice BCG étant de guider les choix d'allocation ou de réallocation des ressources entre les différents DAS, ces deux variables sous-tendent également un raisonnement financier. En effet, l'axe de taux de croissance de l'activité donne une indication sur l'importance des besoins de liquidités des DAS (investissement) alors que l'axe de position concurrentielle fournit, lui, une indication sur le volume de liquidités générées par les DAS (rentabilité). Au final, la matrice va proposer une analyse des flux de liquidités nets (liquidités générées – liquidités absorbées) pour chacun des DAS et guider ainsi la dynamique des subventions croisées entre les activités de l'entreprise.

Le fonctionnement de la matrice BCG

En croisant ces deux axes, la matrice BCG présente quatre cas de figure possibles pour les activités du portefeuille de l'entreprise. Pour chacun de ces cas de figure, elle propose quatre préconisations à mettre en œuvre.

Activités «vache à lait» : caractérisés par une croissance faible et une part de marché élevée, les DAS positionnés dans le cadran «vache à lait» sont généralement des activités à maturité sur lesquelles l'entreprise est leader et qui ne demandent que peu d'investissement. En revanche, ces DAS dégagent un flux net de liquidités important, grâce à leur forte rentabilité. Activités peu turbulentes et peu risquées, elles constituent la réserve financière dans laquelle l'entreprise peut puiser pour financer les autres DAS du portefeuille. L'objectif pour ces activités consiste à maximiser la rentabilité économique en limitant l'investissement, tout en réinvestissant les liquidités générées de manière pertinente au sein du portefeuille.

Activités «étoile» : caractérisés par un rythme de croissance élevé et par une forte part de marché, les DAS positionnés dans le cadran «étoile» demandent un investissement important pour maintenir la position concurrentielle de l'entreprise et suivre la croissance du secteur. Malgré ce fort besoin d'investissement, ces activités génèrent un flux net de liquidités proche de zéro grâce à leur forte rentabilité. Les DAS positionnés en «étoile» constituent l'avenir du portefeuille d'activités et de la rentabilité de l'entreprise qui doit maintenir sa position concurrentielle jusqu'à leur arrivée à maturité. Avec la diminution du taux de croissance et la maturité, ces activités se déplacent alors, naturellement, dans le cadran «vache à lait». De ce fait, les

DAS «étoile» constituent un enjeu stratégique pour l'entreprise qui doit, le cas échéant, leur allouer les ressources issues des autres activités pour les protéger de l'attaque des concurrents.

Activités «dilemme» : caractérisés par un rythme de croissance élevé et par une faible part de marché relative, les DAS positionnés dans le cadran «dilemme» demandant un investissement important pour assurer un développement de l'activité et suivre la croissance du secteur. En revanche, du fait de la faible position concurrentielle et de la faible rentabilité qui en est issue, ce type d'activité présente un flux net de liquidités négatif. Ces DAS induisent ainsi une dégradation de la rentabilité globale du portefeuille de l'entreprise à court terme. Celle-ci doit alors se poser la question de l'intérêt stratégique de cette activité et du potentiel de la firme à devenir leader sur le DAS. À la suite de cette analyse, l'entreprise décidera soit d'abandonner l'activité si elle considère qu'il lui est impossible de devenir leader ou si l'activité ne présente pas suffisamment d'intérêt, soit, dans le cas contraire, d'investir massivement sur l'activité en utilisant les liquidités générées par les autres DAS du portefeuille.

Activités «poids mort» : caractérisés par un rythme de croissance faible et par une part de marché relative réduite, les DAS positionnés dans le cadran «poids mort» constituent des activités de peu d'intérêt, sans véritable potentiel d'évolution, générant habituellement une rentabilité modérée ou négative et un flux de liquidités proche de zéro. La préconisation associée aux activités «poids mort» est généralement l'abandon du DAS ou le maintien sans investissement tant que l'activité est encore bénéficiaire (Figure 3).

Autrement dit, il s'agira d'assurer le service des pièces détachées par exemple.

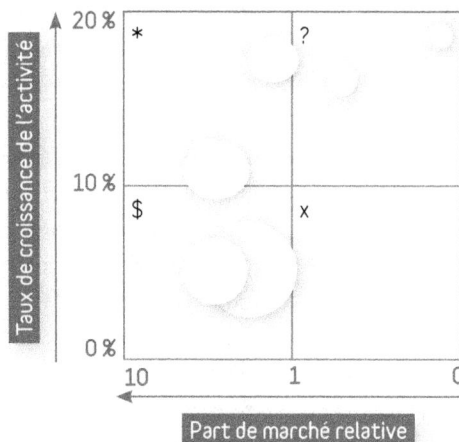

Figure 3 : Exemple de portefeuille BCG équilibré

Par ailleurs, indépendamment des préconisations propres à chaque cadran de la matrice, le modèle propose deux prescriptions générales en termes d'équilibre de portefeuille.

Éviter la concentration des activités dans un seul cadran quel qu'il soit : une concentration des activités en «poids mort» traduit à la fois une absence de perspective à long terme et un risque fort de dégradation de la rentabilité à court terme. Une concentration des activités en «dilemme» induit le plus souvent une absence de rentabilité. Certes, ce positionnement est attractif et prometteur, mais l'entreprise n'a pas les moyens de financer son développement et même sa survie peut être menacée. Une concentration des activités en «étoile» ouvre des perspectives futures intéressantes, mais du fait de ses liquidités limitées, l'entreprise reste fragile face à l'attaque éventuelle

d'un challenger. Enfin, la concentration des activités en «vache à lait» assure certes une bonne rentabilité à court terme, mais induit un risque de vieillissement du portefeuille à long terme en raison de l'absence d'activités prometteuses à forte croissance.

Maintenir un portefeuille équilibré : dans un portefeuille équilibré, la majorité des activités sont situées dans les cadrans «vache à lait» et «étoile», et le centre de gravité du portefeuille (pondéré par la taille de chaque activité) est localisé dans le cadran «vache à lait» (voir Figure 3).

En vue d'atteindre cet objectif, l'entreprise devra donc procéder aux ajustements nécessaires en termes d'allocation de ressources et de choix de développement (renforcement, recentrage, diversification, etc.). Il sera nécessaire d'utiliser les fonds générés par les activités «vache à lait» pour alimenter le développement

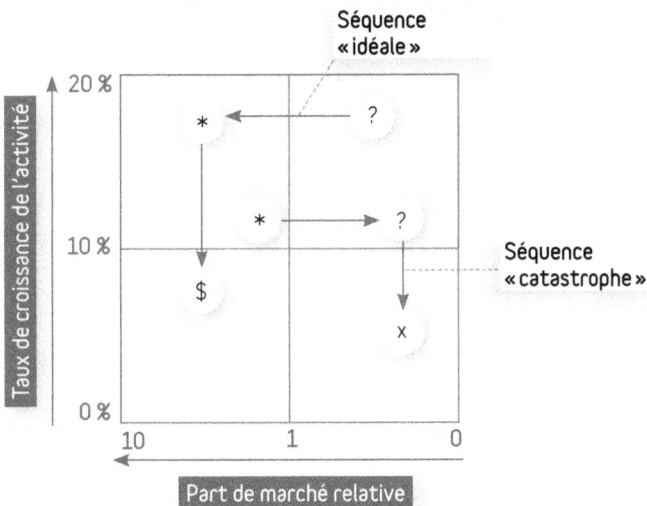

Figure 4 : Dynamique du portefeuille du BCG (Abell et Hammond, 1979)

et la défense éventuelle des activités « étoile » (voire « dilemme ») ou financer le lancement de nouvelles activités qui se positionneront soit en « étoile », soit en « dilemme ». Cette dynamique du portefeuille d'activités devra être maintenue en permanence et viser une « séquence idéale » (voir Figure 4) explicitée par Abell et Hammond (1979).

Le groupe Bouygues est un conglomérat français réalisant près de 30 milliards d'euros de CA. Ses activités sont organisées en deux pôles : la construction (regroupant Colas, Bouygues Construction et Bouygues Immobilier) et les télécoms/ médias (regroupant TF1 et Bouygues Telecom). Les caractéristiques de ces activités sont reprises dans le Tableau 1. Sur la base de ces informations, il est possible de construire une matrice BCG (voir Figure 5) ; la valeur médiane retenue

pour l'axe vertical est la moyenne entre la croissance du PIB France (70 % du CA de l'entreprise est réalisé en France) et la croissance moyenne de la croissance des activités du groupe.

Globalement, le portefeuille d'activités du groupe Bouygues apparaît assez équilibré et comporte de nombreuses activités à fort potentiel. Cependant, le centre de gravité apparaît situé plutôt dans le cadran « étoile » – la seule « vache à lait » étant la filiale TF1 –, ce qui induit une potentielle faiblesse du portefeuille en cas d'attaque des concurrents, et ce, même si la position dominante de Colas sur son marché permet de limiter ce risque. Bouygues veut raffermir cette position forte en poursuivant ses investissements sur cette activité « étoile » puisque Colas a absorbé en 2007 plus d'un tiers des investissements du groupe. Face à l'activité « dilemme » représentée par Bouygues Telecom, le groupe

DAS	Activité	Résultat net (M€)	CA (Md€)	Croissance du secteur d'activité	Concurrent principal (CA)
Colas	Construction de routes et infrastructures	414	11,6	6 %	Eurovia (7,6 Md€)
Bouygues Construction	BTP	248	8,2	4 %	Vinci Construction (13,5 Md€)
Bouygues Immobilier	Promotion immobilière	414	2,1	9 %	Akerys immobilier (0,5 Md€)
TF1	Télévision	193	2,7	3,5 %	Canal + (1,7 Md€)
Bouygues Telecom	Téléphonie mobile	110	4,8	5,5 %	Orange (28 Md€)

Tableau 1 : Synthèse des activités du groupe Bouygues (2007)

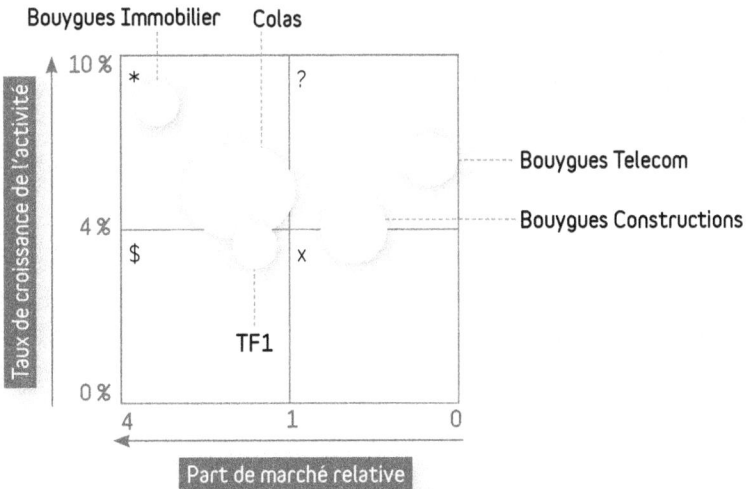

Figure 5 : Matrice BCG appliquée au groupe Bouygues

a pris le parti de l'agressivité concurrentielle puisque les investissements sur cette filiale atteignent plus de 35 % du total. Cependant, devant les incertitudes touchant l'attribution d'une quatrième licence de téléphonie mobile en France, et malgré les démentis de Martin Bouygues, des bruits courent concernant l'abandon de cette activité « dilemme » (cession à KPN par exemple). Enfin, le groupe maintient ses investissements sur Bouygues Construction, qui bénéficie de nombreuses synergies avec la filiale Colas.

⟶ Pour aller plus loin : www.bouygues.fr

Les limites de la matrice BCG

L'un des problèmes soulevés par l'utilisation de la matrice BCG concerne le risque de démotivation des managers en charge des activités « vache à lait » (Frery, 2000). En effet, le principe des subventions croisées sur lequel repose la matrice BCG implique que les activités « vache à lait » voient leurs liquidités réinvesties systématiquement dans d'autres DAS à fort besoin de liquidités. Cette situation peut ainsi induire une forte dégradation de la motivation des salariés de l'activité « vache à lait », déçus de ne pas pouvoir profiter des fruits de leurs efforts.

Par ailleurs, l'analyse du BCG repose sur le postulat que la part de marché relative est l'indicateur le plus pertinent de la position concurrentielle : en raison de l'impact des effets liés au volume sur les coûts (économies d'échelle, effet de taille, effet d'expérience), la détention d'une part de marché dominante permettrait de dégager un avantage concurrentiel solide et une forte rentabilité (Frery, 2000). Or, cette corrélation entre le volume et la rentabilité n'est prouvée que dans le cadre des systèmes concurrentiels de volume (Atamer et Calori, 2003). Ainsi, dans certains environnements (systèmes spécialisés), il est possible de générer une très forte rentabilité tout en n'ayant qu'une part de marché réduite. La matrice du BCG n'est donc véritablement pertinente que dans les secteurs où les effets de volume sont importants.

Enfin, si cette matrice a pour but d'allouer les ressources financières au sein du portefeuille d'activités, elle ne prend qu'insuffisamment en compte la répartition d'autres ressources critiques (Frery, 2000). L'organisation et la gestion des compétences, notamment celles liées à l'innovation et à la technologie, ne sont en effet pas prises en charge dans ce modèle alors qu'elles sont souvent au cœur de la compétitivité.

Pour pallier certaines de ces critiques, il est possible de recourir à d'autres matrices proposant une vision à la fois plus subjective et plus qualitative. Dans cette optique, la matrice McKinsey apparaît comme l'une des plus utilisées.

Matrice McKinsey

La matrice développée par le cabinet de conseil McKinsey (Day, 1984) s'appuie sur les mêmes principes que la matrice BCG : positionner les DAS de l'entreprise sur un cadre issu du croisement de deux dimensions relatives, d'une part, à l'attractivité de l'activité et, d'autre part, à la position concurrentielle de l'entreprise sur ces DAS. La différence avec la matrice BCG tient à la manière de mesurer ces deux dimensions puisque les mesures retenues

pour la matrice McKinsey sont multicritères et doivent être adaptées au cas par cas, en fonction de l'entreprise considérée et du secteur d'activité concerné.

Pour mesurer l'axe de position concurrentielle, le modèle retient le critère de la capacité relative de l'entreprise à maîtriser les FCS du DAS par rapport à ses concurrents. En effet, la maîtrise des FCS offre une bonne indication de l'avantage concurrentiel dont dispose l'entreprise de même que du risque concurrentiel qu'elle doit supporter et de sa rentabilité. L'analyste doit tout d'abord déterminer les FCS relatifs à l'activité, puis évaluer le degré de maîtrise que possède l'entreprise de ces FCS, avant de les pondérer en fonction de leur importance respective. Cette procédure permet ainsi, au final, de faire émerger un « score » de position concurrentielle.

Pour mesurer l'axe d'attractivité de l'activité, la matrice McKinsey combine deux évaluations : elle prend en compte la valeur intrinsèque de l'activité en se fondant notamment sur des facteurs de marché (taille, croissance, etc.), des facteurs réglementaires (poids des normes, fiscalité, etc.), des facteurs socio-économiques (risque écologique, pressions syndicales, etc.) ou des facteurs industriels (pouvoir des fournisseurs, des clients, etc.). Elle prend également en compte la valeur relative de l'activité, compte tenu du profil global de l'entreprise, en considérant par exemple les possibilités de synergie induites par cette activité (coût, image, expérience, etc.), du fait notamment de la maîtrise par l'entreprise d'un FCS critique.

Figure 6 : Matrice McKinsey (McKinsey, 1972)

	Attrait de l'activité		
Position concurrentielle	**Forte**	**Moyenne**	**Faible**
Forte	Maintenir la position à tout prix	Maintenir et suivre le développement	Rentabiliser
Moyenne	Investir et améliorer la position	Rentabiliser prudemment	Se retirer de manière sélective
Faible	Investir massivement ou abandonner	Se retirer de manière sélective	Désinvestir

La combinaison de ces deux axes permet de former une matrice à neuf cases (ou zones) correspondant à différentes préconisations stratégiques (voir Figure 6). Tout comme pour la matrice BCG, les DAS de l'entreprise seront positionnés sur la matrice et représentés par des disques d'une taille proportionnelle à leur importance relative dans le CA.

Les préconisations stratégiques attachées à chacune de ces neuf zones sont parfois considérées comme trop réductrices ou trop simplistes. Les appliquer de manière automatique ou mécanique pourrait conduire à des erreurs de jugement. C'est pourquoi il est nécessaire de nuancer et de compléter cette approche par une vision d'ensemble et une analyse globale de l'équilibre du portefeuille. Dans cette perspective, il est possible d'identifier cinq grands principes (voir Figure 7) :

– chercher à placer le centre de gravité du portefeuille à gauche d'une diagonale sud-ouest/nord-est et le plus proche possible de la case située à l'extrême nord-ouest. Cette situation correspond en effet au cas d'une entreprise disposant globalement d'un fort potentiel sur des activités attractives, ce qui induit à la fois une bonne rentabilité à court terme et un potentiel de développement favorable à long terme ;

– poursuivre le développement dans les zones favorables à la fois en termes de position concurrentielle et d'attrait de l'activité (zone A) ;

– maintenir et rentabiliser les DAS placés dans les zones moyennes du fait de la position concurrentielle ou du degré d'attractivité de l'activité (zone B) ;

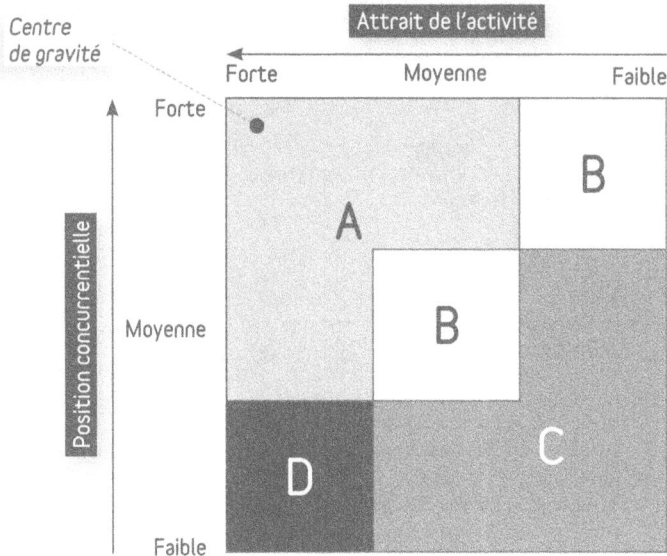

Figure 7 : Analyse globale de l'équilibre du portefeuille McKinsey

– abandonner partiellement ou totalement les activités positionnées sur les zones présentant une évaluation faible sur l'un des deux axes et une évaluation moyenne sur l'autre, voire une évaluation faible sur les deux axes (zone C) ;
– investir pour améliorer la performance de l'entreprise dans les zones très attractives pour lesquelles l'entreprise ne dispose pas des compétences nécessaires si le DAS est jugé stratégique, sinon abandonner l'activité (zone D).

En décembre 2004, IBM décide de mettre un terme à l'activité historique du groupe en vendant son activité PC (fabrication et commercialisation d'ordinateurs personnels) au groupe chinois Lenovo. Il est intéressant d'interpréter cette décision stratégique à la lumière d'une analyse portefeuille McKinsey.

En 2004, le portefeuille d'IBM se répartit sur quatre pôles principaux : les services aux entreprises – IBM Global Services (46 Md$ de CA) –, les PC (13 Md$ de CA), les serveurs et les systèmes haute performance (18 Md$ de CA) et les logiciels (15 Md$ de CA).

Les services aux entreprises – sous-traitance de la gestion des systèmes d'information (SI), conseil en management, conseil en ingénierie des SI, maintenance – représentent un secteur à très fort potentiel. Après un creux de l'activité dû à l'explosion de la bulle Internet, ce secteur connaît une très forte relance avec une accentuation du mouvement d'externalisation des fonctions SI qui profite aux acteurs de ce secteur.

Celui-ci est caractérisé par une lutte pour atteindre la taille critique dans le cadre de laquelle IBM se taille la part du lion puisqu'il tient la place de leader mondial incontesté, à la fois du fait de son expérience dans l'activité, de sa politique de croissance externe active dans ce domaine, mais aussi des nombreuses synergies existant avec les autres activités (offre globale logiciel et matériel).

Le secteur des PC connaît depuis plusieurs années un essoufflement qui se traduit par une baisse de la croissance des ventes. La guerre des prix fait rage (le FCS majeur devient le prix) et provoque une dégradation des marges des opérateurs sur ce secteur. Ceux-ci ont de plus en plus de difficulté à générer de la rentabilité et seuls les acteurs spécialisés dans le matériel bureautique (copieur, imprimante) bénéficient de marges plus fortes. Dans ce contexte, IBM, qui ne peut délocaliser toute sa chaîne de valeur, voit depuis plusieurs années ses résultats pénalisés par la mauvaise performance du pôle PC.

Le secteur des serveurs et des systèmes à haute performance constitue une activité à forte valeur ajoutée, même si la situation est relativement morose (baisse de la demande des entreprises). Dans ce secteur, IBM est le leader mondial historique et profite d'une position forte (forte expertise technologique, expérience, synergie, etc.) même si de nouveaux opérateurs tentent de s'installer, ce qui provoque une montée de la pression concurrentielle.

Le secteur des logiciels, enfin, paraît globalement porteur. Sa croissance est en lien direct avec le marché des matériels

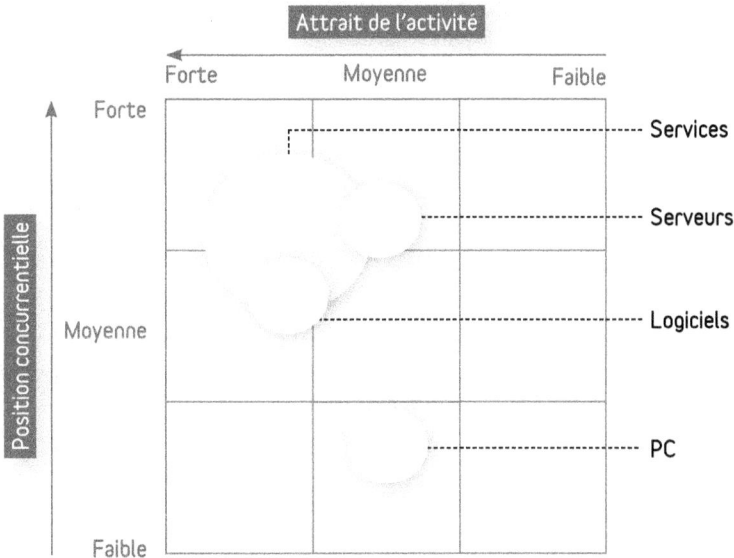

Figure 8 : Analyse du portefeuille d'activités d'IBM (2004)

et également des services aux entreprises (offre globale : matériel, logiciel, conseil). Dans ce domaine, IBM apparaît particulièrement bien placé, notamment en raison des fortes synergies qu'il peut développer avec le reste des activités de son portefeuille (Figure 8).

L'analyse de ce portefeuille d'activités fait apparaître un portefeuille équilibré avec une majorité d'activités situées en zone A. Il s'agit donc de poursuivre le développe-ment de ces activités. En revanche, l'activité PC positionnée en zone C handicape le portefeuille de l'entreprise. Ce constat décide IBM à céder son activité PC à Lenovo pour 1,25 milliard de dollars. Ce retrait va lui permettre de développer les autres pôles de son portefeuille, notamment l'activité conseil et services qui représente en 2007 54 milliards de dollars de CA.

→ Pour aller plus loin : www.ibm.com ; www.lenovo.com

Ce qu'il faut retenir

L'analyse de portefeuille constitue la dernière étape de la démarche de diagnostic stratégique. Elle constitue la synthèse de ce diagnostic en rapprochant l'analyse de l'environnement (ou diagnostic externe) et l'analyse de l'entreprise (ou diagnostic interne). L'analyse du portefeuille d'activités se matérialise par l'élaboration de matrices portefeuilles sur lesquelles sont représentées et positionnées les différentes activités de l'entreprise (ou DAS). Bien qu'il existe de nombreuses matrices différentes, la plupart d'entre elles s'appuient sur le croisement de deux dimensions : l'une relative au diagnostic externe (attractivité de l'activité) et l'autre relative au diagnostic interne (situation concurrentielle de l'entreprise). Ces matrices diffèrent simplement sur la manière de mesurer et d'opérationnaliser ces dimensions. Cette analyse vise trois objectifs principaux : proposer une photographie de la situation de chaque activité, apprécier l'équilibre global du portefeuille et sa valeur, suggérer les choix d'allocation des ressources entre les activités (investissement ou désinvestissement). Ainsi, l'analyse portefeuille constitue un outil de synthèse du diagnostic mais également un outil d'aide à la prise de décision stratégique, conduisant à la mise en œuvre de manœuvres stratégiques (spécialisation, recentrage ou diversification, par exemple).

Tester ses connaissances

1 Le principe de l'analyse de portefeuille repose sur :
a) l'analyse de cinq forces s'exerçant sur un secteur d'activité donné.
b) l'évaluation de deux dimensions : le nombre de sources de différenciation et la solidité de l'avantage concurrentiel.
c) l'analyse de deux dimensions : le degré d'attractivité de l'activité et la position concurrentielle de l'entreprise.

2 Dans la matrice BCG, le cadran « étoile » correspond plutôt à :
a) une activité moyennement attractive et moyennement contributive de rentabilité pour le portefeuille.
b) une activité fortement attractive et fortement consommatrice d'investissements.
c) une activité faiblement attractive et moyennement contributive de rentabilité pour le portefeuille.

3 Dans la matrice BCG, l'axe de « taux de croissance de l'activité » renvoie à :
a) l'intensité de la concurrence.
b) l'attractivité de l'activité.
c) la position concurrentielle de l'entreprise.

4 Dans le cadre de la matrice BCG, l'objectif de l'entreprise doit être plutôt de :
a) concentrer ses activités dans le cadran « vache à lait ».
b) ne pas concentrer ses activités dans les cadrans « dilemme » et « vache à lait ».
c) éviter la concentration des activités dans un seul cadran.

5 Explicitez la notion de part de marché relative.

6 Quels sont les trois principaux objectifs de l'analyse portefeuille ?

7 Donnez les principales caractéristiques de la zone « vache à lait » dans une matrice BCG.

Réponses p. 308.

Tester sa compréhension

1 Laquelle de ces affirmations vous semble la plus pertinente ?

a) Utiliser un portefeuille McKinsey implique d'appliquer aux DAS de l'entreprise les actions prescrites en fonction de leur positionnement sur l'une des neuf cases de la matrice.

b) Utiliser un portefeuille McKinsey nécessite d'avoir une vision globale de l'équilibre du portefeuille permettant de nuancer les prescriptions attachées à chacune des cases de la matrice.

c) Utiliser un portefeuille BCG est utile pour déterminer les sources d'avantages concurrentiels possibles pour chacun des DAS de l'entreprise.

2 Sur le marché français, le groupe Vinci est leader de l'activité de «parc de stationnement». Le taux de croissance de ce secteur d'activité s'établit aux alentours de 5 à 8 % par an de 2003 à 2008. Laquelle de ces affirmations vous semble la plus pertinente ?

a) Le DAS «parc de stationnement» se positionne en haut à droite d'une matrice McKinsey.

b) La part de marché relative de Vinci pour l'activité «parc de stationnement» est supérieure à 1.

c) Le DAS «parc de stationnement» s'apparente à une activité «poids mort».

3 « En introduisant la notion de synergie pour évaluer l'attractivité d'une activité, la matrice McKinsey apporte une nuance aux principes fondateurs de l'analyse portefeuille qui considère l'entreprise comme une somme d'activités indépendantes gérée par le biais de décisions d'allocation ou de réallocation de ressources. »

a) Cette affirmation est vraie.

b) Cette affirmation est fausse.

4 Parmi les éléments suivants, lequel peut être considéré comme l'un des postulats sur lesquels repose la construction de la matrice BCG ?

a) Les activités «vache à lait» constituent le cœur du portefeuille d'activités de l'entreprise.

b) Les activités «poids mort» doivent être abandonnées par l'entreprise.

c) Le volume d'activité permet à l'entreprise de développer un avantage concurrentiel.

5 Peut-on appliquer la matrice BCG au cas de l'entreprise Rolex ? Expliquez.

6 Quels sont les éléments permettant de guider le choix entre celle d'une matrice BCG et l'utilisation d'une matrice McKinsey ? Commentez.

7 L'analyse portefeuille est-elle une méthodologie qui peut s'appliquer au cas d'une entreprise mono-activité ? Justifiez.

Réponses p. 308.

Partie 2

Le diagnostic stratégique :
une approche pratique
avec la Méthode des Cas

La segmentation stratégique et l'identification des facteurs clés de succès

Cas 1 La segmentation stratégique du secteur de l'eau en bouteille[3]

Fiche de présentation du cas

Ce cas présente les principales caractéristiques du secteur de l'eau en bouteille (tendances générales, familles de produits, phénomènes les plus récents, politiques adoptées par les entreprises).

À partir de ces données, il vous est demandé de proposer une segmentation du secteur et de déterminer les facteurs clés de succès attachés aux différents segments.

Ce cas est adapté pour un public de formation initiale et continue. Il s'adresse aux étudiants de licence (L2 ou L3) et de Master (Master 1 et 2) ainsi que d'école supérieure de commerce et d'ingénieur (deuxième ou troisième année). Il peut également être utilisé de manière profitable dans des filières spécialisées en management des activités agroalimentaires.

3. Pour une étude complète du secteur de l'eau en bouteille, le lecteur pourra consulter avec profit le cas « Nestlé, Danone et le secteur de l'eau en bouteille», F. Brulhart, Centrale des cas et des médias pédagogiques, CCIP, Paris, G1329.

1
2
3

Exposé du cas

La décennie 2000 a été marquée par l'explosion de la consommation mondiale d'eau embouteillée, qui a plus que doublé entre 1997 et 2007 (180 milliards de litres en 2007). En fait, au plan mondial, l'eau bénéficie d'une croissance du marché bien supérieure à celle des autres boissons sans alcool. Cette croissance est liée d'une part à la méfiance des consommateurs des pays développés à l'égard de l'eau du robinet – l'eau en bouteille étant associée à des qualités de bien-être et de santé – ou des soft drinks (perçus comme trop sucrés) ; d'autre part à la montée en puissance de la consommation dans les pays émergents pour lesquels l'eau en bouteille constitue la solution au manque d'eau potable. Cependant, certains éléments viennent nuancer ce portrait attractif. Les critiques portant sur l'eau en bouteille se multiplient et commencent à ternir son attrait. Elles portent sur le prix d'une eau qui coûte cent à trois cents fois plus cher que l'eau du robinet ainsi que sur le coût écologique de l'eau en bouteille – consommation de pétrole nécessaire à la fabrication des bouteilles et à leur transport, pollution générée par ces déchets et coût du recyclage… Enfin, selon une étude américaine récente publiée dans le *Journal of the American Society of Nephrology* (juin 2008), aucune preuve médicale sérieuse ne peut étayer la recommandation de boire au minimum 1,5 litre d'eau chaque jour.

Les familles de produits

Le secteur de l'eau en bouteille comprend trois familles de produits (hiérarchisées en France selon un aspect réglementaire). Il s'agit de l'eau minérale naturelle, de l'eau de source et de l'eau rendue potable par traitement (eau purifiée). En marge de ces trois eaux en bouteille, le consommateur peut trouver de l'eau du robinet (ou eau d'adduction publique).

L'eau de source a une origine souterraine. Naturellement pure, issue de nappes d'eaux souterraines non polluées, profondes ou protégées des rejets dus aux activités humaines, elle est propre à la consommation humaine. Elle ne doit subir aucun traitement, mais se conformer aux mêmes normes de potabilité que l'eau du robinet. Les eaux naturellement gazeuses, qui contiennent du gaz carbonique dissous, peuvent également être re-gazéifiées avant d'être embouteillées. Ces eaux de source sont en général consommées au niveau régional, car leur transport en augmenterait trop le coût. Cependant, dans certains cas, les entreprises peuvent commercialiser sous une même marque et dans des zones différentes une eau de source issue de sources distinctes. En outre, ces eaux de source sont trois fois moins onéreuses que les eaux minérales et le différentiel de prix explique en partie leur rythme de croissance supérieur.

Les eaux minérales (ou eaux «premium») sont des eaux de source ayant des propriétés particulières. Elles ont des teneurs en minéraux et en oligo-éléments susceptibles de leur conférer des vertus thérapeutiques, et leur composition est stable et identique dans le temps. Elles sont associées à une source particulière ainsi qu'à une localisation géographique précise (Évian par exemple). Une eau minérale se caractérise par ses apports bénéfiques à la santé. La qualité de l'eau minérale dépend donc de la source dont elle est issue et dont les entreprises doivent obtenir la concession. Il existe donc autant d'eaux minérales qu'il y a de sources, contrairement aux eaux de sources.

Enfin, l'eau purifiée désigne de l'eau mise en bouteille qui peut être gazéifiée ou dé-chlorée. Elle doit correspondre aux normes de potabilité pour la consommation humaine. Cette eau a des origines diverses (eau du robinet ou eau de puits) et peut être traitée chimiquement.

Les phénomènes récents

Un des créneaux les plus porteurs aujourd'hui est constitué par le HOD (*Home and Office Delivery*), c'est-à-dire des bonbonnes de plus de huit litres livrées au bureau ou à domicile et installées sur des fontaines. En effet, à l'échelle mondiale, les eaux en bonbonne présentent un fort taux de croissance (10 à 15 % par an). En Europe, même si ce marché est encore au stade du démarrage – la consommation annuelle d'eau en bonbonne est évaluée à 2,4 litres par personne en Europe contre vingt litres sur le continent américain –, ce segment est le plus dynamique du marché. En outre, dans un contexte caractérisé par des exigences croissantes en termes de qualité et d'hygiène, les fontaines et leurs gobelets jetables constituent une solution alternative souhaitable par rapport à l'eau du robinet. Pour autant, dans cette optique, l'une des clés de la réussite et l'un des centres de coût principal résident dans l'entretien de ces fontaines, qui constituent, en cas d'infection, le maillon faible de la chaîne.

Malgré ces perspectives de croissance importantes, la conquête de ce secteur s'annonce difficile et coûteuse. Outre la nécessité de changer les modes de consommation pour les particuliers notamment en Europe – où 98 % des fontaines sont installées hors domicile et 2 % seulement à domicile contre 50 % aux États-Unis par exemple –, il est impératif pour

1
2
3

les entreprises de développer les compétences logistiques associées à ce créneau en croissance (logistique aval notamment). Nestlé et Danone, par exemple, investissent lourdement dans ce secteur et font aujourd'hui le pari des particuliers, les bonbonnes se substituant dès lors, en partie, aux conditionnements en bouteille. Ce nouveau «modèle économique» s'appuie sur l'émergence d'une relation suivie, récurrente et durable avec le consommateur final, sur une augmentation des marges par élimination des intermédiaires et sur une maîtrise stricte des coûts logistiques qui représentent l'immense majorité de la structure des coûts dans cette activité.

Les eaux aromatisées représentent également un phénomène récent en croissance. Une eau aromatisée est constituée d'environ 90 % d'eau (plate ou gazeuse et le plus souvent minérale), complétée, selon les marques, de jus de fruits, de sucres, d'extraits de plantes, d'arômes naturels ou artificiels. Visant à séduire les consommateurs de sodas et la clientèle la plus jeune, ces boissons peuvent être regroupées dans trois catégories distinctes : sans sucre ni édulcorant artificiel (Volvic Zest par exemple), avec édulcorant (Contrex Pêche par exemple) ou avec sucre (Perrier Fluo par exemple). Les eaux aromatisées s'inscrivent dans une attitude marketing très active identifiant très précisément les besoins des consommateurs et innovant en permanence pour répondre à leurs attentes en termes de produits, de conditionnements ou de modes de consommation. Ainsi, ces dernières années, les entreprises ont multiplié les nouvelles marques et références : Volvic Magique Cassis, Volvic Gourmande, Volvic Zest, Salvetat Fraise, Vitalitos (format aromatisé de l'eau de Vittel destiné aux enfants), Badoit Aros, Perrier Aros, Saint-Yorre Saveur active, Saint-Yorre Refresh, etc.

Les acteurs majeurs du marché

Le marché mondial de l'eau embouteillée paraît particulièrement concentré puisque les deux acteurs majeurs (Nestlé et Danone) représentent, à eux seuls et selon les zones géographiques, entre 15 et 50 % des parts de marché. Cette concentration s'explique en partie par le niveau élevé des coûts d'exploitation d'une source et par l'ampleur des manœuvres marketing à mettre en œuvre. Cependant, sur le marché mondial, les deux leaders historiques ne sont plus seuls : Coca-Cola et Pepsi-Cola se montrent de plus en plus incisifs en multipliant les manœuvres de conquête de nouveaux marchés par l'utilisation de marques dont la notoriété ne cesse de croître : Dasani pour Coca et Aquafina pour Pepsi par exemple. Dans cette perspective, l'une des grandes forces de Coca-Cola comme de Pepsi-Cola réside dans la taille et l'efficacité de leur réseau de distribution. La présence dans les réseaux de distribution constitue d'ailleurs l'un des enjeux majeurs de cette industrie, et tous les acteurs cherchent à développer leur couverture géographique.

L'eau minérale concentre l'essentiel des investissements marketing (70 millions d'euros au total pour Nestlé), et les leaders poursuivent dans ce domaine un objectif d'innovation et de renouvellement permanent des produits, des tailles et des formes de bouteilles. Ainsi, Nestlé multiplie les actions publicitaires et utilise tous les moyens à son service : publicité traditionnelle, sponsoring (Perrier et le tournoi de Roland-Garros par exemple). Ces stratégies marketing offensives permettent à l'entreprise de consolider la notoriété de ses marques, gage de sa stratégie de différenciation sur un produit à la base relativement banalisé. Outre les budgets marketing, la R&D est également considérée comme un des moteurs de la croissance des entreprises (11 % du CA pour Nestlé). Cette recherche porte non seulement sur le lancement de nouveaux produits (eaux aromatisées, eaux à fines bulles, etc.), mais aussi sur de nouveaux conditionnements (25 cl, 33 cl, 50 cl, 75 cl sport, 100 cl, 150 cl, etc.) ou sur de nouvelles marques régionales, nationales ou mondiales (plus de soixante-dix marques chez Nestlé par exemple). En effet, les entreprises veulent que leurs produits soient présents dans toutes les situations de consommation et déclinent leurs marques (notamment les marques d'eaux internationales ou « premium ») sous le plus grand nombre de formats possibles pour coller à toutes les situations de la vie quotidienne (au domicile, au restaurant, au bureau, dans la rue, etc.). La restauration hors foyer (RHF) constitue également un enjeu de taille pour les eaux minérales notamment en termes d'image et de notoriété.

Les entreprises du secteur mettent également l'accent sur la réduction des coûts, notamment en matière d'emballages – le contenant concentre en effet une part considérable du coût de revient en raison du coût des matières premières, mais aussi logistiques. Dans ce domaine, les opérateurs utilisent majoritairement les matières plastiques aux dépens du verre soufflé – qui concerne essentiellement les produits haut de gamme et la restauration. Depuis les années 1990, le polychlorure de vinyle (PVC) laisse progressivement sa place au polyéthylène téréphtalate (PET) – moins polluant, plus esthétique, plus solide, plus léger – pour la fabrication des bouteilles. La réduction des coûts est d'autant plus critique pour les eaux non « premium », c'est-à-dire de source et purifiées. Dans ce contexte, la

1
2
3

recherche d'économies a initié un nouveau mode de production multi-sites d'eau embouteillée : produire une eau de même marque à partir de plusieurs sites. Ces dernières, bénéficiant le cas échéant du label d'eaux de source, sont donc puisées dans différentes sources locales, mais vendues sous le même label afin de protéger la rentabilité. Le transport d'eaux de source étant rendu difficile du fait du coût relatif induit, cette solution permet à l'entreprise de capitaliser sur une marque mondiale tout en minimisant les coûts logistiques, de stockage et de transport.

Enfin, à la recherche d'une taille critique leur permettant de bénéficier d'effets de taille et d'économies d'échelles, les grands groupes du secteur consolident et accentuent leur stratégie de croissance externe et de développement international, notamment dans les pays émergents où les perspectives de croissance apparaissent très importantes. La stratégie d'internationalisation de ces entreprises n'est pas seulement centrée sur les pays en développement. Elles cherchent à bénéficier à la fois du fort potentiel de développement des zones émergentes et de la solidité des marchés des pays développés. Pour cela, ces groupes combinent la promotion de marques purement locales et de marques mondiales (premium et non-premium). Si les entreprises focalisent souvent leurs actions sur un nombre de marques mondiales limité, ce qui se traduit par une utilisation toujours plus large des marques leaders (Évian, Aquarel ou Nestlé Pure Life par exemple), leurs entités opérationnelles mettent au point, sur chaque marché géographique, leurs propres stratégies publicitaires, promotionnelles et commerciales, en adéquation avec les habitudes de consommation locale.

Consignes d'utilisation et d'analyse du cas

Étape 1   Individuellement

1 Caractérisez brièvement le secteur de l'eau en bouteille.
2 Proposez des critères de segmentation appropriés et déduisez-en une segmentation du secteur de l'eau en bouteille.
3 Listez les FCS relatifs à chacun des segments et vérifiez la validité de la segmentation obtenue à l'issue de la matrice de segmentation.

Étape 2   En groupe

1 Procédez comme dans l'étape 1 pour confronter les points de vue et les analyses.
2 Dégagez les points de convergence et de divergence.
3 Proposez une synthèse des analyses et concluez sur la segmentation à retenir.

Outils pédagogiques et méthodologiques

Grille d'analyse 1   Identification des critères de segmentation et construction de la matrice de segmentation

Il s'agit ici d'identifier des critères relatifs à deux catégories (que l'on croisera par la suite) : une catégorie relative à l'offre (nature du produit, type de métier, technologie, etc.) et une autre relative à la demande (nature de la clientèle, fonction recherchée par le client, types d'attentes ou de besoins satisfaits). Pour chaque critère, il sera alors indispensable de déterminer les modalités associées – c'est-à-dire les « valeurs » que les critères peuvent prendre.

Catégorie de critère	Critères proposés	Modalités associées
Relative à l'offre		
Relative à la demande		

Les critères retenus et leurs modalités doivent ensuite être combinés dans une matrice de segmentation pour donner naissance aux segments.

	Critère relatif à l'offre/Modalité A	Critère relatif à l'offre/Modalité B
Critère relatif à la demande/Modalité X	Segment 1	Segment 2
Critère relatif à la demande/Modalité Y	Segment 3	Segment 4

Grille d'analyse 2   Identification des FCS par segment

Pour chaque segment identifié, il faut lister les FCS qui y sont attachés.

Nom du segment	Facteurs clés de succès
DAS 1	
DAS 2	
DAS 3	
…	

Pistes de résolution du cas

1
2
3

Grille d'analyse 1   Identification des critères de segmentation et construction de la matrice de segmentation

La première étape réside dans l'identification des critères de segmentation et des modalités associées. Le critère relatif à l'offre distingue trois types d'eau en bouteille : eau minérale, eau de source et purifiée, eau aromatisée. Le critère relatif à la demande distingue à la fois les attentes en termes de taille de contenant (grands contenants supérieurs à huit litres et petits contenants inférieurs à huit litres) et en termes de mode de distribution (livraison à domicile ou sur le lieu de travail et distribution « classique »).

Catégorie de critère	Critères proposés	Modalités associées
Relative à l'offre	Type de produit	Eau minérale/eau de source et eau purifiée/eau aromatisée
Relative à la demande	Type d'attente	Grands contenants en livraison/petits contenants en distribution classique

Une fois les critères et les modalités définis, il reste à construire la matrice de segmentation.

	Type de produit/Eau minérale	Type de produit/Eau de source et eau purifiée	Type de produit/Eau aromatisée
Type d'attente/Grands contenants en livraison	Segment 1 : Inexistant	Segment 2 : Bonbonnes et fontaines à eau (HOD)	Segment 3 : Inexistant
Type d'attente/Petits contenants	Segment 4 : Eau minérale en petits contenants et en distribution classique	Segment 5 : Eau de source et eau purifiée en petits contenants et en distribution classique	Segment 6 : Eau aromatisée en petits contenants et en distribution classique

Grille d'analyse 2 — Identification des FCS par segment

Une fois les segments définis, il s'agit de lister les FCS qui y sont attachés.

Nom du segment	FCS
Bonbonnes et fontaines à eau (HOD)	– Maîtrise des coûts logistiques et de transport (logistique aval : livraison à domicile) et des coûts d'entretien (fontaines) – Qualité de service : livraison, hygiène, entretien des supports fontaines – Maximisation de l'équipement en fontaines – Mise en place d'un marketing relationnel (fidélisation)
Eau minérale en petits contenants et en distribution classique	– Image de marque et notoriété liées aux qualités thérapeutiques et à la localisation – Communication et investissement publicitaire massif – Couverture géographique forte (distribution intensive) – Concession de source – Innovation (packaging) et largeur de gamme (présence en RHF) – Conformité et qualité stable
Eau de source et eau purifiée en petits contenants et en distribution classique	– Maîtrise des coûts : optimisation des coûts logistiques et de transport par le système de production multi-sites, minimisation des coûts de packaging, économies d'échelle – Prix compétitif – Communication et investissement publicitaire – Couverture géographique forte (distribution intensive)
Eau aromatisée en petits contenants et en distribution classique	– Renouvellement des produits – R&D, innovation produit et packaging – Communication et investissement publicitaire – Couverture géographique forte (distribution intensive)

Réponses aux questions posées à l'étape 1.

1 Caractérisez brièvement le secteur de l'eau en bouteille.

Le secteur de l'eau en bouteille se caractérise tout d'abord par une croissance assez forte (la plus forte des boissons sans alcool) qui est différenciée selon les produits (croissance plus forte pour le HOD par exemple). Les entreprises poursuivent des politiques marketing très offensives (publicité, innovation, lancement de nouveaux produits, apparition de nouvelles marques, poursuite d'une couverture géographique maximum, etc.). Le marché apparaît très concentré (quatre acteurs majeurs dans le monde) et les opérations de croissance externe se poursuivent dans le but d'atteindre une taille critique. Enfin, ce marché apparaît fondamentalement mondial avec des impératifs de gestion globale des activités et des contraintes d'adaptation locale.

2 **Proposez des critères de segmentation appropriés et déduisez-en une segmentation du secteur de l'eau en bouteille.**

En croisant un critère relatif à l'offre et un critère relatif à la demande afin de construire une matrice de segmentation (voir grille d'analyse 1), il est possible d'identifier quatre segments stratégiques distincts : le segment des bonbonnes et fontaines à eau (HOD), celui des eaux minérales en petits contenants et en distribution classique, celui des eaux de source et eaux purifiées en petits contenants et en distribution classique, enfin le segment des eaux aromatisées en petits contenants et en distribution classique.

3 **Listez les FCS relatifs à chacun des segments et vérifiez la validité de la segmentation obtenue à l'issue de la matrice de segmentation.**

Pour chacun des quatre segments, une liste de FCS est identifiée (voir grille d'analyse 2). La comparaison de l'ensemble des FCS relatifs à chaque segment permet de s'assurer que les deux conditions d'homogénéité intra-segment et d'hétérogénéité intersegments sont respectées. La segmentation est donc valide.

Cas 2 La segmentation stratégique du secteur de la distribution de produits cosmétiques [4]

Fiche de présentation du cas

Ce cas présente les principales caractéristiques du secteur de la distribution de produits cosmétiques (tendances générales, familles de produits, phénomènes les plus récents, types d'acteurs). À partir de ces données, il vous est demandé de proposer une segmentation du secteur et de déterminer les FCS attachés aux différents segments.

Ce cas est adapté pour un public de formation initiale et continue. Il s'adresse aux étudiants de licence (L2 ou L3) et de Master (Master 1 et 2) ainsi que d'école supérieure de commerce et d'ingénieur (deuxième ou troisième année). Il peut également être utilisé de manière profitable dans des filières spécialisées en distribution.

4. Pour une étude complète du secteur de la distribution de produits cosmétiques, le lecteur pourra consulter avec profit le cas « Concurrence et leadership dans le secteur de la distribution des produits cosmétiques», F. Brulhart et P.-X. Meschi, Centrale des cas et des médias pédagogiques, CCIP, Paris, G1436.

1
2
3

Exposé du cas

Le secteur de la distribution des produits cosmétiques renvoie à la distribution de deux types de produits : les parfums et eaux de toilette d'une part (extraits, eaux dérivées de l'extrait, eaux de toilette, lavandes, lotions, coffrets et trousses parfumant, autres produits parfumant), les produits cosmétiques d'autre part – produits de soin (crèmes hydratantes, antirides, protections solaires, laits) et produits de maquillage (rouge à lèvres, fard à paupières, fond de teint, mascara, etc.). Le secteur de la distribution de produits cosmétiques se répartit en quatre circuits principaux : la diffusion sélective (chaînes spécialisées, parfumeries et instituts de beauté), qui représente environ 48 % de parts de marché ; la grande diffusion (hypermarchés et supermarchés), qui compte pour un peu plus de 28 % des ventes ; les pharmacies et parapharmacies, qui génèrent 17 % du CA ; enfin la vente directe, qui constitue à peu près 7 % des parts de marché[5].

La distribution sélective

La distribution sélective représente le circuit majoritaire pour les produits cosmétiques avec 48 % des ventes sur les produits de soin, maquillage et parfums. En outre, ce circuit assure l'immense majorité des ventes sur les parfums (80 % de parts de marché). Ce circuit regroupe aussi bien les parfumeries indépendantes sans enseigne nationale que les chaînes spécialisées (implantées très largement à l'échelle nationale voire mondiale) ou les grands magasins (Galeries Lafayette, Printemps). Il concentre ses efforts sur les marques renommées et s'adresse à une cible clientèle à assez fort pouvoir d'achat. Attaquée par les pharmacies et les grandes surfaces alimentaires, la distribution sélective travaille sur une montée en gamme en misant sur de nouveaux aménagements de points de vente, la largeur et la profondeur de gamme, la présence des plus grandes marques, le référencement de marques exclusives (offres exclusives, marques confidentielles, etc.) et le développement des services. Cette diversification vers les services constitue une tendance de fond pour ces enseignes qui développent les cabines de soin et l'activité d'institut de beauté. Ainsi, Marionnaud, l'un des leaders mondiaux, dispose de neuf cents cabines de soin et propose des prestations très variées (UV, maquillage, massages, spas, bars à sourcils, bars à ongle, cours de maquillage, etc.). Certes cette tendance se manifeste de manière forte

5. Source : Fédération des industries de la parfumerie.

1
2
3

dans les points de vente des grandes chaînes spécialisées, mais les indépendants ne sont pas en reste et développent également de plus en plus cette offre complémentaire. En outre, les grandes enseignes multiplient les opérations promotionnelles (échantillons, cadeaux, réductions) et tentent de fidéliser les consommateurs devenus volages (cartes de fidélité). Le secteur de la distribution sélective met également l'accent sur la formation du personnel pour dynamiser et améliorer le service rendu au client et se distinguer de la concurrence de la grande distribution et du libre-service (avec le concept du libre accès assisté).

Depuis la fin des années 1990, ce secteur a été bouleversé par une vague massive de concentration. En effet, certaines grandes chaînes ont multiplié les implantations au niveau national, mais également européen (le plus souvent par croissance externe) afin d'atteindre une taille critique leur permettant, d'une part, de bénéficier d'effet de taille sur les achats et, d'autre part, d'obtenir le référencement des plus grandes marques (ne pouvant se couper d'un tel débouché). Ainsi, c'est sur ce modèle que le succès de Marionnaud s'est construit : baisser les prix sur les grandes marques avec des opérations promotionnelles d'envergure. La baisse des marges résultant de ces opérations est alors compensée par une forte augmentation des volumes et l'obtention de ristournes supplémentaires consenties par les fournisseurs. Certes, les parfumeries indépendantes ne disposent pas des capitaux suffisants ni de la puissance d'investissement de ces chaînes ; elles ne peuvent pas adopter la même stratégie et le phénomène de concentration a généré une baisse très importante de leur nombre (disparition de plus de 30 % de l'effectif en dix ans). Pourtant, les parfumeries traditionnelles ne sont pas appelées à disparaître. Elles nécessitent moins de capitaux et peuvent générer de bonnes marges en jouant sur le service (conseil, accueil), la spécificité locale (emplacement par exemple) et la relation personnalisée avec le client. Ces enseignes peuvent constituer une alternative aux grands formats et une solution de proximité pour la parfumerie sélective.

La grande diffusion

Le circuit de la grande diffusion (hypermarchés, supermarchés, magasins populaires) est le deuxième circuit le plus important en termes de parts de marché pour les produits cosmétiques (maquillage, soin, parfum) avec près de 28 % des ventes. En revanche, il représente la grande majorité du chiffre d'affaires lorsque l'on élargit le secteur aux produits d'hygiène, de rasage, capillaires, etc. En outre, le circuit des grandes surfaces alimentaires (GSA) n'a cessé de progresser depuis une quinzaine d'années. Bien sûr, il vise avant tout traditionnellement le grand public en offrant des produits *mass market* de gamme moyenne et d'entrée de gamme à des prix très compétitifs et en multipliant les opérations de promotion. Ce mode de distribution cible avant tout une clientèle familiale, mais tente également de séduire les plus jeunes (adolescents ou préadolescents) qui n'ont qu'un budget restreint.

Par ailleurs, depuis quelques années, les GSA développent leurs propres marques en misant sur des formulations spécifiques, des packagings originaux et des prix attractifs pour concurrencer les grandes marques nationales ou internationales. Pourtant, si la grande diffusion s'appuie d'abord sur des prix attractifs, un rapport qualité prix intéressant et un gros volume de vente qui lui permet de jouer sur sa puissance d'achat, son ambition est aussi de s'imposer comme une alternative au circuit sélectif et susciter le cas échéant des transferts d'achat, comme c'est déjà le cas sur d'autres types de produits (bijoux ou grands vins). Un des freins majeurs réside dans l'absence d'un merchandising élaboré (zone identifiée, mobilier spécifique, testeur en libre-service, etc.), qui nuit au développement du marché et à l'arrivée d'autres marques connues nécessaires pour crédibiliser le rayon. C'est pourquoi la grande distribution fait évoluer son linéaire, conscient de la corrélation existant entre le merchandising et les produits de luxe.

La vente sur conseil pharmaceutique

Ce réseau de distribution compte environ pour 17 % des ventes et poursuit sa croissance depuis plusieurs années, notamment *via* le développement des réseaux d'officines, de parapharmacies et d'espaces de parapharmacie en grande surface. Moins développée sur le marché de la parfumerie et des produits de maquillage, la vente sur conseil pharmaceutique dispose en revanche d'un positionnement fort dans les produits de soins. Ces parapharmacies constituent sans conteste le mouvement fort de ces quinze dernières années et leur développement se poursuit, fondé sur le principe du libre-service, le conseil des professionnels (pharmaciens, esthéticiennes ou diététiciennes), le référencement de marques ou de produits spécifiques (orienté sur l'aspect médical) et le choix lié à une gamme large, combiné très souvent à une offre de services complémentaires (esthétique, soins du corps et du visage, balnéothérapie, etc.).

1
2
3

Selon des études récentes, le pharmacien constitue la seconde source d'information (derrière le médecin) en ce qui concerne les préoccupations de santé et joue très souvent un rôle de conseil en matière de produits d'hygiène ou de cosmétique. Les grandes marques ne s'y trompent pas notamment en ce qui concerne les produits de soin ou de « dermocosmétique ». La Roche-Posay par exemple privilégie la mise en avant des produits dans des pharmacies soigneusement sélectionnées, offrant une très forte visibilité et un conseil spécifique. Ces marques multiplient d'ailleurs les actions de formation des équipes de vente en pharmacies.

La vente directe

Ce canal de distribution compte pour environ 7 % des ventes aujourd'hui. Il recouvre essentiellement la vente par correspondance et la vente par relation. En France par exemple, le principal acteur de ce circuit est le groupe Yves Rocher (quinze mille salariés présents dans quatre-vingt-huit pays), qui intervient tant dans les domaines de la cosmétique et du parfum que dans celui des produits de toilette. Parmi les autres opérateurs figurent par exemple le Club des créateurs de beauté, issu d'une alliance entre les groupes 3 Suisses et L'Oréal. Majoritairement centré sur le maquillage, ce circuit de distribution réalise également une assez forte partie de son chiffre d'affaires sur les produits de soin. Les acteurs de ce canal pâtissent d'un certain nombre de handicaps parmi lesquels la faiblesse des échanges directs avec le consommateur, l'impossibilité pour le client de tester les produits (difficultés à retranscrire les odeurs, les couleurs, les textures, etc.), la réticence de certaines marques à se faire référencer leurs marques dans ce circuit. Cependant, la vente directe peut en contrepartie profiter de la croissance du e-commerce et axer ses investissements sur une communication intensive, le développement de sa connaissance du client (*customer relationship management* ou CRM) pour accéder à une clientèle large. Enfin, les acteurs de ce canal mettent l'accent sur l'excellence de leur logistique (fiabilité et rapidité de la livraison, services d'assistance, gestion des stocks, etc.).

Consignes d'utilisation et d'analyse du cas

Étape 1   Individuellement

1 Proposez des critères de segmentation pour le secteur de la distribution de produits cosmétiques.

2 Construisez une matrice de segmentation et déduisez-en une segmentation du secteur de la distribution de produits cosmétiques.

3 Listez les FCS relatifs à chacun des segments et vérifiez la validité de la segmentation obtenue à l'issue de la matrice de segmentation

Étape 2   En groupe

1 Procédez comme dans l'étape 1 pour confronter les points de vue et les analyses.

2 Dégagez les points de convergence et de divergence.

3 Proposez une synthèse des analyses et concluez sur la segmentation à retenir.

Outils pédagogiques et méthodologiques

Grille d'analyse 1   Identification des critères de segmentation et construction de la matrice de segmentation (voir cas 1)

Il s'agit ici d'identifier des critères relatifs à deux catégories (que l'on croisera par la suite) : une catégorie relative à l'offre (nature du produit, type de métier, technologie, etc.) et une autre relative à la demande (nature de la clientèle, fonction recherchée par le client, types d'attentes ou de besoins satisfaits). Pour chaque critère, il sera alors indispensable de déterminer les modalités associées – c'est-à-dire les «valeurs» que les critères peuvent prendre. Les critères retenus et leurs modalités doivent ensuite être combinés dans une matrice de segmentation pour donner naissance aux segments.

Catégorie de critère	Critères proposés	Modalités associées
Relative à l'offre		
Relative à la demande		

Grille d'analyse 2 Identification des FCS par segment (voir cas 1)

Pour chaque segment identifié, il s'agit de lister les FCS qui y sont attachés.

Nom du segment	Facteurs clés de succès
DAS 1	
DAS 2	
DAS 3	
...	

Pistes de résolution du cas

Grille d'analyse 1   Identification des critères de segmentation et construction de la matrice de segmentation

La première étape réside dans l'identification des critères de segmentation et des modalités associées. Le critère relatif à l'offre distingue une offre généraliste (combinant produits cosmétiques et produits d'autres secteurs) et une offre spécialiste (centrée uniquement sur les produits cosmétiques). Le critère relatif à la demande est centré sur les attentes des clients et distingue trois types d'attentes : des attentes focalisées sur le prix (associées à du libre-service intégral), des attentes focalisées sur le service et le conseil (associées à un concept de vente assistée), des attentes mixtes combinant rapport qualité/prix et service (associées à la notion de libre-service assisté).

Catégorie de critère	Critères proposés	Modalités associées
Relative à l'offre	Type d'offre	Offre spécialiste/Offre généraliste
Relative à la demande	Type d'attente	Focalisées sur le prix et associées à du libre-service intégral/Focalisées sur le service et le conseil et associées à un concept de vente assistée/Mixtes combinant rapport qualité/prix et service et associées à la notion de libre-service assisté

Une fois les critères et les modalités définies, il reste à construire la matrice de segmentation.

	Type d'attentes/ Focalisées sur le prix	Type d'attentes/ Mixtes (rapport qualité/prix et service)	Type d'attentes/ Focalisées sur le service
Type d'offre/ Généraliste	Segment 1 : Grande distribution généraliste	Segment 2 : Inexistant	Segment 3 : Vente sur conseil pharmaceutique
Type d'offre/ Spécialiste	Segment 4 : Vente directe	Segment 5 : Chaînes spécialisées	Segment 6 : Parfumeries indépendantes

1
2
3

Grille d'analyse 2   Identification des FCS par segment

Une fois les segments définis, il s'agit de lister les FCS qui y sont attachés.

Nom du segment	FCS
Grande distribution généraliste	– Prix compétitif – Opérations promotionnelles – Merchandising adapté (mobilier, testeurs, espaces spécifiques) – Maîtrise et puissance des achats (volume)
Vente sur conseil pharmaceutique	– Conseil des professionnels de la santé (pharmaciens, esthéticiennes, diététiciens) – Zone de chalandise et positionnement géographique (proximité) – Soins associés (esthétique, soins du corps et du visage, balnéothérapie, etc.) – Formation et motivation des équipes de vente – Exclusivité des produits
Chaînes spécialisées	– Intensité capitalistique (taille critique, structure et marketing) – Puissance d'achat et volume – Largeur et profondeur de gamme – Rapport qualité/prix (prix compétitif sur les produits haut de gamme) – Conseil, accueil (formation du personnel) – Couverture géographique – Diversification du service (soins) – CRM : opérations promotionnelles et de fidélisation (échantillons, invitations et cartes de fidélité)
Parfumeries indépendantes	– Proximité et localisation – Services complémentaires (soins du corps et du visage) – Conseil, accueil, service personnalisé
Vente directe	– CRM et connaissance des clients – Spécificité des produits – Notoriété, communication, marketing – Prix compétitif

Réponses aux questions posées à l'étape 1

1 **Proposez des critères de segmentation pour le secteur de la distribution de produits cosmétiques.**

Deux critères sont retenus pour segmenter le secteur de la distribution de produits cosmétiques. Le premier est relatif à l'offre et distingue une offre généraliste et une offre spécialiste (voir grille d'analyse 1). Le second est relatif à la demande et distingue trois types d'attentes : certaines focalisées sur le prix, d'autres sur le service et le conseil, enfin des attentes mixtes combinant rapport qualité/prix et service (voir grille d'analyse 1).

2 **Construisez une matrice de segmentation et déduisez-en une segmentation du secteur de la distribution de produits cosmétiques.**

En croisant les deux critères précédemment identifiés, il est possible de construire une matrice de segmentation (voir grille d'analyse 1) et d'identifier cinq segments stratégiques distincts : le segment de la grande distribution généraliste (ou grande diffusion), celui de la distribution par chaînes spécialisées, celui de la distribution par parfumeries indépendantes, enfin le segment de la distribution par pharmacies et parapharmacies, enfin le segment de la distribution en vente directe.

3 **Listez les FCS relatifs à chacun des segments et vérifiez la validité de la segmentation obtenue à l'issue de la matrice de segmentation.**

Pour chacun des cinq segments, une liste de FCS est identifiée (voir grille d'analyse 2). La comparaison de l'ensemble des FCS relatifs à chaque segment permet de s'assurer que les deux conditions d'homogénéité intrasegment et d'hétérogénéité intersegments sont respectées. La segmentation est donc valide.

L'analyse des environnements concurrentiels (ou typologie des systèmes concurrentiels)

L'analyse des environnements concurrentiels dans le secteur de l'*outdoor*[6]

Fiche de présentation du cas

Ce cas présente les principales caractéristiques du secteur de la fabrication d'équipements de sport *outdoor* (définition du secteur, principales tendances, segments stratégiques présents, types de produits et types d'attentes existant, etc.). À partir de ces données, il vous est demandé de réaliser une analyse par le modèle des environnements concurrentiels afin de placer les segments identifiés dans une matrice des systèmes concurrentiels.

Ce cas est adapté pour un public de formation initiale et continue. Il s'adresse aux étudiants de licence (L2 ou L3) et de Master (Master 1 et 2) ainsi que d'école supérieure de commerce et d'ingénieur (deuxième ou troisième année). Il peut également être utilisé de manière profitable dans des filières spécialisées en management des activités sportives.

6. Pour une étude complète du secteur de l'*outdoor*, le lecteur pourra consulter avec profit le cas « Adidas, Nike, Quiksilver, Lafuma… : l'analyse du secteur et des stratégies de l'*outdoor* », F. Brulhart, Centrale des cas et des médias pédagogiques, CCIP, Paris, G 1494 (Prix « Top Cas CCMP 2008 »).

1
2
3

Exposé du cas

Le marché mondial des équipements de sport se décompose en deux grandes familles : le marché de l'*outdoor*, évalué environ à 42 milliards de dollars, et celui des sports de stade et de fitness, évalué à environ 80 milliards de dollars. Le secteur de l'*outdoor* renvoie à l'ensemble des activités de plein air, pratiquées en dehors des stades et sans uniforme, dans cinq univers différents : blanc (pour les sports de neige : ski, snowboard, etc.), brun (pour les sports de montagne : randonnée, alpinisme, etc.), vert (pour les sports de plein air en campagne : golf, camping, etc.), bleu (pour les sports d'eau : plongée, surf, etc.) et enfin gris (pour les sports urbains : roller, skateboard, etc.). Au sein de ces différents univers, le secteur regroupe les équipements, les vêtements, les chaussures et les accessoires nécessaires à la pratique de ces sports : les chaussures de sport représentent environ 30 % du CA, contre 46 % pour le textile et 24 % pour les matériels.

Le secteur de l'*outdoor* représente plus de 30 % du marché mondial des articles de sport et se caractérise par un dynamisme qui ne se dément pas (avec des taux de croissance compris entre 5 et 10 % par an). Cette forte croissance du marché de l'*outdoor* s'accompagne cependant d'un phénomène de consolidation et de concentration, amorcé par la prise de contrôle de Salomon par Adidas en 1998 et qui s'est récemment accentué avec une multiplication des opérations de croissance externe dans la décennie 2000 (acquisitions de Salomon par Amer Sports, de Rossignol par Quiksilver, d'Oxbow par Lafuma, etc.).

Segmentation du secteur de l'*outdoor*

Dans le secteur de l'*outdoor*, il est possible de distinguer trois segments stratégiques sur la base de la matrice de segmentation suivante (voir Figure 1).

Le croisement des critères relatifs à l'offre, d'une part, et aux attentes des clients, d'autre part, conduit à une analyse en trois segments. Le premier, « Matériel, textile et chaussant loisir », renvoie à des équipements correspondant à une pratique sportive « découverte » dans un contexte familial et de loisir. Le deuxième segment, « Matériel, textile et chaussant techniques », fait référence à des équipements correspondant à une pratique sportive « experte » dans un contexte de performance voire de compétition. Enfin, le dernier segment, « Textile et chaussant de panoplie spor-

Figure 1 : Matrice de segmentation – secteur de l'outdoor			
Type d'attentes ╲ Type d'offres	Pratique sportive Loisir/Initiation	Pratique sportive Expert/Passion	Pratique non sportive
Forte technicité		Matériel textile et chaussant « technique »	
Faible technicité	Matériel textile et chaussant « loisir »		Textile et chaussant « panoplie sportive »

tive », renvoie à des équipements correspondant à un usage le plus souvent urbain et non sportif et à une consommation dépendante de la mode.

Le segment « Matériel, textile et chaussant loisir »

Depuis le début des années 2000, la pratique sportive s'est centrée de plus en plus sur la personne (l'individu) en renvoyant à des valeurs fondamentales : plaisir, convivialité, hygiène de vie, etc. En outre, un grand nombre de consommateurs ont adopté un comportement zappeur dû à une pratique occasionnelle. Ainsi, en France, environ 36 millions de personnes font du sport. Cependant, ces sportifs ne le sont pas forcément au sens institutionnel du terme : il s'agit d'une pratique moins encadrée, correspondant simplement à la volonté d'avoir une activité physique. Ce segment concerne un large public dont les motivations sont multiples : il s'agit de se maintenir en forme pour assurer son bien-être et son épanouissement personnel, de se faire plaisir en fuyant le « stress » quotidien, d'évoluer en pleine nature pour s'oxygéner ou encore de faire du sport à plusieurs, notamment en famille ou entre amis, pour créer des moments de convivialité.

La pratique sportive se dirige ici vers une optique de loisir, à l'opposé de l'optique de la compétition. Elle répond aussi aux valeurs d'authenticité et de respect de l'environnement. Cette pratique de découverte, d'initiation ou occasionnelle, dont les motivations sont l'aspect ludique et la détente, induit une demande qui s'oriente vers des produits bon marché et fonctionnels. Dans ce contexte, les consommateurs vont privilégier le rapport qualité/prix, voire le prix. Pour satisfaire ces exigences, les entreprises sou-

1
2
3

haitant se positionner sur ce segment doivent être en mesure de toucher le plus grand nombre, ce qui passe par un mode de distribution intensif (grandes et moyennes surfaces généralistes ou spécialisées), une bonne maîtrise des coûts – rendue possible par le recours aux effets de volume et/ou la délocalisation de la production dans des pays à bas salaires –, une publicité et une promotion actives.

Le segment « Matériel, textile et chaussant techniques »

Ce segment correspond à des équipements qui répondent à une pratique «sensation» ou «performance» et à un besoin d'émotions fortes et de plaisir intense. Cette pratique compétitive ou experte concerne les sportifs assidus et/ou de haut niveau dont la motivation est souvent la volonté de dépassement de soi. La compétition et l'émulation représentent également des motivations fondamentales dans cette pratique. Face à ces attentes, les professionnels de l'événementiel développent de nouvelles formes de compétitions, et les raids de toute nature se multiplient. Ainsi, le projet X-adventure Raid Series se veut un championnat du monde des raids. Avec un budget de 3,5 millions d'euros et des sponsors apportant plus d'un million d'euros au total, cette manifestation *outdoor* attire progressivement les médias qui sont prêts à investir.

Ces pratiquants experts vont rechercher la fonctionnalité des produits : technicité, sécurité, hygiène, solidité et ergonomie. Le succès des nouvelles technologies telles que les fibres imper-respirantes ou *soft shell* illustre parfaitement ce type d'attente. Dans ce contexte, les fabricants de l'*outdoor* doivent travailler de manière très étroite avec les fournisseurs de composants critiques ou de matières premières techniques (Gore-Tex, Shimano, etc.), qui sont sources de valeur ajoutée et de différenciation dans le produit final (qu'il soit équipement, textile ou chaussant). Outre ces caractéristiques, les clients sont en demande croissante de polyvalence et de modularité des produits adaptés aux caractéristiques physiques du sportif. Une autre des attentes centrales pour ces consommateurs réside dans le conseil et l'accueil sur le lieu d'achat. C'est pourquoi les marques qui veulent positionner leurs produits sur ce segment doivent être présentes dans des réseaux de distribution spécialisés capables d'offrir un service adapté (essai des produits, échanges, vendeurs compétents, etc.).

Les équipements doivent renvoyer une image valorisante ou d'appartenance à un groupe spécifique (par exemple, les sports de glisse). Ils doivent être performants et contribuer à l'amélioration du niveau de pratique. Les produits doivent présenter une très forte technicité, car ils sont contributeurs de la performance. Dans cette perspective, l'innovation technologique constitue une priorité en ce qu'elle permet l'amélioration des performances. Elle contribue d'ailleurs de manière considérable à la crédibilité de la marque, devenant un véritable label. La marque, associée à des sportifs de haut niveau (sponsoring d'athlètes ou d'équipes) et à des compétitions de prestige (X Games par exemple), joue d'ailleurs ici un rôle essentiel dans l'acte d'achat. Elle importe la crédibilité et l'image de prestige de ces sportifs de haut niveau et de ces compétitions afin de séduire les consommateurs.

Le segment « Textile et chaussant de panoplie sportive »

Ce segment correspond à la déclinaison des produits de l'*outdoor* dans les articles *sportswear*. La croissance du secteur est en effet tirée par une part non négligeable du marché de l'habillement, qui élargit ainsi son potentiel marchand. En effet, depuis plusieurs années, les équipements de sport ont fait irruption dans la sphère de la mode. Cette tendance a touché progressivement le chaussant, puis le textile. Les vêtements et les chaussures de sport sont descendus dans la rue, devenant des attributs de mode, voire des symboles d'appartenance. La frontière entre la mode et le sport ne cesse de s'amenuiser. Les équipements, initialement détournés par les plus jeunes, visent aujourd'hui une clientèle beaucoup plus large et une population d'actifs urbains en quête de « panoplies créatives ». Ainsi, les Galeries Lafayette ont ouvert en 2005 un espace de près de 4 000 m^2 baptisé « Mode et Sport », au sein duquel se côtoient des poids lourds du secteur (Nike, Ralph Lauren, etc.) et des marques à la diffusion plus restreinte – par exemple le Brésilien Veja, centré sur les articles « éthiques ».

Les clients cibles pour ce segment consomment souvent des produits en fonction de leur attachement à la marque, celle-ci correspondant soit à une recherche de qualité ou d'esthétique soit à une volonté d'appartenance à une mode, un style ou une « tribu ». Le renouvellement des produits proposés, de même que leur caractère créatif et original constituent dans cette perspective des impératifs fondamentaux pour les entreprises qui veulent évoluer sur ce segment.

147

Consignes d'utilisation et d'analyse du cas

Étape 1   Individuellement

1 Rappelez les segments retenus pour le secteur de l'*outdoor* et listez les FCS qui y sont attachés.

2 Pour chacun des segments, évaluez si le nombre de sources de différenciation est élevé ou faible. Justifiez.

3 Pour chacun des segments, évaluez si la solidité de l'avantage concurrentiel est forte ou faible. Justifiez.

4 Positionnez les segments identifiés sur la matrice des systèmes concurrentiels sur la base des analyses réalisées précédemment.

Étape 2   En groupe

1 Procédez comme dans l'étape 1 pour confronter les points de vue et les analyses.

2 Dégagez les points de convergence et de divergence.

3 Proposez une synthèse des analyses et concluez sur la matrice des systèmes concurrentiels à retenir.

Outils pédagogiques et méthodologiques

Grille d'analyse 1   Évaluation du nombre de sources de différenciation (élevé ou faible) pour chaque segment identifié

Il s'agit d'évaluer, pour chaque segment, le nombre de sources de différenciation possibles, c'est-à-dire de FCS sur lesquels, au sein d'un segment donné, l'entreprise peut s'appuyer pour distinguer son offre de celle de la concurrence, c'est-à-dire pour se différencier. Le résultat de cette évaluation donne une indication à la fois relative et absolue en s'exprimant sur une échelle en cinq points allant de « + » (nombre de sources de différenciation très faible) à « +++++ » (nombre de sources de différenciation très élevé).

Nom du segment	Évaluation du nombre de sources de différenciation	Justification
Segment 1		
Segment 2		
Segment 3		

Grille d'analyse 2 Évaluation de la solidité de l'avantage concurrentiel (fort ou faible) pour chaque segment identifié

Il s'agit ici d'évaluer, pour chaque segment, le degré de solidité de l'avantage concurrentiel, c'est-à-dire son caractère durable et défendable. Cette solidité dépend de la difficulté à maîtriser les FCS et de l'importance des barrières à l'entrée du segment. Le résultat de cette évaluation donne une indication à la fois relative et absolue en s'exprimant sur une échelle en cinq points allant de « + » (faible solidité de l'avantage concurrentiel) à « +++++ » (forte solidité de l'avantage concurrentiel).

Nom du segment	Évaluation de la solidité de l'avantage concurrentiel	Justification
Segment 1		
Segment 2		
Segment 3		

1
2
3

Pistes de résolution du cas

Grille d'analyse 1   Évaluation du nombre de sources de différenciation (élevé ou faible) pour chaque segment identifié

Dans la grille d'analyse 1 suivante, nous pouvons constater que le segment « Matériel, textile et chaussant loisir » dispose de peu de sources de différenciation à la différence des segments « Matériel, textile et chaussant techniques » et « Textile et chaussant de panoplie sportive » qui présentent un nombre plus élevé de FCS susceptibles de permettre à une entreprise de se différencier.

Nom du segment	Évaluation du nombre de sources de différenciation	Justification
Segment « Matériel, textile et chaussant loisir »	∗∗	Peu de sources de différenciation : ce segment s'inscrit dans un marché *mass market* dans lequel le facteur critique reste la maîtrise des coûts et la compétitivité du prix.
Segment « Matériel, textile et chaussant techniques »	∗∗∗∗	Nombreuses sources de différenciation liées à l'innovation, à la recherche et développement, à l'image de marque ou à la présence dans des réseaux de distribution spécialisés.
Segment « Textile et chaussant de panoplie sportive »	∗∗∗∗	Nombreuses sources de différenciation liées à la créativité, à l'originalité et au renouvellement fréquent des produits, ainsi qu'à l'identité et à la marque.

Grille d'analyse 2 — Évaluation de la solidité de l'avantage concurrentiel (fort ou faible) pour chaque segment identifié

Dans la grille d'analyse 2 suivante, nous constatons que le segment « Matériel, textile et chaussant loisir » présente une forte solidité de l'avantage concurrentiel, de même que le segment « Matériel, textile et chaussant techniques ». En revanche, le segment « Textile et chaussant de panoplie sportive » montre une faible solidité de l'avantage concurrentiel.

Nom du segment	Évaluation de la solidité de l'avantage concurrentiel	Justification
Segment « Matériel, textile et chaussant loisir »	* * * *	L'avantage concurrentiel peut être considéré comme solide, du fait de barrières à l'entrée pour ce segment (volume, effet de taille, référencement par les réseaux GMS ou les grandes chaînes spécialisées).
Segment « Matériel, textile et chaussant techniques »	* * * *	L'avantage concurrentiel peut être considéré comme solide du fait de l'importance des barrières à l'entrée de ce segment (investissements de R&D, rôle de l'image de marque et de la réputation, fidélité des consommateurs, partenariat avec les sous-traitants de composants techniques).
Segment « Textile et chaussant de panoplie sportive »	* *	L'avantage concurrentiel peut être considéré comme peu solide du fait du cycle de vie court des produits de ce segment, du fort effet de mode et de la difficulté à protéger l'innovation et la création.

Réponses aux questions posées à l'étape 1

1 **Rappelez les segments retenus pour le secteur de l'*outdoor* et listez les FCS qui y sont attachés.**

Les FCS relatifs à chacun des trois segments identifiés sont listés dans le Tableau 1 page suivante.

Nom du segment	FCS
Segment «Matériel, textile et chaussant loisir»	– Prix et/ou rapport qualité/prix – Maîtrise des coûts – Référencement en GMS ou grandes surfaces spécialisées – Volume (effet de taille, économies d'échelle) – Délocalisation de la production – Promotion, publicité
Segment «Matériel, textile et chaussant techniques»	– Innovation et R&D – Image de marque et réputation – Sponsoring d'événements ou d'athlètes – Partenariats avec les fournisseurs de composants critiques – Présence dans les réseaux de spécialistes
Segment «Textile et chaussant de panoplie sportive»	– Identité forte, image de marque – Renouvellement fréquent des produits – Créativité et originalité

Tableau 1 : Analyse des FCS – secteur de l'outdoor

2 **Pour chacun des segments, évaluez si le nombre de sources de différenciation est élevé ou faible. Justifiez.**

Le segment «Matériel, textile et chaussant loisir» dispose de peu de sources de différenciation à la différence des segments «Matériel, textile et chaussant techniques» et «Textile et chaussant de panoplie sportive» qui présentent un nombre plus élevé de facteurs clés de succès susceptible de permettre à une entreprise de se différencier (voir grille d'analyse 1).

3 **Pour chacun des segments, évaluez si la solidité de l'avantage concurrentiel est forte ou faible. Justifiez.**

Le segment «Matériel, textile et chaussant loisir» présente une forte solidité de l'avantage concurrentiel de même que le segment «Matériel, textile et chaussant techniques». En revanche le segment «textile et chaussant de panoplie sportive» montre une faible solidité de l'avantage concurrentiel (voir grille d'analyse 2).

4 Positionnez les segments identifiés sur la matrice des systèmes concurrentiels sur la base des analyses réalisées précédemment.

À la suite des analyses précédentes, il est possible de présenter la matrice des systèmes concurrentiels suivante :

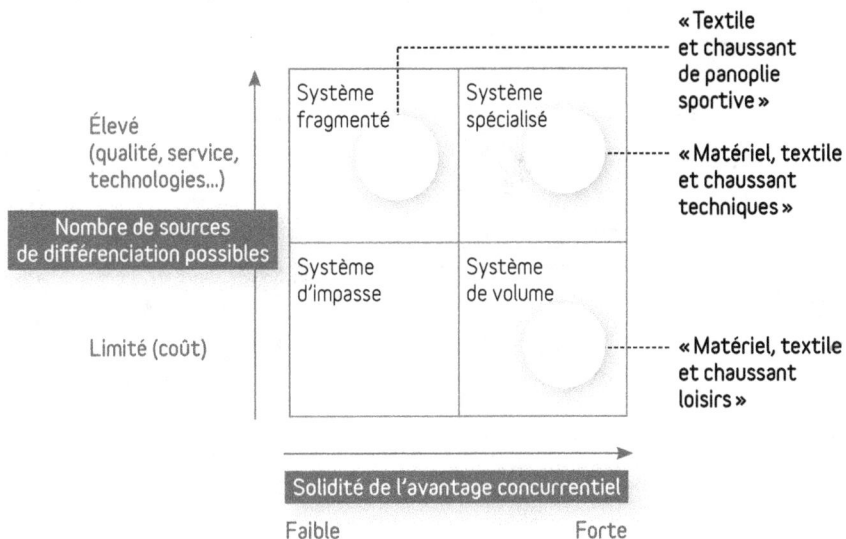

Figure 2 : Matrice des systèmes concurrentiels – secteur de l'outdoor

Cas 2 L'analyse des environnements concurrentiels dans le secteur de l'eau en bouteille

Fiche de présentation du cas

Ce cas présente les principales caractéristiques du secteur de l'eau en bouteille (définition du secteur, principales tendances, segments stratégiques présents, types de produits et d'attentes existant, etc.). À partir de ces données, il vous est demandé de réaliser une analyse par le modèle des environnements concurrentiels afin de placer les segments identifiés dans une matrice des systèmes concurrentiels. Ce cas constitue la poursuite de la première phase de diagnostic réalisée sur le secteur de l'eau en bouteille lors du chapitre portant sur la segmentation stratégique (voir le cas 1 du chapitre 1). Cependant, il peut être abordé de manière indépendante et ne nécessite pas d'avoir traité le cas précédent au préalable.

Ce cas est adapté pour un public de formation initiale et continue. Il s'adresse aux étudiants de licence (L2 ou L3) et de Master (Master 1 et 2) ainsi que d'école supérieure de commerce et d'ingénieur (deuxième ou troisième année). Il peut également être utilisé de manière profitable dans des filières spécialisées en distribution.

Exposé du cas

Le secteur de l'eau en bouteille comprend trois familles de produits : l'eau minérale naturelle, l'eau de source et l'eau rendue potable par traitement (eau purifiée). En marge de ces trois eaux en bouteille, le consommateur peut trouver de l'eau du robinet (ou eau d'adduction publique), bien sûr non incluse dans ce secteur. Ce dernier bénéficie depuis plusieurs années d'une croissance très forte, bien supérieure à celle des autres boissons sans alcool. Cette croissance est liée à la méfiance des consommateurs des pays développés à l'égard de l'eau du robinet – l'eau en bouteille étant associée à des qualités de bien-être et de santé – ou des soft drinks (perçus comme trop sucrés), mais aussi à la montée en puissance de la consommation dans les pays émergents – pour lesquels l'eau en bouteille constitue la solution au manque d'eau potable. Cependant, certains éléments viennent nuancer ce constat attractif. En effet, les critiques portant sur l'eau en bouteille se multiplient. Elles portent sur le prix d'une eau qui coûte cent à trois cents fois plus cher que l'eau du robinet et sur son coût écologique (consommation de pétrole nécessaire à la fabrication des bouteilles et à leur transport, pollution générée par ces déchets et coût du recyclage), ainsi que sur la réalité des bienfaits d'une grande consommation d'eau sur la santé.

Segmentation du secteur de l'eau en bouteille

Dans le secteur de l'eau en bouteille, il est possible de distinguer quatre segments stratégiques sur la base de la matrice de segmentation suivante (voir Figure 3).

Figure 3 : Matrice de segmentation – secteur de l'eau en bouteille

Type de produits / Type d'attentes	Eau minérale	Eau de source et eau purifiée	Eau aromatisée
Grands contenants en livraison		Bonbonnes et fontaines à eau (« HOD »)	
Petits contenants en distribution classique	Eau minérale en petits contenants et en distribution classique	Eau de source et eau purifiée en petits contenants et en distribution classique	Eau aromatisée en petits contenants et en distribution classique

1

2

3

Le croisement des critères relatifs aux produits et aux attentes des clients conduit à une analyse en quatre segments. Le critère relatif aux produits distingue trois types d'eau en bouteille : eau minérale, eau de source et purifiée, eau aromatisée. Quant au critère relatif aux attentes, il distingue à la fois les attentes en termes de taille de contenant (grands contenants supérieurs à huit litres et petits contenants inférieurs à huit litres) et en termes de mode de distribution (livraison à domicile ou sur le lieu de travail et distribution «classique»). Au final, les quatre segments retenus sont les suivants :

- les bonbonnes et fontaines à eau (*Home Office Delivery* ou HOD) ;
- les eaux minérales en petits contenants et en distribution classique ;
- les eaux de source et eaux purifiées en petits contenants et en distribution classique ;
- les eaux aromatisées en petits contenants et en distribution classique.

Segment des eaux de source et eaux purifiées en petits contenants et en distribution classique

L'eau de source a une origine souterraine. Naturellement pure, issue de nappes d'eaux souterraines non polluées, profondes ou protégées des rejets dus aux activités humaines, elle est propre à la consommation humaine. Elle ne doit subir aucun traitement, mais se conformer aux mêmes normes de potabilité que l'eau du robinet. Les eaux naturellement gazeuses, qui contiennent du gaz carbonique dissous, peuvent également être re-gazéifiées avant d'être embouteillées. Ces eaux de source sont en général consommées au niveau régional, car leur transport en augmenterait trop le coût. Cependant, dans certains cas, les entreprises peuvent commercialiser sous une même marque et dans des zones différentes une eau de source issue de sources distinctes. L'eau purifiée désigne de l'eau mise en bouteille qui peut être gazéifiée ou dé-chlorée. Elle doit correspondre aux normes de potabilité pour la consommation humaine. Cette eau a des origines diverses (eau du robinet ou eau de puits) et peut être traitée chimiquement.

Dans ce segment, la réduction des coûts est particulièrement critique, dans la mesure où le produit reste relativement banalisé et l'élasticité prix est assez forte. Les entreprises doivent adopter une stratégie fondée sur le volume et la recherche d'économies d'échelle. Dans ce contexte, la recherche d'économies a initié un nouveau mode de production multi-sites d'eau embouteillée : produire une eau de même marque à partir de plusieurs sites. Ces dernières, bénéficiant le cas échéant du label d'eaux de source, sont donc puisées dans différentes sources locales, mais vendues sous le même label afin de protéger la rentabilité. Le transport d'eaux de source étant rendu difficile du fait du coût relatif induit, cette solution permet à l'entreprise de capitaliser sur une marque mondiale tout en minimisant les coûts logistiques, de stockage et de transport. Cette stratégie permet à la fois de minimiser les coûts et d'assurer une présence maximale dans les points de vente sur une zone géographique la plus étendue possible.

Segment des eaux minérales en petits contenants et en distribution classique

Les eaux minérales (ou eaux « premium ») sont des eaux de source ayant des propriétés particulières. Elles ont des teneurs en minéraux et en oligo-éléments susceptibles de leur conférer des vertus thérapeutiques, leur composition est stable et identique dans le temps. Elles sont associées à une source particulière ainsi qu'à une localisation géographique précise (Évian par exemple). Une eau minérale se caractérise par ses vertus bénéfiques sur la santé. La qualité de l'eau minérale dépend donc de la source dont elle est issue et dont les entreprises doivent obtenir la concession. Il existe donc autant d'eaux minérales qu'il y a de sources, contrairement aux eaux de source.

L'eau minérale concentre l'essentiel des investissements marketing. Par exemple, Nestlé multiplie les actions publicitaires et utilise tous les moyens à son service : publicité traditionnelle, sponsoring (Perrier et le tournoi de Roland-Garros, etc.). Ces stratégies marketing offensives permettent ainsi à l'entreprise de consolider la notoriété de ses marques, gage de sa stratégie de différenciation. Les entreprises mettent également en avant un objectif d'innovation portant à la fois sur les produits et les conditionnements afin de proposer une gamme la plus étendue possible. La R&D est ainsi considérée comme l'un des moteurs de la croissance dans ce domaine. Les entreprises veulent que leurs produits soient présents dans toutes les situations de consommation et déclinent leurs marques sous le plus grand nombre de formats possibles pour coller à toutes les situations de la vie quotidienne (au domicile, au restaurant, au bureau, dans la rue, etc.). La restauration hors foyer (RHF) constitue également un enjeu de taille pour les eaux minérales, notamment en termes d'image et de notoriété. Enfin, une présence forte dans les réseaux de distribution représente aussi l'un des enjeux majeurs de ce segment : tous les acteurs présents optent pour

1
2
3

une distribution intensive et cherchent à développer leur couverture géographique – comme en témoigne l'alliance de distribution conclue entre Danone et Coca-Cola visant notamment à élargir la présence des eaux « premium » de Danone sur le territoire américain.

Segment des eaux aromatisées en petits contenants et en distribution classique

Les eaux aromatisées représentent un phénomène récent en croissance. Une eau aromatisée est constituée d'environ 90 % d'eau (plate ou gazeuse, minérale ou de source), complétée, selon les marques, de jus de fruits, de sucres, d'extraits de plantes, d'arômes naturels ou artificiels. Elles cherchent à séduire les consommateurs de sodas et la clientèle la plus jeune. Les eaux aromatisées s'inscrivent dans une attitude marketing très active visant à identifier très précisément les besoins des consommateurs et à innover en permanence pour répondre à leurs attentes en termes de produits, de conditionnements ou de modes de consommation. Ainsi, sur les dernières années, les entreprises ont multiplié les nouvelles marques et références : Volvic Magique Cassis, Volvic Gourmande, Volvic Zest, Salvetat Fraise, Vitalitos (format aromatisé de l'eau de Vittel destiné aux enfants), Badoit Aros, Perrier Aros, Saint-Yorre Saveur active, Saint-Yorre Refresh, etc. Par ailleurs, il est indispensable pour ces produits d'être présents dans les linéaires des points de vente de manière intensive et de maximiser le taux de distribution numérique (pourcentage des magasins détenteurs de la marque de façon habituelle).

Segment des bonbonnes et fontaines à eau (HOD)

Un des créneaux les plus porteurs du secteur de l'eau en bouteille est constitué par le HOD, des bonbonnes de plus de huit litres livrées au bureau ou à domicile et installées sur des fontaines. Les bonbonnes sont remplies d'eau purifiée ou d'eau de source. Dans un contexte caractérisé par des exigences croissantes en termes de qualité et d'hygiène, les fontaines et leurs gobelets jetables constituent une alternative porteuse par rapport à l'eau du robinet. Pour autant, dans cette optique, l'une des clés de la réussite et l'un des centres de coût principal résident dans l'entretien de ces fontaines, qui constituent, en cas d'infection, le maillon faible de la chaîne. Cependant, la volonté de développer cette activité nécessite de changer les modes de consommation pour les particuliers, notamment en Europe, afin d'augmenter le taux d'équipement – où 98 % des fontaines sont installées hors domicile et 2 % seulement à domicile contre 50 % aux États-Unis par exemple. Il est d'autre part impératif pour les entreprises de développer les compétences logistiques associées à ce créneau en croissance, notamment en termes de logistique aval – les coûts logistiques représentent en effet l'immense majorité de la structure des coûts dans cette activité. Enfin, le développement de ce segment passe, pour les entreprises, par la mise en place d'une relation suivie, récurrente et durable avec le client.

Consignes d'utilisation et d'analyse du cas

Étape 1   Individuellement

1. Rappelez les segments retenus pour le secteur de l'eau en bouteille et listez les FCS qui y sont attachés.
2. Pour chacun des segments, évaluez si le nombre de sources de différenciation est élevé ou faible. Justifiez.
3. Pour chacun des segments, évaluez si la solidité de l'avantage concurrentiel est forte ou faible. Justifiez.
4. Positionnez les segments identifiés sur la matrice des systèmes concurrentiels sur la base des analyses réalisées précédemment.

Étape 2   En groupe

1. Procédez comme à l'étape 1 pour confronter les points de vue et les analyses.
2. Dégagez les points de convergence et de divergence.
3. Proposez une synthèse des analyses et concluez sur la matrice des systèmes concurrentiels à retenir.

Outils pédagogiques et méthodologiques

Grille d'analyse 1   Évaluation du nombre de sources de différenciation (élevé ou faible) pour chaque segment identifié (voir cas 1)

Il s'agit d'évaluer, pour chaque segment, le nombre de sources de différenciation possibles c'est-à-dire de FCS sur lesquels, au sein d'un segment donné, l'entreprise peut s'appuyer pour distinguer son offre de celle de la concurrence, c'est-à-dire pour se différencier.

Grille d'analyse 2   Évaluation de la solidité de l'avantage concurrentiel (fort ou faible) pour chaque segment identifié (voir cas 1)

Il s'agit d'évaluer, pour chaque segment, le degré de solidité de l'avantage concurrentiel, c'est-à-dire son caractère durable et défendable. Cette solidité dépend de la difficulté à maîtriser les FCS et de l'importance des barrières à l'entrée du segment.

Pistes de résolution du cas

Grille d'analyse 1 — Évaluation du nombre de sources de différenciation (élevé ou faible) pour chaque segment identifié

Dans la grille d'analyse 1 suivante, nous constatons que le segment de l'eau minérale possède un grand nombre de sources de différenciation, à l'inverse du segment de l'eau de source et de l'eau purifiée. Le HOD et l'eau aromatisée sont quant à eux sur une position intermédiaire en termes de nombre de sources de différenciation.

Nom du segment	Évaluation du nombre de sources de différenciation	Justification
Segment des bonbonnes et fontaines à eau (HOD)	**	Assez peu de sources de différenciation (eau de source et eau purifiée), mais possibilité de se distinguer par le biais du service (livraison, entretien) et du marketing relationnel.
Segment des eaux minérales en petits contenants et en distribution classique	****	Nombreuses sources de différenciation liées à l'image de marque haut de gamme, le caractère « premium » des produits et une communication particulièrement active.
Segment des eaux de source et eaux purifiées en petits contenants	*	Peu de sources de différenciation : le produit reste fondamentalement banalisé et la maîtrise des coûts est le FCS essentiel.
Segment des eaux aromatisées en petits contenants et en distribution classique	***	Sources de différenciation assez nombreuses, liées à l'innovation (produit, packaging), à la création d'une image et d'un capital marque.

Grille d'analyse 2 — Évaluation de la solidité de l'avantage concurrentiel (fort ou faible) pour chaque segment identifié

Dans la grille d'analyse 2 suivante, nous constatons que les segments de l'eau minérale, de l'eau de source et du HOD présentent une forte solidité de l'avantage concurrentiel au contraire du segment de l'eau aromatisée.

Nom du segment	Évaluation de la solidité de l'avantage concurrentiel	Justification
Segment des bonbonnes et fontaines à eau (HOD)	＊＊＊＊	L'avantage concurrentiel peut être considéré comme solide du fait de barrières à l'entrée assez importantes pour ce segment (maîtrise de la logistique, maintien de la qualité de service, fidélisation de la clientèle).
Segment des eaux minérales en petits contenants et en distribution classique	＊＊＊＊	L'avantage concurrentiel peut être considéré comme solide du fait d'importantes barrières à l'entrée (marque, accès à une source reconnue, communication, accès au référencement, innovation, etc.).
Segment des eaux de source et eaux purifiées en petits contenants	＊＊＊＊	L'avantage concurrentiel peut être considéré comme solide du fait de l'importance des barrières à l'entrée de ce segment (nécessité de faire du « volume », capitalisation sur une marque mondiale, investissements publicitaires, accès au référencement).
Segment des eaux aromatisées en petits contenants et en distribution classique	＊＊	L'avantage concurrentiel peut être considéré comme peu solide du fait d'une cible clientèle jeune, d'un cycle de vie court et d'effet de mode fort.

Réponses aux questions posées à l'étape 1

1 **Rappelez les segments retenus pour le secteur de l'eau en bouteille et listez les FCS qui y sont attachés.**

Les FCS relatifs à chacun des quatre segments identifiés sont listés dans le Tableau 2 ci-après.

Nom du segment	FCS
Segment des bonbonnes et fontaines à eau (HOD)	– Maîtrise des coûts logistiques et de transport (logistique aval : livraison à domicile) et des coûts d'entretien (fontaines) – Qualité de service : livraison, hygiène, entretien des supports fontaines – Maximisation de l'équipement en fontaines – Mise en place d'un marketing relationnel (fidélisation)

Nom du segment	FCS
Segment des eaux minérales en petits contenants et en distribution classique	– Image de marque, notoriété, liées aux qualités thérapeutiques et à la localisation – Communication et investissement publicitaire massif – Couverture géographique forte (distribution intensive) – Concession de source – Innovation (packaging) et largeur de gamme (présence en RHF) – Conformité et qualité stable
Segment des eaux de source et eaux purifiées en petits contenants	– Maîtrise des coûts : optimisation des coûts logistiques et de transport par le système de production multi-sites, minimisation des coûts de packaging, économies d'échelle – Prix compétitif – Communication et investissement publicitaire – Couverture géographique forte (distribution intensive)
Segment des eaux aromatisées en petits contenants et en distribution classique	– Renouvellement des produits – R&D, innovation produit et packaging – Communication et investissement publicitaire – Couverture géographique forte (distribution intensive)

Tableau 2 : Analyse des FCS – secteur de l'eau en bouteille

2 **Pour chacun des segments, évaluez si le nombre de sources de différenciation est élevé ou faible. Justifiez.**

Le segment de l'eau minérale possède un grand nombre de sources de différenciation à l'inverse du segment de l'eau de source et de l'eau purifiée. Le HOD et l'eau aromatisée occupent quant à eux une position intermédiaire en termes de nombre de sources de différenciation (voir grille d'analyse 1).

3 **Pour chacun des segments, évaluez si la solidité de l'avantage concurrentiel est forte ou faible. Justifiez.**

Les segments de l'eau minérale, de l'eau de source et du HOD présentent une forte solidité de l'avantage concurrentiel au contraire du segment de l'eau aromatisée (voir grille d'analyse 2).

1
2
3

4 **Positionnez les segments identifiés sur la matrice des systèmes concurrentiels sur la base des analyses réalisées précédemment.**

À la suite des analyses précédentes, il est possible de présenter la matrice des systèmes concurrentiels suivante :

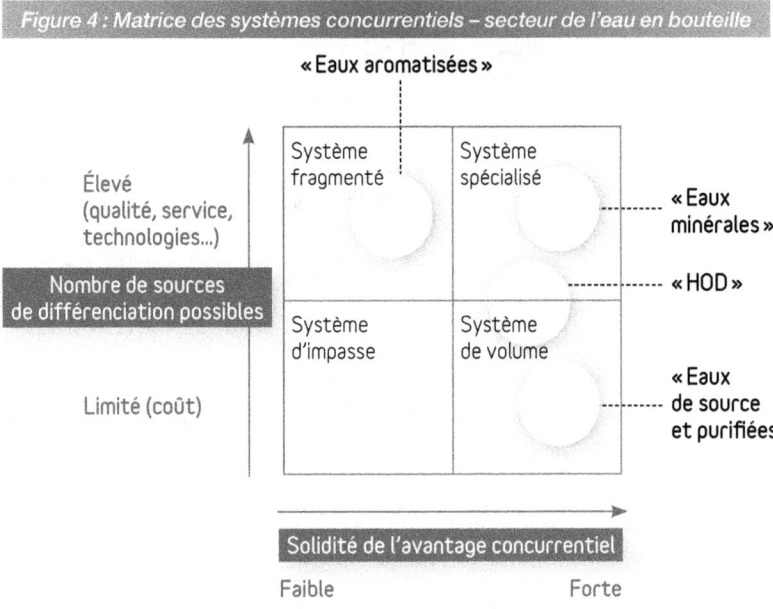

Figure 4 : Matrice des systèmes concurrentiels – secteur de l'eau en bouteille

« Eaux aromatisées »

	Système fragmenté	Système spécialisé
Élevé (qualité, service, technologies...)		
	Système d'impasse	Système de volume
Limité (coût)		

Nombre de sources de différenciation possibles

« Eaux minérales »

« HOD »

« Eaux de source et purifiées »

Solidité de l'avantage concurrentiel

Faible   Forte

L'analyse des forces concurrentielles

Cas 1 — L'analyse des forces concurrentielles dans le secteur de la distribution des articles de sport en France [7]

Fiche de présentation du cas

Ce cas présente les principales caractéristiques du secteur de la distribution des articles de sport en France (tendances générales, typologie des principaux acteurs présents sur le marché, comportement des clients, fournisseurs impliqués dans la filière, etc.). À partir de ces données, il vous est demandé de réaliser une analyse des forces concurrentielles et de mettre en application les critères d'évaluation de l'influence des parties prenantes présentes dans le secteur.

Ce cas est adapté pour un public de formation initiale et continue. Il s'adresse aux étudiants de licence (L2 ou L3) et de Master (Master 1 et 2) ainsi que d'école supérieure de commerce et d'ingénieur (deuxième ou troisième année). Il peut également être utilisé de manière profitable dans des filières spécialisées en management du sport ou en distribution.

7. Pour une étude complète du secteur de la distribution d'articles de sport, le lecteur pourra consulter avec profit le cas « Décathlon et le secteur de la distribution des articles de sport », F. Brulhart, Centrale des cas et des médias pédagogiques, CCIP, Paris, G1274 (Prix « Top cas CCMP 2004 »).

1
2
3

Exposé du cas

Les décennies 1990 et 2000 ont été marquées par l'essor de la pratique sportive. Ainsi, en 2004, 79 % des Français de plus de 15 ans déclaraient avoir une activité sportive occasionnelle ou régulière (contre 69 % en 1999)[8]. Cette tendance lourde s'explique par plusieurs facteurs, parmi lesquels la réduction du temps de travail ou encore l'importance croissante accordée à «l'image de soi». En 2006, 82 % des Français ont acheté un article de sport, ce qui porte la France en tête des pays européens avec une dépense moyenne de 360 euros par an et par habitant. Cette évolution quantitative s'accompagne également de modifications qualitatives de la pratique sportive. En effet, cette croissance se manifeste par le développement d'une pratique moins encadrée orientée sur le sport loisir plus que sur la compétition, sur la recherche d'une proximité avec la nature (croissance des sports *outdoor*) et sur une pratique en famille ou entre amis.

Cependant, malgré cette «massification» de la pratique sportive, et après les forts taux de croissance qu'a connus le secteur dans les années 1990 (entre 5 % et 7 % par an en moyenne), les ventes d'articles de sport subissent un net ralentissement à partir du début des années 2000 (4 % de croissance en 2001, 2,5 % en 2004, stagnation en 2006, recul en 2007). Cette décélération peut s'expliquer par un phénomène de maturité du marché, par une succession de conjonctures climatiques défavorables et par la baisse des prix à la consommation qui affecte le CA. Par ailleurs, le secteur de la distribution des articles de sport apparaît relativement concentré et les vingt premiers distributeurs européens engrangent 19 milliards d'euros de CA, soit plus de 50 % du marché de l'Union européenne (UE).

Le marché du sport est composé d'industriels producteurs d'articles à usage sportif et de distributeurs d'articles de sport. Les produits distribués peuvent être catégorisés en trois groupes : le textile (qui représente environ 36 % du CA du secteur), le chaussant (19 % du CA) et le matériel ou équipement dit «technique» (qui représente la plus grosse partie du CA du secteur, avec 45 %). Dans ce cadre, la relation industrie/commerce est marquée par une certaine convergence des métiers. En effet, depuis plusieurs années, les enseignes créent leurs propres marques et les marques ouvrent des magasins à leur enseigne.

Le développement des marques de distributeurs (MDD) se poursuit et s'accentue, même s'il est critiqué par certains qui le considèrent comme

8. Source Insee.

responsable d'un phénomène de banalisation du marché. Ainsi, Décathlon a ouvert la voie à cette tendance dès 1986 en créant sa marque, déclinée plus tard en douze univers qui représentent à eux seuls 55 % du chiffre d'affaires :

- Quechua pour les produits dédiés à la montagne ;
- Tribord pour les produits liés aux sports d'eau ;
- Décathlon pour les produits cycles ;
- Geologic pour les sports nature ;
- Kipsta pour les sports collectifs ;
- Domyos pour les produits fitness ;
- Inesis pour les sports de balle.

Pour la conception des produits, près de trois cents ingénieurs travaillent au siège de Villeneuve-d'Ascq sur la R&D, la conception et les tests. En ce qui concerne la production (industrialisation) en revanche, celle-ci est sous-traitée ou co-traitée. Décathlon travaille ainsi de façon très étroite avec plus de trois mille fournisseurs dans le monde.

Décathlon n'est pas le seul à développer son intégration puisque Sport 2000 vient de lancer sa marque de textile (York) et que Go Sport accentue son effort sur les MDD avec un objectif de 30 % du CA, contre 26 % actuellement. De la même façon, on assiste à un développement des activités de distribution des grandes marques : certains fabricants, mécontents de la faible attractivité de leur offre chez les distributeurs, ou jugeant les garanties de préservation de leur image insuffisantes, ouvrent des magasins vitrines – Adidas, Fila, Aigle, Quiksilver ou Oxbow, qui possède plus de cent points de vente – ou choisissent le *co-branding* comme Nike, qui partage un mégastore avec d'autres marques (Niketown).

L'analyse du marché permet de distinguer plusieurs catégories d'acteurs. Les enseignes se positionnent en qualité de spécialistes du domaine (représentant 75 % de parts de marché du secteur en 2006 contre 65 % en 2000) ou de généralistes (représentant 25 % de parts de marché en 2006 contre 35 % en 2000).

Les distributeurs spécialistes

Les distributeurs spécialistes peuvent être regroupés en trois catégories :
- les spécialistes intégrés, franchisés ou affiliés ;
- les spécialistes indépendants ;
- les spécialistes monomarque.

1
2
3

Le commerce intégré domine le secteur, puisqu'il représentait en France en 2007 près de 47 % des parts de marché (contre 41 % en 2001), avec environ mille points de vente. En revanche, il est moins puissant sur le textile, où il subit l'attaque des distributeurs généralistes et monomarque. Dans ce segment, deux formes de distributeurs se distinguent : les généralistes du sport (Go Sport, Décathlon, etc.) et les spécialistes d'un univers sportif ou d'un type de produit (Au vieux campeur, Courir, Foot Locker, etc.). Ces enseignes bénéficient le plus souvent de l'appui d'un grand groupe, ce qui leur offre la possibilité d'avoir à la fois une large présence géographique (y compris à l'international pour certaines), une puissance d'achat importante, des relations privilégiées avec les fournisseurs (partenariat de co-traitance par exemple), une politique de gamme cohérente, un ensemble de marques propres performantes, voire une activité de production et de R&D accrue.

En outre, les leaders du segment, non contents de remodeler plus ou moins rapidement leur concept, lancent de nouveaux formats d'enseignes : c'est le cas de Go Sport avec Moviesport ou pour Décathlon avec ses boutiques Fonisto ou Décat (magasins d'une surface moyenne de 400 à 800 m² installés en «hyper centre-ville»). Ces enseignes développent également l'e-commerce (www.koodza.fr pour Décathlon).

Les spécialistes affiliés ou franchisés sont des indépendants regroupés sous enseigne. Ils peuvent être monoproduit (Veloland, Quai 34) ou multisports (Intersport, Sport 2000, etc.). Avec environ mille neuf cents points de vente, ils assurent 24 % des ventes du secteur (contre 19 % en 2002). Leur adhésion à une centrale d'achat leur permet d'obtenir des conditions de négociation préférentielles auprès des fournisseurs, l'accès à des marques propres (jusqu'à 20 % du CA), une facturation centralisée, des conseils en merchandising, en aménagement, l'élaboration de la communication et des plans médias, la conception des catalogues ou encore le financement des projets.

Les indépendants, eux, représentent moins de 1,8 % du marché. Leurs surfaces commerciales sont moindres et localisées sur les lieux de pratique ou en centre-ville. Ils répondent plus à une démarche de proximité (stations de ski ou Proshop par exemple). Ces magasins tentent généralement de générer une atmosphère de pratique sportive et de «complicité» par la mise en ambiance et la relation personnalisée (Le Vieux Plongeur à Marseille) et mettent en place des services assez nombreux (prêt de matériel, échanges, remboursement, location, rachat, dépannage, horaires adaptés, commande exclusive, etc.).

Enfin, les magasins monomarque sont apparus plus récemment et ont connu une forte progression, même s'ils représentent seulement 2,3 % du marché (contre 1,8 % en 2002). Ils se démarquent par la commercialisation d'une marque exclusive (Oxbow, Aigle, Adidas, etc.) et sont plus axés sur une offre textile et chaussure. Cette formule vise à valoriser la marque et constitue la continuité d'un marketing d'image, ancré sur les phénomènes de mode.

Les distributeurs généralistes

Les circuits non spécialisés sont constitués par des magasins généralistes de l'équipement de la personne (prêt-à-porter, chausseurs, grandes surfaces alimentaires et vente à distance). Malgré un recul sur le marché au cours des dernières années, les généralistes représentent 25 % des parts de marché des articles de sport et sont majoritairement orientés sur le textile. Les grandes surfaces alimentaires (Carrefour, Auchan, etc.) proposent une offre de produit peu profonde et peu technique – l'essentiel étant d'être compétitif sur le prix – en se concentrant sur le textile, le chaussant, ainsi que sur les accessoires de pratiques sportives saisonnières et de loisir. Les commerces de prêt-à-porter et chausseurs sont issus de formes de commerce de centre-ville et périphérie et détiennent une part de marché globale d'environ 15 % (Celio, Gap, H&M, etc.). Le développement du *sportswear* et la médiatisation des sportifs de haut niveau ont conduit les enseignes à référencer de plus en plus de produits dont l'origine vient des stades ou des terrains de sport. L'activité est fortement conditionnée par le renouvellement des gammes, en réponse aux courants de mode. Les politiques commerciales s'établissent en fonction des prix, de la vitesse de rotation des modèles, de la marque, de la mode. Enfin, la vente à distance (notamment l'e-commerce) se développe fortement dans le domaine du textile sport et loisir. En général, la gamme est peu profonde et peu technique mais on trouve également des produits de niche, difficiles d'accès, voire des produits sur mesure correspondant à des attentes très spécialisées.

Les clients

Quelle que soit la forme de distribution des articles de sport, les attentes des clients dépendent du type de pratique : la découverte ou l'initiation correspond à une optique loisir et familiale. L'aspect ludique et la détente

1
2
3

en sont les motivations. Ici, la pratique est plutôt occasionnelle et propre à l'amateur. La demande correspond alors à des produits basiques, bon marché et fonctionnels et les consommateurs adoptent un comportement « zappeur ». La pratique sensation ou performance, elle, correspond au besoin d'émotions fortes et de plaisir intense. Les produits doivent alors renvoyer une image valorisante ou d'appartenance à un groupe spécifique (sports de glisse). Ils doivent être performants et contribuer à l'amélioration du niveau de pratique. La demande est très influencée par l'esthétique, la mode, l'image, l'appartenance à un style ou une « tribu ». La marque joue un rôle central dans l'acte d'achat. La pratique compétitive, ou experte, concerne les sportifs assidus. Les produits doivent être au fait de la technicité. Ils sont contributeurs de la performance. La marque ici, associée à des sportifs de haut niveau, joue un rôle essentiel dans l'acte d'achat. Ces consommateurs sont très exigeants en termes de conseils, de service (réparation, « customisation » ou test des produits) et de technicité.

Les fournisseurs

Pour les distributeurs, deux types de fournisseurs peuvent être identifiés : les sous-traitants et les fabricants de grandes marques (Nike, Adidas, Reebok, Salomon, etc.). Concernant l'approvisionnement de produits basiques ou d'entrée de gamme sous MDD, le recours à la sous-traitance, notamment *offshore,* est généralisé chez les distributeurs qui font fabriquer leurs produits textiles et chaussant dans des pays à faibles coûts salariaux. En parallèle, certains distributeurs (Décathlon par exemple) se développent activement en amont de leur métier de base et n'hésitent pas à s'intégrer en s'appropriant des pans entiers de métiers initialement confiés aux fournisseurs. Cependant, certains fournisseurs de matières premières « techniques » apparaissent souvent comme des partenaires critiques, voire décisifs, tant ce secteur d'activité est particulièrement sensible aux innovations. En effet, les entreprises telles que W. L. Gore & Associates (Gore-Tex, Windstopper, SoftShell, etc.) offrent la possibilité aux distributeurs de générer une différenciation importante en développant des fonctionnalités nouvelles et des avantages clients supplémentaires pour leurs produits MDD. En ce qui concerne les grandes marques d'équipement de sport qui se plaignent parfois du service rendu par les distributeurs, elles développent des stratégies de distribution de plus en plus évoluées : gamme de produits par type de réseau de distribution, exclusivité de lancement pour le réseau de spécialistes, ouverture de points de vente en propre, etc.

Consignes d'utilisation et d'analyse du cas

Étape 1   Individuellement

1 Caractérisez brièvement le segment des distributeurs spécialistes intégrés, affiliés et franchisés.

2 Appliquez l'analyse des forces concurrentielles sur le segment des distributeurs spécialistes intégrés, affiliés et franchisés. Pour cela, commentez successivement le pouvoir de négociation des clients et des fournisseurs, l'intensité de la rivalité intra-sectorielle et la menace générée par les nouveaux entrants et les produits de substitution.

3 Concluez sur l'intensité concurrentielle qui règne dans ce segment stratégique (distributeurs spécialistes intégrés, affiliés et franchisés).

Étape 2   En groupe

1 Procédez comme dans l'étape 1 pour confronter les points de vue et les analyses.

2 Dégagez les points de convergence et de divergence.

3 Proposez une synthèse des analyses et concluez sur la question de l'intensité concurrentielle.

Outils pédagogiques et méthodologiques

Grille d'analyse 1   Caractérisation des catégories d'acteurs

Il s'agit d'identifier et de caractériser chacune des catégories d'acteurs identifiées par Michael Porter dans son modèle des forces concurrentielles (clients, fournisseurs, concurrents, nouveaux entrants, produits de substitution). Pour chaque catégorie, il est nécessaire de décrire brièvement les acteurs présents et de vérifier l'homogénéité de chacune des catégories d'acteurs. Par exemple, il est indispensable de s'assurer qu'il n'y a pas deux types de fournisseurs susceptibles d'avoir un pouvoir de négociation différent sur les entreprises du secteur ou du segment considéré.

Type d'acteur	Caractérisation des acteurs présents

1
2
3

Grille d'analyse 2 Évaluation de l'influence des acteurs présents

Pour chaque type d'acteur identifié précédemment (clients, fournisseurs, concurrents, nouveaux entrants, produits de substitution), il s'agit de se prononcer sur la nature et sur l'intensité de leur influence (pouvoir de négociation, menace ou intensité de la rivalité). En outre, il est nécessaire de justifier de cette influence en mobilisant des critères adaptés.

Type d'influence	Critères mobilisés	Caractérisation de l'influence (intensité de la rivalité, pouvoir ou menace)

Pistes de résolution du cas

Grille d'analyse 1   Caractérisation des catégories d'acteurs

Type d'acteur	Caractérisation des acteurs présents
Clients	Le client fait ici référence au consommateur final. Deux catégories de consommateurs peuvent être distinguées : les sportifs amateurs ou occasionnels et les sportifs passionnés ou experts.
Fournisseurs	Trois types de fournisseurs peuvent être isolés : les sous-traitants *offshore* en charge de la fabrication de produits basiques pour les MDD (textile ou chaussant le plus souvent); les sous-traitants en charge de la fourniture de composants techniques pour les MDD (type Gore-Tex par exemple); les industriels du sport (équipementiers sportifs), fournisseurs d'équipements de marque (textile, chaussant, matériel).
Concurrents	La question posée porte spécifiquement sur le segment des distributeurs spécialistes intégrés, affiliés et franchisés. L'ensemble des concurrents à considérer regroupe donc les groupes intégrés (Décathlon par exemple) spécialisés dans la distribution d'articles de sport (textile, chaussant et matériel) ainsi que les indépendants regroupés sous enseigne (Sport 2000 par exemple).
Nouveaux entrants	Il n'existe pas de nouveaux entrants identifiés pour ce segment.
Produits de substitution	Peuvent être considérées comme produits de substitution les offres alternatives de distribution d'articles de sport : spécialistes monomarque ou indépendants, distributeurs généralistes diversifiés dans l'équipement de sport (grandes surfaces alimentaires et commerces de prêt-à-porter).

1
2
3

Grille d'analyse 2   Évaluation de l'influence des acteurs présents

Type d'influence	Critères mobilisés	Caractérisation de l'influence (intensité de la rivalité, pouvoir ou menace)
Rivalité intra-sectorielle	– Taux de croissance faible (voire stagnation) sur les dernières années – Concentration assez forte du secteur considéré – Multiplication des innovations (concepts et points de vente)	Forte rivalité
Fournisseurs (sous-traitant offshore)	– Fournisseurs atomisés – Produits banalisés – Forte facilité de transfert des entreprises du secteur – Capacité d'intégration amont croissante pour les distributeurs (MDD) – Faible qualité liée	Faible pouvoir de négociation
Fournisseurs (sous-traitants de composants techniques)	– Très forte qualité liée – Faible capacité de transfert pour les distributeurs – Faible capacité d'intégration amont pour les distributeurs	Fort pouvoir de négociation
Fournisseurs (grandes marques)	– Forte qualité liée – Intégration aval des équipementiers – Facilité de transfert limitée pour les distributeurs – Secteur des équipementiers assez concentré	Fort pouvoir de négociation
Clients amateurs – sportifs occasionnels	– Produit banalisé (faible qualité liée) – Forte facilité de transfert (comportement « zappeur »)	Assez fort pouvoir de négociation
Clients experts/ passionnés	– Offre spécifique (service, technicité) – Assez faible facilité de transfert – Mais niveau d'exigence élevé	Assez faible pouvoir de négociation
Nouveaux entrants	– Fortes barrières à l'entrée (intensité capitalistique, notoriété et fidélité du client) – Risque de riposte fort	Faible menace

Type d'influence	Critères mobilisés	Caractérisation de l'influence (intensité de la rivalité, pouvoir ou menace)
Produits de substitution (prêt-à-porter et chausseur)	– Forte substituabilité pour les produits «textile» et «chaussant» (utilisation urbaine des équipements de sport) – Rapport avantage/coût équilibré (effet mode et marque)	Menace moyenne mais croissante pour le textile et le chaussant
Produits de substitution (monomarque)	– Forte substituabilité pour les grandes marques – Rapport avantage/coût équilibré (effet mode et marque)	Menace moyenne mais croissante pour le textile et le chaussant
Produits de substitution (grandes surfaces alimentaires)	– Faible substituabilité (gamme peu large et peu profonde) – Rapport qualité/prix équilibré (compétitivité prix)	Menace modérée (hormis pour les produits textiles basiques)

Réponses aux questions posées à l'étape 1

1 **Caractérisez brièvement le segment des distributeurs spécialistes intégrés, affiliés et franchisés.**

Le segment des distributeurs spécialistes intégrés, affiliés et franchisés regroupe à la fois les groupes intégrés (Décathlon par exemple) spécialisés dans la distribution d'articles de sport (textile, chaussant et matériel) ainsi que les indépendants regroupés sous enseigne (Sport 2000 par exemple). Le commerce intégré domine le secteur avec près de 47 % des parts de marché. Il comprend à la fois des généralistes du sport (Go Sport, Décathlon, etc.) et des spécialistes d'un univers sportif ou d'un type de produit (Au vieux campeur, Courir, Foot Locker, etc.). Ce type d'acteurs bénéficie généralement de l'appui d'un grand groupe, ce qui lui permet de disposer notamment d'une large présence géographique, d'une puissance d'achat importante ou d'un ensemble de marques propres. Les spécialistes affiliés ou franchisés sont des indépendants regroupés sous enseigne; ils peuvent être monoproduit (Veloland, Quai 34) ou multisports (Intersport, Sport 2000, etc.). Leur adhésion à une centrale d'achat leur permet d'obtenir notamment des conditions de négociation préférentielles auprès des

1
2
3

fournisseurs, l'accès à des marques propres ou des conseils en merchandising et en aménagement.

2 **Appliquez l'analyse des forces concurrentielles sur le segment des distributeurs spécialistes intégrés, affiliés et franchisés. Pour cela, commentez successivement le pouvoir de négociation des clients et des fournisseurs, l'intensité de la rivalité intra-sectorielle et la menace générée par les nouveaux entrants et les produits de substitution.**

Figure 1 : Analyse des forces concurrentielles – secteur de la distribution d'articles de sport

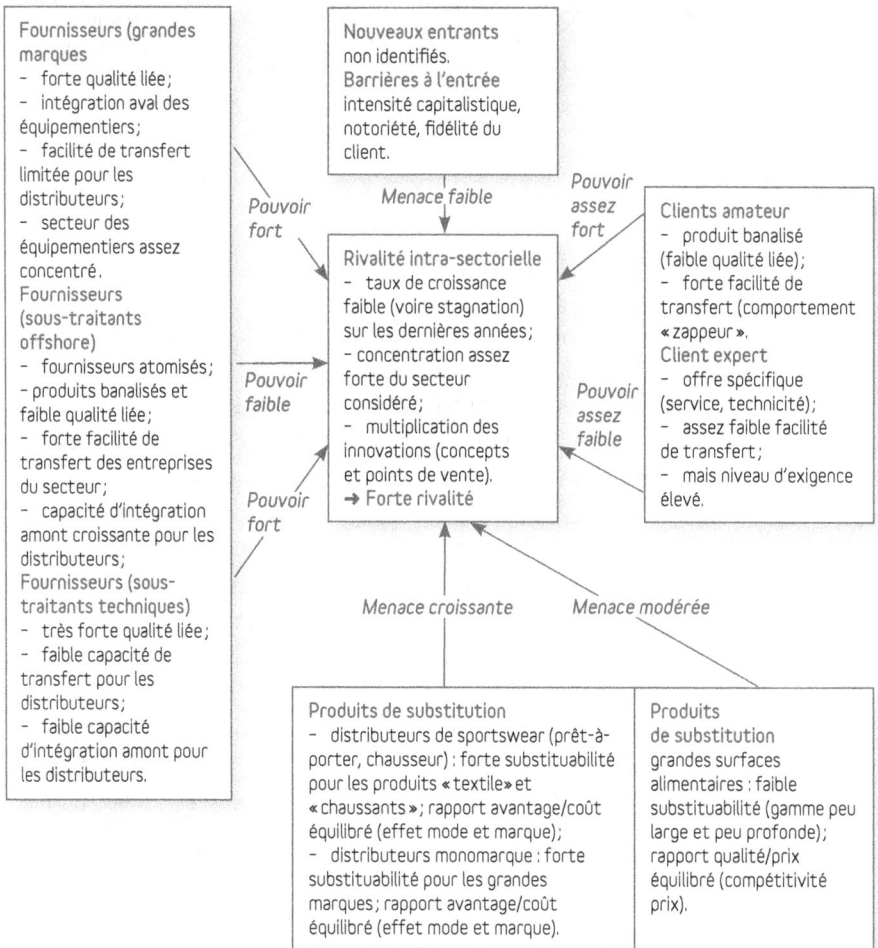

Fournisseurs (grandes marques
- forte qualité liée ;
- intégration aval des équipementiers ;
- facilité de transfert limitée pour les distributeurs ;
- secteur des équipementiers assez concentré.
Fournisseurs (sous-traitants offshore)
- fournisseurs atomisés ;
- produits banalisés et faible qualité liée ;
- forte facilité de transfert des entreprises du secteur ;
- capacité d'intégration amont croissante pour les distributeurs ;
Fournisseurs (sous-traitants techniques)
- très forte qualité liée ;
- faible capacité de transfert pour les distributeurs ;
- faible capacité d'intégration amont pour les distributeurs.

Pouvoir fort
Pouvoir faible
Pouvoir fort

Nouveaux entrants non identifiés.
Barrières à l'entrée intensité capitalistique, notoriété, fidélité du client.

Menace faible

Rivalité intra-sectorielle
- taux de croissance faible (voire stagnation) sur les dernières années ;
- concentration assez forte du secteur considéré ;
- multiplication des innovations (concepts et points de vente).
→ **Forte rivalité**

Pouvoir assez fort
Pouvoir assez faible

Clients amateur
- produit banalisé (faible qualité liée) ;
- forte facilité de transfert (comportement « zappeur ».
Client expert
- offre spécifique (service, technicité) ;
- assez faible facilité de transfert ;
- mais niveau d'exigence élevé.

Menace croissante
Menace modérée

Produits de substitution
- distributeurs de sportswear (prêt-à-porter, chausseur) : forte substituabilité pour les produits « textile » et « chaussants » ; rapport avantage/coût équilibré (effet mode et marque) ;
- distributeurs monomarque : forte substituabilité pour les grandes marques ; rapport avantage/coût équilibré (effet mode et marque).

Produits de substitution grandes surfaces alimentaires : faible substituabilité (gamme peu large et peu profonde) ; rapport qualité/prix équilibré (compétitivité prix).

3 **Concluez sur l'intensité concurrentielle qui règne dans ce segment stratégique (distributeurs spécialistes intégrés, affiliés et franchisés).**

Dans le secteur de la distribution d'articles de sport (segment des distributeurs spécialistes intégrés, affiliés et franchisés), l'intensité concurrentielle est assez forte. En effet, si la menace des nouveaux entrants éventuels est faible (notamment du fait de l'importance des barrières à l'entrée), en revanche, la rivalité intra-sectorielle est très forte et va en s'accentuant du fait du ralentissement de la croissance de ce marché. En outre, certains fournisseurs (grands équipementiers du sport ou fournisseurs de composants critiques pour les MDD) sont en mesure d'imposer leurs conditions aux distributeurs malgré l'intégration amont croissante de ces derniers. Enfin, le segment des distributeurs spécialistes intégrés, affiliés et franchisés est particulièrement attaqué par les distributeurs de prêt-à-porter *sportswear* et les distributeurs monomarque sur les produits « textile » et « chaussant ».

Cas 2 L'analyse des forces concurrentielles dans le secteur de l'industrie sidérurgique mondiale (1987-2007)

Fiche de présentation du cas

Ce cas présente les principales caractéristiques du secteur de la sidérurgie dans le monde en 1987 et en 2007 (tendances générales, typologie des principaux acteurs présents sur le marché, comportement des clients, fournisseurs impliqués dans la filière, etc.). Il vise à établir une comparaison entre la situation de l'industrie en 1987 et celle de 2007 afin de souligner les évolutions et les changements éventuels ayant affecté ce secteur d'activité en une vingtaine d'années ainsi que leur impact sur l'intensité concurrentielle.

Ce cas est adapté pour un public de formation initiale et continue. Il s'adresse aux étudiants de licence (L2 ou L3) et de Master (Master 1 et 2) ainsi que d'école supérieure de commerce et d'ingénieur (deuxième ou troisième année).

1
2
3

Exposé du cas

La sidérurgie en 1987

En 1985, la croissance annuelle du PNB pour les pays de l'OCDE et pour la période 1972-1987 s'élève à 2,75 % contrairement aux projections de l'époque, qui prévoyaient une croissance de 5 %. En outre, la corrélation avancée par les experts entre le taux de croissance du PNB et la croissance de la demande d'acier est remise en cause puisque cette dernière est en baisse de 2,5 % dans les pays industrialisés. La crise qui touche les pays producteurs européens à partir des années 1970 est profonde et se traduit par des suppressions d'emplois massives, des pertes abyssales pour les groupes sidérurgiques – 12 milliards de francs de perte en 1986 pour l'ensemble des entreprises françaises de sidérurgie par exemple –, une stagnation de la production – en 1985, la production mondiale d'acier est de 720 millions de tonnes soit 63 % seulement de la prévision établie en 1970 –, l'abandon de sites de production et l'apparition de friches industrielles, et, bien sûr, un effondrement de la demande et des prix de l'acier. Au niveau de l'approvisionnement en matières premières en revanche (minerai, charbon, etc.), la situation est plutôt favorable. Ces matières premières, basiques, font pour la plupart l'objet d'un cours mondial et la faible demande liée à la récession industrielle mondiale ne risque pas de menacer l'approvisionnement de l'industrie sidérurgique.

Les causes de cet effondrement sont nombreuses. Le progrès technologique réduit l'utilisation de l'acier dans les industries clientes qui sont déjà le plus souvent au terme de leur processus de concentration (automobile, bâtiment, construction navale, infrastructures), ce qui n'est pas le cas de la sidérurgie. De plus, la concurrence de nouveaux matériaux comme les plastiques s'accentue, même si elle reste modérée. Par ailleurs, la récession provoque un ralentissement de l'activité industrielle : dans de nombreux pays, les investissements en infrastructure sont réduits pour faire face aux politiques sociales de lutte contre la crise (nationalisation et recapitalisation de certaines entreprises par exemple, coût du chômage, etc.). Les gains de productivité de la sidérurgie s'essoufflent, et ce d'autant plus que la crise ne permet plus d'atteindre une production suffisante pour couvrir les coûts fixes très importants inhérents à cette industrie. Au final, alors que la consommation diminue, le secteur connaît un phénomène de surcapacité qui s'accentue avec l'entrée sur le marché des entreprises issues des nouveaux pays producteurs (Brésil, Inde, etc.). Ces derniers profitent de leur facilité d'accès à la matière première et de leur coût de main-d'œuvre avantageux pour se développer dans un secteur technologiquement banalisé. Ils augmentent le phénomène de surcapacité et contribuent largement à la baisse des prix.

Face à cette crise grave, les pays industrialisés tentent de répondre en mettant en œuvre plusieurs politiques complémentaires. La sortie de crise pour les pays de l'OCDE passe tout d'abord par une volonté de modernisation des processus de production afin d'être à la fois plus compétitif en termes de prix, mais aussi de proposer sur le marché des produits de meilleure qualité : généralisation de la coulée continue, laminage continu, emploi accru de tôles revêtues, informatisation étendue dans toute la chaîne de valeur des entreprises (production, contrôle, commercialisation). Cette modernisation vise tout à la fois à améliorer les rendements, à réduire la consommation d'énergie, à proposer de nouveaux produits plus performants et à diminuer les coûts de main-d'œuvre. En outre, les pays industrialisés entrent dans une phase de rationalisation et de restructuration de leur industrie sidérurgique (fermeture des usines, diminution des capacités) afin d'alléger la pression sur les prix de l'acier. Enfin, on constate également une tendance à une certaine « cartellisation » du marché, notamment en Europe, au Japon et aux États-Unis.

La sidérurgie en 2007

Au milieu des années 2000, le secteur de la sidérurgie, en pleine restructuration, est atteint par une vague de concentration massive. Même s'il reste moyennement concentré – les deux leaders réunis pèsent moins de 10 % du marché mondial –, tous les analystes estiment que le processus de concentration a démarré et que d'ici à 2015, le marché devrait être contrôlé par cinq ou six groupes produisant chacun entre 80 et 100 millions de tonnes. Ce processus de concentration est notamment marqué par l'OPA réussie de l'Indien Mittal sur Arcelor en 2006. Cette OPA donne naissance au nouvel ensemble ArcelorMittal, placé en tête du secteur, loin devant tous ses concurrents. Avec 320 000 employés dans le monde, il produit 113 millions de tonnes d'acier, soit 10 % du marché mondial pour un CA de 55 milliards d'euros.

À partir de cette période, le phénomène de concentration se poursuit et s'accélère avec, par exemple, l'acquisition de Corus par Tata Steel, un autre groupe indien, ou le rachat du Canadien Stelco par US Steel en 2007. Dans cette course à la taille, les groupes issus des pays émergents sont les plus actifs et poursuivent aussi un objectif de montée en gamme. Ainsi, en 2007, l'Indien Essar Steel a racheté le Canadien Algoma et l'Américain Minnesota Steel, et le Russe Evraz a racheté l'Américain Oregon Steel Mills. Pourtant, ce processus n'est pas encore abouti puisque les dix premiers groupes mondiaux représentent environ 33 % du marché mondial. On peut considérer que le taux de concentration de l'automobile est relativement comparable. Par ailleurs, les groupes sidérurgiques cherchent également à maîtriser leurs approvisionnements en réalisant des opérations de croissance externe dans le secteur du minerai qui est très concentré (par exemple, le rachat de Wabush Mines par ArcelorMittal en 2007). ArcelorMittal annonce par exemple un objectif de 75 % d'autosuffisance sur le minerai de fer. Les aciéristes veulent aussi diversifier leurs débouchés afin de limiter leur dépendance à leurs deux principaux clients : le bâtiment (qui représente environ 25 % du CA) et le secteur de l'automobile (18 % du CA), dans lequel l'acier est très fortement concurrencé par le plastique, mais surtout l'aluminium – aussi solide et plus léger. Cela dit, le plastique génère un surcoût, notamment pour une production en grande série, tout comme l'aluminium, qui reste plus cher.

En vingt ans, le secteur a profondément changé de nature. D'un marché de l'offre, on est passé à un marché de la demande. À partir des années 2000, les prix sont dopés par la demande mondiale, qui explose. Et même si pour la première fois la production mondiale dépasse en 2003 le milliard de tonnes, les entreprises imposent des hausses de prix de l'ordre de 20 % (14 % de hausse des prix en 2007). Ce marché devient très rentable. La cause de cet emballement c'est, bien sûr, la demande chinoise (30 % de la demande mondiale en 2006) et, dans une moindre mesure, la demande indienne. En Chine, la consommation d'acier augmente de 30 % par an. Résultat : les capacités sont saturées, les producteurs ont du mal à répondre à la demande tout comme les fournisseurs de minerai, ce qui génère une tension aussi sur les approvisionnements et la matière première. De plus, les producteurs de matières premières paraissent très actifs. Par exemple, le groupe brésilien Vale (ex-CRVD), deuxième groupe mondial dans le minerai grâce à la richesse du sous-sol brésilien, multiplie les investissements : acquisition de mines, rachat d'aciéries ou de fonderies d'aluminium pour se lancer dans les industries de première transformation. De la même façon, le groupe BHP Billitton (leader mondial) envisage en 2008 de fusionner avec Rio Tinto (troisième groupe mondial), ce qui lui permettrait de produire le tiers du minerai de fer exporté dans le monde. À elles trois, ces entreprises minières représenteraient alors 80 % des exportations mondiales de minerai.

Consignes d'utilisation et d'analyse du cas

Étape 1   Individuellement

1 Appliquez l'analyse des forces concurrentielles au secteur de la sidérurgie en 1987. Pour cela, commentez successivement le pouvoir de négociation des clients et des fournisseurs, l'intensité de la rivalité intra-sectorielle et la menace générée par les nouveaux entrants et les produits de substitution.

2 Concluez sur l'intensité concurrentielle qui règne dans ce secteur en 1987.

3 Réitérez la même analyse en vous plaçant cette fois en 2007.

4 Concluez sur l'intensité concurrentielle du secteur de la sidérurgie en 2007 et identifiez les évolutions de la dynamique concurrentielle de 1987 à 2007.

Étape 2   En groupe

1 Procédez comme dans l'étape 1 pour confronter les points de vue et les analyses.

2 Dégagez les points de convergence et de divergence.

3 Proposez une synthèse des analyses et concluez sur la question de l'intensité concurrentielle en 1987 et en 2007.

Outils pédagogiques et méthodologiques

Grille d'analyse 1   Caractérisation des catégories d'acteurs (voir cas 1)

Types d'acteurs	Caractérisation des acteurs présents

Grille d'analyse 2   Évaluation de l'influence des acteurs présents (voir cas 1)

Types d'influences	Critères mobilisés	Caractérisation de l'influence (intensité de la rivalité, pouvoir ou menace)

Pistes de résolution du cas

Grille d'analyse 1   Caractérisation des catégories d'acteurs

Types d'acteurs	Caractérisation des acteurs présents
Nouveaux entrants	En 1987, les nouveaux entrants sont constitués par les groupes issus des pays en développement (Brésil et Inde) ; en 2007, il n'existe pas à proprement parler de nouveaux entrants.
Clients	Le client fait ici référence aux industries de transformation : principalement le bâtiment et l'industrie automobile.
Fournisseurs	Les fournisseurs sont dans ce cas les producteurs de minerai et de matières premières (fer, charbon, etc.).
Produits de substitution	Les produits de substitution sont principalement les matières plastiques et l'aluminium.
Concurrents	La question posée porte sur le secteur de la sidérurgie dans le monde. L'ensemble des concurrents à considérer regroupe donc les aciéristes, parmi lesquels ArcelorMittal, Nippon Steel ou Tata Steel.

1
2
3

Grille d'analyse 2   Évaluation de l'influence des acteurs présents

Types d'influences	Critères mobilisés	Caractérisation de l'influence (intensité de la rivalité, pouvoir ou menace)
Nouveaux entrants	1987 : – Fortes barrières à l'entrée (intensité capitalistique, économie d'échelle) – Mais forte capacité des nouveaux entrants à surmonter ces barrières (avantage en termes de coût matière et main-d'œuvre) 2007 : – Fortes barrières à l'entrée (intensité capitalistique, économies d'échelle, technologie) – Pas de nouveaux entrants identifiés	Menace forte Menace faible
Clients	1987 : – Forte facilité de transfert – Qualité liée limitée – Forte concentration du secteur automobile – Offre très supérieure à la demande 2007 : – Forte facilité de transfert – Qualité liée limitée Mais : – Processus de concentration avancée dans le secteur de la sidérurgie – Demande supérieure à l'offre	Fort pouvoir de négociation Pouvoir de négociation moyen
Fournisseurs	1987 : – Forte facilité de transfert des aciéristes – Qualité liée limitée 2007 : – Concentration croissante dans le secteur des mines – Intégration aval des entreprises minières – Demande croissante en minerai Même si : – Qualité liée limitée – Intégration amont des aciéristes – Processus de concentration avancée dans le secteur de la sidérurgie	Faible pouvoir de négociation Pouvoir de négociation moyen et croissant
Produits de substitution	1987 : – Plastiques et aluminium présentent une assez faible substituabilité dans les marchés principaux (automobile et bâtiment) 2007 : – La substituabilité du plastique et de l'aluminium a augmenté – Le rapport avantage/coût est équilibré (prix plus élevé du plastique ou de l'aluminium)	Menace faible croissante Menace moyenne croissante

Types d'influences	Critères mobilisés	Caractérisation de l'influence (intensité de la rivalité, pouvoir ou menace)
Concurrents	1987 : – Faible croissance, voire récession – Marché atomisé avec des acteurs de taille équivalente – Surcapacités et fortes barrières à la sortie – Produits banalisés	Très forte rivalité intra-sectorielle
	2007 : – Forte croissance du marché – Marché en concentration avec l'apparition de leaders incontestés – Volonté de différencier les produits et d'augmenter la qualité	Faible rivalité intra-sectorielle

Réponses aux questions posées à l'étape 1

1 Appliquez l'analyse des forces concurrentielles au secteur de la sidérurgie en 1987. Pour cela, commentez successivement le pouvoir de négociation des clients et des fournisseurs, l'intensité de la rivalité intra-sectorielle et la menace générée par les nouveaux entrants et les produits de substitution.

Figure 2 : Analyse des forces concurrentielles – secteur de la sidérurgie (1987)

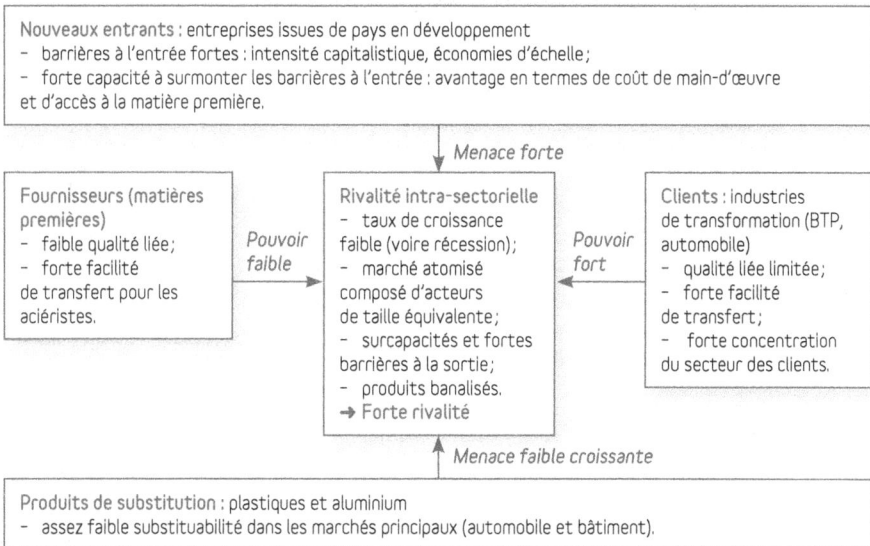

Nouveaux entrants : entreprises issues de pays en développement
– barrières à l'entrée fortes : intensité capitalistique, économies d'échelle ;
– forte capacité à surmonter les barrières à l'entrée : avantage en termes de coût de main-d'œuvre et d'accès à la matière première.

Menace forte

Fournisseurs (matières premières)
– faible qualité liée ;
– forte facilité de transfert pour les aciéristes.

Pouvoir faible

Rivalité intra-sectorielle
– taux de croissance faible (voire récession) ;
– marché atomisé composé d'acteurs de taille équivalente ;
– surcapacités et fortes barrières à la sortie ;
– produits banalisés.
→ Forte rivalité

Pouvoir fort

Clients : industries de transformation (BTP, automobile)
– qualité liée limitée ;
– forte facilité de transfert ;
– forte concentration du secteur des clients.

Menace faible croissante

Produits de substitution : plastiques et aluminium
– assez faible substituabilité dans les marchés principaux (automobile et bâtiment).

185

1
2
3

2 **Concluez sur l'intensité concurrentielle qui règne dans ce secteur en 1987.**

Malgré le faible pouvoir de négociation des fournisseurs et la menace limitée des produits de substitution, l'intensité concurrentielle est particulièrement forte dans le secteur de la sidérurgie en 1987. En effet, les nouveaux entrants sont très agressifs et s'appuient sur leurs avantages spécifiques (matière première et coût de main-d'œuvre) pour proposer des prix très compétitifs et conquérir des parts de marché. Leur arrivée accentue à la fois la baisse des prix et la situation de surcapacité du secteur, ce qui augmente encore la crise que subit ce secteur. Enfin, les clients très puissants que sont l'industrie automobile ou le bâtiment profitent de cette situation pour imposer leurs conditions. Au final, le secteur connaît une crise profonde qui touche tous les concurrents et dégrade lourdement la rentabilité moyenne de l'industrie.

3 **Réitérez la même analyse en vous plaçant cette fois en 2007.**

Figure 3 : Analyse des forces concurrentielles – secteur de la sidérurgie (2007)

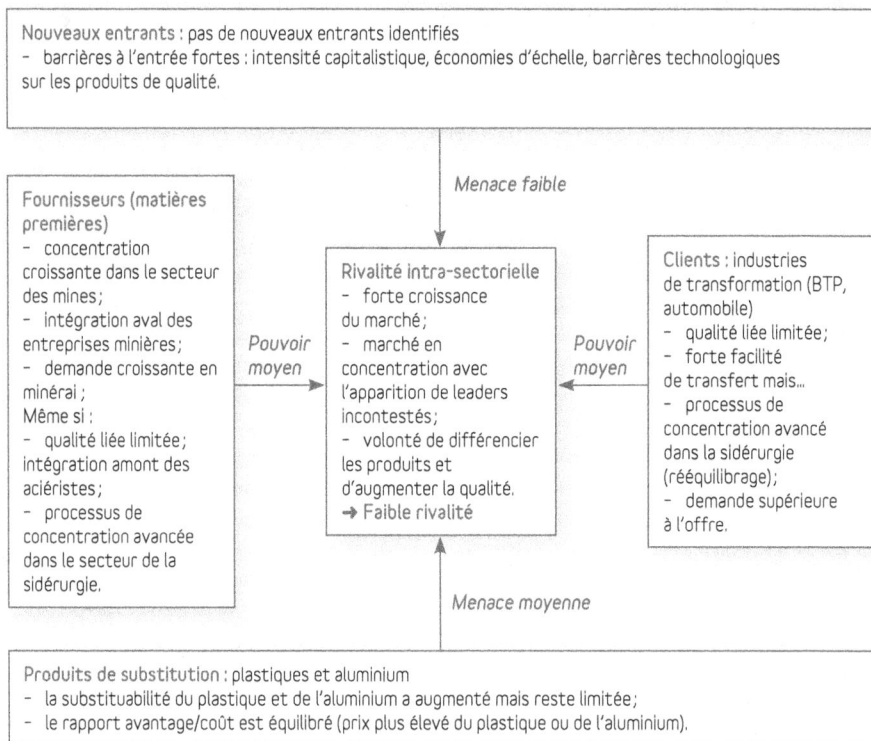

Nouveaux entrants : pas de nouveaux entrants identifiés
- barrières à l'entrée fortes : intensité capitalistique, économies d'échelle, barrières technologiques sur les produits de qualité.

Menace faible

Fournisseurs (matières premières)
- concentration croissante dans le secteur des mines ;
- intégration aval des entreprises minières ;
- demande croissante en minérai ;
Même si :
- qualité liée limitée ;
intégration amont des aciéristes ;
- processus de concentration avancée dans le secteur de la sidérurgie.

Pouvoir moyen

Rivalité intra-sectorielle
- forte croissance du marché ;
- marché en concentration avec l'apparition de leaders incontestés ;
- volonté de différencier les produits et d'augmenter la qualité.
→ Faible rivalité

Pouvoir moyen

Clients : industries de transformation (BTP, automobile)
- qualité liée limitée ;
- forte facilité de transfert mais...
- processus de concentration avancé dans la sidérurgie (rééquilibrage) ;
- demande supérieure à l'offre.

Menace moyenne

Produits de substitution : plastiques et aluminium
- la substituabilité du plastique et de l'aluminium a augmenté mais reste limitée ;
- le rapport avantage/coût est équilibré (prix plus élevé du plastique ou de l'aluminium).

4 **Concluez sur l'intensité concurrentielle du secteur de la sidérurgie en 2007 et identifiez les évolutions de la dynamique concurrentielle de 1987 à 2007.**

En 2007, la configuration du secteur a profondément évolué. En effet, même si les fournisseurs ont acquis un pouvoir de négociation supérieur, les acteurs qui étaient à l'origine de la forte intensité concurrentielle en 1987 ont vu leur influence diminuer très nettement. Ainsi, la rivalité intra-sectorielle exacerbée qui régnait vingt ans auparavant a disparu au profit d'une concurrence beaucoup plus modérée. Les nouveaux entrants ne représentent plus une menace et les clients ont perdu une partie de leur pouvoir de négociation, notamment du fait du phénomène de concentration en cours au sein de l'industrie sidérurgique et de la demande mondiale très forte en acier. En 2007, la structure du secteur est saine et l'industrie sidérurgique apparaît comme une activité assez attractive au sein de laquelle les entreprises réalisent des profits confortables, à condition d'atteindre la taille critique.

L'analyse
des groupes stratégiques

Cas 1 L'analyse des groupes stratégiques dans le secteur de l'*outdoor*[9]

Fiche de présentation du cas

Ce cas présente les concurrents principaux du secteur de la fabrication d'équipements de sport *outdoor*. Après une présentation succincte de chacune des entreprises, il propose un certain nombre d'indicateurs rendant compte des choix stratégiques et de la performance de chacune d'entre elles. À partir de ces données, il vous est demandé de réaliser une analyse par le modèle des groupes stratégiques. Ce cas apporte un éclairage complémentaire au cas réalisé dans le chapitre 2 de cette partie (voir cas 1) en focalisant l'attention sur le comportement des entreprises dans ce secteur. Il peut être abordé à la suite du précédent ou de manière indépendante puisqu'il ne nécessite pas d'avoir traité le cas précédent au préalable.

Ce cas est adapté pour un public de formation initiale et continue. Il s'adresse aux étudiants de licence (L2 ou L3) et de Master (Master 1 et 2) ainsi que d'école supérieure de commerce et d'ingénieur (deuxième ou troisième année). Il peut également être utilisé de manière profitable dans des filières spécialisées en management des activités sportives.

9. Pour une étude complète du secteur de l'*outdoor*, le lecteur pourra consulter avec profit le cas « Adidas, Nike, Quiksilver, Lafuma… : l'analyse du secteur et des stratégies de l'*outdoor* », F. Brulhart, Centrale des cas et des médias pédagogiques, CCIP, Paris, G 1494 (Prix « Top Cas CCMP 2008 »).

Exposé du cas

Le marché mondial des équipements de sport se décompose en deux grandes familles : le marché de l'*outdoor* qui est évalué environ à 42 milliards de dollars, et celui des sports de stade et de fitness, évalué à environ 80 milliards de dollars. Le secteur de l'*outdoor* renvoie à l'ensemble des activités de plein air, pratiquées en dehors des stades et sans uniforme, dans cinq univers différents : blanc (pour les sports de neige : ski, snowboard, etc.), brun (pour les sports de montagne : randonnée, alpinisme, etc.), vert (pour les sports de plein air en campagne : golf, camping, etc.), bleu (pour les sports d'eau : plongée, surf, etc.), enfin gris (pour les sports urbains : roller, skateboard, etc.). Au sein de ces différents univers, le secteur regroupe les équipements, les vêtements, les chaussures et les accessoires nécessaires à la pratique de ces sports. Le secteur de l'*outdoor* représente plus de 30 % du marché mondial des articles de sport et se caractérise par un fort dynamisme des taux de croissance. Cette forte croissance du marché de l'*outdoor* s'accompagne cependant d'un phénomène de consolidation et de concentration qui s'est accentué avec une multiplication des opérations de croissance externe dans la décennie 2000. Nous présentons ci-après succinctement certains des principaux acteurs du secteur (données chiffrées tirées des rapports annuels des groupes relatifs à 2005).

Adidas

Challenger de Nike sur le marché de l'équipement de sport, Adidas affirme clairement son ambition de devenir le numéro un mondial du sport. Majoritairement implantée en Europe, où elle réalise 3 154 millions d'euros (M€) de CA, l'entreprise est plutôt spécialisée sur le chaussant (2 957 M€ de CA). Le tableau suivant présente une série d'informations diverses relatives à Adidas.

Part du CA réalisé dans le secteur de l'*outdoor*	11 %
Effectifs de l'entreprise	15 935
Univers couverts	Vert, brun, bleu
CA	6 570 millions d'euros
Résultat net	390 millions d'euros

Aigle

Fondée en 1853, l'entreprise fabrique initialement des articles imperméables à base de caoutchouc avec une philosophie : protéger l'homme dans la nature. Majoritairement implantée en Europe, où elle réalise 100 millions d'euros de CA, l'entreprise est plutôt spécialisée dans le textile (60 M€ de CA). Le tableau suivant présente une série d'informations diverses relatives à Aigle.

Part du CA réalisé dans le secteur de l'*outdoor*	100 %
Effectifs de l'entreprise	680
Univers couverts	Vert, brun, bleu, blanc
CA	120 millions d'euros
Résultat net	5 millions d'euros

Billabong

Créée en 1974, l'entreprise Billabong conçoit, produit et distribue des vêtements et des accessoires de sport dans le domaine du surf et du skate. Présente dans plus de cent pays, l'entreprise réalise la majorité de son CA dans la zone Amérique (394 millions de dollars (M$) de CA) et est focalisée sur le textile (785 M$ de CA). Le tableau suivant présente une série d'informations diverses relatives à Billabong.

Part du CA réalisé dans le secteur de l'*outdoor*	100 %
Effectifs de l'entreprise	1 340
Univers couverts	Bleu, gris
CA	843 millions de dollars
Résultat net	125 millions de dollars

Columbia

Columbia Sportswear Company est une entreprise spécialisée dans la conception, la fabrication et la distribution de produits *outdoor*. Présent dans cinquante pays, le groupe distribue ses produits par le biais de plus de 12 000 points de vente et réalise la majorité de son CA dans la zone Amérique (791 M$ de CA). L'entreprise se focalise sur le textile (890 M$ de CA). Le tableau suivant présente une série d'informations diverses relatives à Columbia.

Part du CA réalisé dans le secteur de l'*outdoor*	100 %
Effectifs de l'entreprise	2 387
Univers couverts	Vert, brun
CA	1 155 millions de dollars
Résultat net	130 millions de dollars

Lafuma

Créée en 1930 pour fabriquer des sacs à dos, Lafuma fonde aujourd'hui sa stratégie sur deux priorités : développer la diversification des marques et des univers avec le pôle glisse, issu du rachat d'Oxbow, et accentuer la progression du CA à l'international à la fois en Europe et en Asie. Majoritairement implantée en Europe où elle réalise 180 M€ de CA, l'entreprise est plutôt spécialisée dans le textile (107 M€ de CA). Le tableau suivant présente une série d'informations diverses relatives à Lafuma.

Part du CA réalisé dans le secteur de l'*outdoor*	100 %
Effectifs de l'entreprise	1 911
Univers couverts	Vert, brun, bleu, blanc
CA	202 millions d'euros
Résultat net	9 millions d'euros

Nike

Premier équipementier sportif mondial, Nike est spécialisé dans les chaussures, les vêtements et le matériel de sport. Il est encore peu présent sur l'*outdoor*. Le groupe réalise la majorité de son CA dans la zone Amérique (5 825 M$ de CA). L'entreprise est focalisée sur le chaussant

(8 587 M$ de CA). Le tableau suivant présente une série d'informations diverses relatives à Nike.

Part du CA réalisé dans le secteur de l'*outdoor*	Évalué à 8 %
Effectifs de l'entreprise	26 000
Univers couverts	Vert, bleu, gris
CA	13 740 millions de dollars
Résultat net	1 212 millions de dollars

Quiksilver

Présentée comme le leader mondial de l'*outdoor* et présente dans quatre-vingt-dix pays, l'entreprise australienne déploie ses activités dans tous les domaines de l'*outdoor* et toutes les catégories de produits, devenant un groupe multimarques/multi-univers, notamment suite au rachat de Rossignol en 2005 – même si l'intégration de Rossignol paraît difficile. Majoritairement implantée en Amérique du Nord, où elle réalise 844 M€ de CA, l'entreprise est plutôt spécialisée sur le textile (1 175 M€ de CA). Le tableau suivant présente une série d'informations diverses relatives à Quiksilver.

Part du CA réalisé dans le secteur de l'*outdoor*	100 %
Effectifs de l'entreprise	8 000
Univers couverts	Vert, bleu, blanc, gris, brun
CA	1 780 millions d'euros
Résultat net	107 millions d'euros

Timberland

Entreprise américaine fondée en 1918, Timberland est aujourd'hui présente internationalement sur une large gamme de produits liés à l'*outdoor* : chaussures, vêtements, accessoires, etc. Les priorités du groupe portent sur la consolidation du segment de la chaussure, l'extension de la gamme textile et le développement de l'internationalisation. Le groupe réalise la majorité de son CA dans la zone Amérique (872 M$ de CA). L'entreprise est focalisée sur le chaussant (1 240 M$ de CA). Le tableau suivant présente une série d'informations diverses relatives à Timberland.

Part du CA réalisé dans le secteur de l'*outdoor*	100 %
Effectif de l'entreprise	5 300
Univers couverts	Vert, blanc
CA	1 588 millions de dollars
Résultat net	165 millions de dollars

1
2
3

Consignes d'utilisation et d'analyse du cas

Étape 1   Individuellement

1 Listez les variables stratégiques qui sont, selon vous, discriminantes et révélatrices du positionnement stratégique des firmes du secteur de l'*outdoor*. Caractérisez leur nature (variable comportementale ou de performance).

2 Proposez des combinaisons de variables susceptibles d'être mobilisées pour construire des cartes de groupes stratégiques.

3 Positionnez les entreprises sur les cartes de groupes stratégiques retenues. Commentez.

Étape 2   En groupe

1 Procédez comme dans l'étape 1 pour confronter les points de vue et les analyses.

2 Dégagez les points de convergence et de divergence.

3 Proposez une synthèse des analyses et concluez sur un ensemble de cartes de groupes stratégiques à retenir.

Outils pédagogiques et méthodologiques

Grille d'analyse 1   Identification et caractérisation des variables révélatrices du positionnement stratégique

Il s'agit d'identifier les variables stratégiques les plus révélatrices du comportement, du positionnement stratégique ou de la performance des entreprises au sein du secteur d'activité. Ces critères constituent en ce sens des variables « discriminantes » pouvant être utilisées pour générer des cartes de groupes stratégiques. Pour chaque variable identifiée, il est nécessaire de distinguer les variables permettant de décrire les caractéristiques, les comportements et les choix stratégiques des firmes d'une part (critères comportementaux) et les variables permettant d'évaluer leur performance d'autre part (critères de performance).

Variable discriminante	Type de variable (critère comportemental ou critère de performance)
Variable 1	
Variable 2	
Variable 3	

Grille d'analyse 2   Évaluation des variables sélectionnées pour chaque entreprise

Une fois déterminées les variables discriminantes des firmes du secteur (voir grille d'analyse 1), il est indispensable d'identifier et d'analyser (voire de quantifier) la situation et les choix des entreprises sur ces variables. C'est à la suite de cette étape que l'analyste pourra proposer des combinaisons de variables permettant de faire émerger des cartes de groupes stratégiques en deux dimensions.

	Entreprise A	Entreprise B	Entreprise C	Entreprise D	Entreprise E
Variable 1					
Variable 2					
Variable 3					

Pistes de résolution du cas

1
2
3

Grille d'analyse 1   Identification et caractérisation des variables révélatrices du positionnement stratégique

Il s'agit ici d'identifier les variables stratégiques les plus révélatrices du comportement, du positionnement stratégique ou de la performance des entreprises. Sur la base des informations disponibles, nous retenons six variables définies ci-après. La performance commerciale est mesurée par le ratio résultat net/CA.

Variable discriminante	Type de variable (critère comportemental ou critère de performance)
Focalisation *outdoor* (part du CA *outdoor*)	Critère comportemental
Focalisation univers (nombre d'univers couverts)	Critère comportemental
CA	Critère comportemental
Focalisation géographique (région dominante en pourcentage du CA)	Critère comportemental
Focalisation produit (type de produit dominant en pourcentage du CA)	Critère comportemental
Performance commerciale (résultat net/CA)	Critère de performance

1

2

3

Grille d'analyse 2   Évaluation des variables sélectionnées pour chaque entreprise

Voici dans un tableau synthétique les choix des entreprises sur les variables identifiées précédemment (voir grille d'analyse 1).

	Adidas	Aigle	Billabong	Columbia
Focalisation *outdoor*	11 %	100 %	100 %	100 %
Focalisation univers	3	4	2	2
CA	6 570 M€	120 M€	843 M$	1 155 M$
Focalisation géographique	48 %	83 %	46,7 %	68,5 %
Focalisation produit	45 %	50 %	93,1 %	77 %
Performance commerciale	5,9 %	4,2 %	14,8 %	11,25 %
	Lafuma	Nike	Quiksilver	Timberland
Focalisation *outdoor*	100 %	8 %	100 %	100 %
Focalisation univers	4	3	5	2
CA	202 M€	13 740 M$	1 780 M€	1 588 M$
Focalisation géographique	89,1 %	42,4 %	47,4 %	54,9 %
Focalisation produit	53 %	62,5 %	66 %	78,1 %
Performance commerciale	4,5 %	8,8 %	6 %	10,4 %

Réponses aux questions posées à l'étape 1

1 Listez les variables stratégiques qui sont, selon vous, discriminantes et révélatrices du positionnement stratégique des firmes du secteur de l'*outdoor*. Caractérisez leur nature (variable comportementale ou de performance).

Nous retenons six variables stratégiques discriminantes (voir grille d'analyse 1), dont cinq s'apparentent à des variables comportementales (focalisation *outdoor*, focalisation univers, chiffre d'affaires, focalisation géographique, focalisation produit) et une s'apparente à une variable de performance (performance commerciale).

2 **Proposez des combinaisons de variables susceptibles d'être mobilisées pour construire des cartes de groupes stratégiques.**

Les cartes de groupes stratégiques se construisent sur la base du croisement de deux variables, avec trois cas de figure possibles : le croisement de deux critères comportementaux, de deux critères de performance ou d'un critère comportemental et d'un critère de performance. Nous choisissons ici de retenir quatre cartes issues du croisement de deux critères comportementaux pour deux d'entre elles – « part du CA *outdoor* » et « focalisation univers » d'une part, « chiffre d'affaires » et « focalisation géographique » d'autre part – et d'un critère de performance et d'un critère comportemental pour les deux autres – « performance commerciale » et « focalisation univers » d'une part, « performance commerciale » et « focalisation produit » d'autre part.

3 **Positionnez les entreprises sur les cartes de groupes stratégiques retenues. Commentez.**

La combinaison de deux critères comportementaux vise le plus souvent un objectif de description et de discrimination des stratégies ou des positionnements adoptés par les firmes au sein du secteur.

Trois groupes se dégagent de la carte 1 (voir Figure 1) construite à partir des variables « part de CA *outdoor* » et « focalisation univers » : les spécialistes de l'*outdoor*, les généralistes de l'*outdoor* et les généralistes du sport. En outre, le croisement des variables « CA » et « focalisation géographique » (voir Figure 2) fait également apparaître trois groupes : les leaders globaux, les suiveurs spécialisés ou généralistes internationalisés et les niches géographiques. Sur la base de ces deux cartes, nous constatons que Nike et Adidas apparaissent comme les leaders mondiaux des articles de sport (avec une présence équilibrée sur les différentes zones géographiques), même si leur présence sur le segment de l'*outdoor* reste limitée (trois univers couverts sur cinq et faible part du CA réalisé dans l'*outdoor*).

Pour leur part, Aigle et Lafuma sont positionnés sur une niche européenne. Présents exclusivement sur le marché de l'*outdoor*, ces « Lilliputiens » du secteur (au titre du CA) sont pourtant présents sur la quasi-totalité des univers. Multiproduits (malgré leur focalisation importante sur le textile), ils restent des acteurs régionaux (Europe), voire nationaux (France).

Timberland, Billabong et Columbia, eux, apparaissent comme des « ultra-spécialistes » très internationalisés. Implantés à 100 % sur des activités de l'*outdoor* et généralement focalisés sur un type de produit (par exemple Billabong pour le textile), ces groupes « bi-univers » présentent une implantation géographique très large et assez équilibrée dans l'ensemble. Enfin, Quiksilver apparaît comme le leader de l'*outdoor*. Avec le plus gros CA des spécialistes de l'*outdoor*, il est présent sur tous les univers et tous les produits (même s'il reste principalement orienté sur le textile). Par ailleurs, son implantation géographique est très équilibrée.

Figure 1 : Carte de groupe stratégique 1

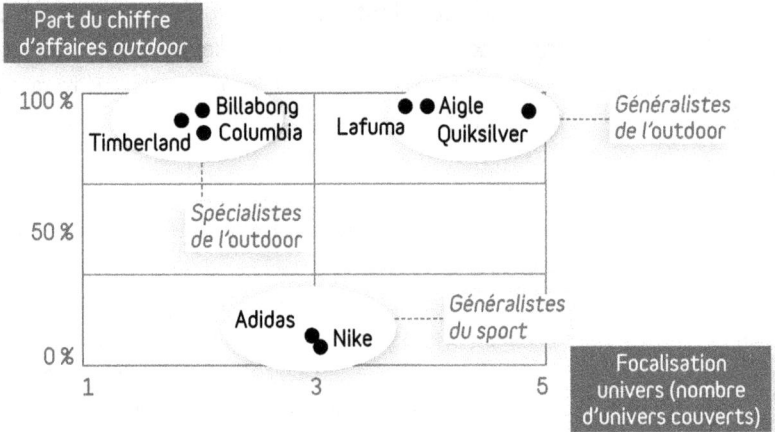

Part du chiffre d'affaires *outdoor*

100 % — Billabong, Timberland, Columbia, Lafuma, Aigle, Quiksilver — Généralistes de l'outdoor

Spécialistes de l'outdoor

50 %

0 % — Adidas, Nike — Généralistes du sport

1   3   5

Focalisation univers (nombre d'univers couverts)

Figure 2 : Carte de groupe stratégique 2

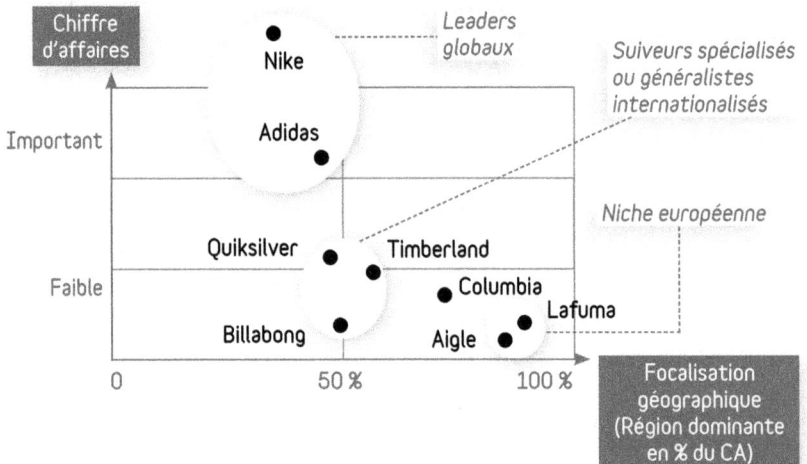

Chiffre d'affaires

Nike — Leaders globaux

Suiveurs spécialisés ou généralistes internationalisés

Important — Adidas

Niche européenne

Quiksilver   Timberland

Faible — Columbia, Lafuma

Billabong   Aigle

0   50 %   100 %

Focalisation géographique (Région dominante en % du CA)

La combinaison d'un critère de performance et d'un critère comportemental vise le plus souvent à faire apparaître des FCS du secteur en soulignant des corrélations éventuelles entre le critère comportemental et le critère de performance.

Sur la base des deux cartes suivantes (voir Figures 3 et 4), nous pouvons faire l'hypothèse d'une corrélation entre la performance commerciale (signe d'une stratégie de différenciation réussie) et la focalisation produit – plus les entreprises sont spécialisées sur un type de produit : textile, chaussant, équipement –, plus leur performance commerciale semble s'en trouver dynamisée. En outre, la spécialisation textile semble bien constituer le point commun aux entreprises présentant les performances les plus élevés (Billabong, Columbia), à condition de maintenir une stratégie de différenciation efficace. Par ailleurs, nous pouvons également faire l'hypothèse d'une corrélation entre la performance commerciale et la focalisation univers. De ce point de vue, il semble plus facile de mener une stratégie de différenciation efficace sur un positionnement de « spécialiste univers ». En revanche, il n'existe pas de lien apparent entre la nature de l'univers et la rentabilité commerciale : les leaders en termes de marge (Billabong, Columbia, Timberland) sont en effet positionnés sur des univers différents.

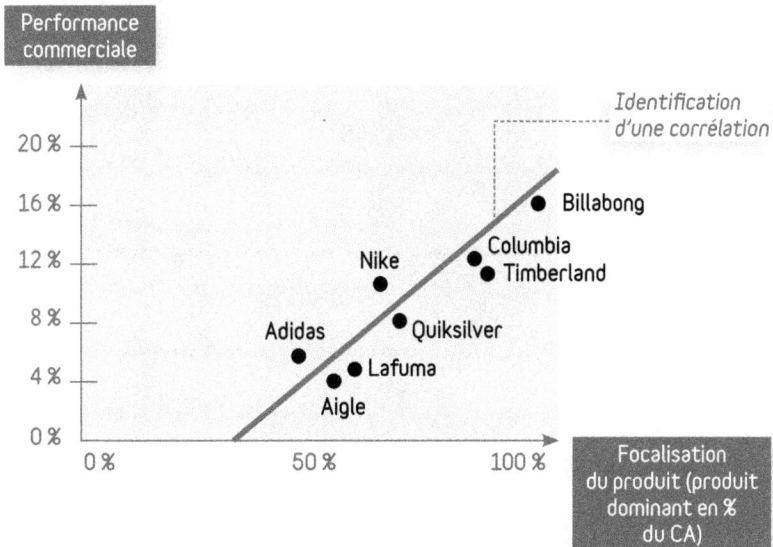

Figure 3 : Carte de groupe stratégique 3

1
2
3

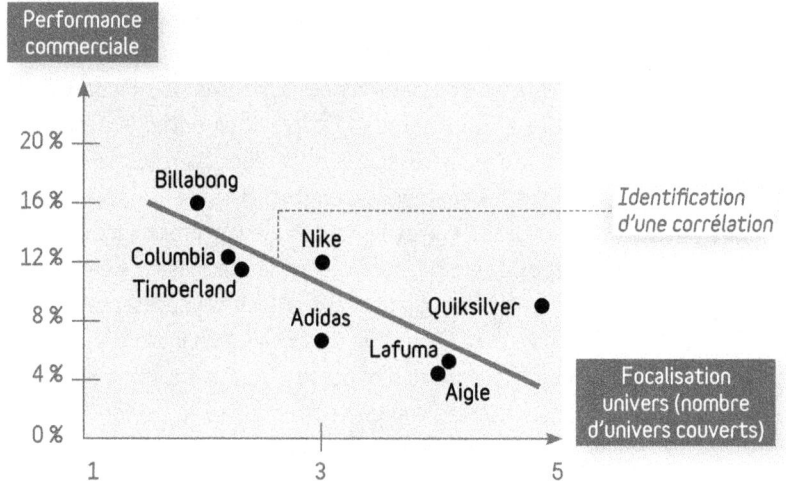

Figure 4 : Carte de groupe stratégique 4

Cas 2 L'analyse des groupes stratégiques dans le secteur des vins et spiritueux[10]

Fiche de présentation du cas

Ce cas présente les concurrents principaux du secteur des vins et spiritueux. Après une présentation succincte de chacune des entreprises, il propose un certain nombre d'indicateurs rendant compte des choix stratégiques et de la performance de chacune d'entre elles. À partir de ces données, il vous est demandé de réaliser une analyse par le modèle des groupes stratégiques.

Ce cas est adapté pour un public de formation initiale et continue. Il s'adresse aux étudiants de licence (L2 ou L3) et de Master (Master 1 et 2) ainsi que d'école supérieure de commerce et d'ingénieur (deuxième ou troisième année). Il peut également être utilisé de manière profitable dans des filières spécialisées en management des activités agroalimentaires ou relatives aux vins et spiritueux.

10. Pour une étude complète du secteur des vins et des spiritueux, le lecteur pourra consulter avec profit le cas « Ricard 1 & 2: la quête du leadership dans le secteur des vins et spiritueux », F. Brulhart et P.-X. Meschi, Centrale des cas et des médias pédagogiques, CCIP, Paris, G 1494 (Prix « Top Cas CCMP 2008 »).

1
2
3

Exposé du cas

Le marché des boissons alcoolisées se décompose en deux grandes familles : les boissons fermentées pures (vin, bière, cidre) et les spiritueux. Le vin désigne la boisson issue de la fermentation du jus de raisin. Les spiritueux, eux, sont des boissons fortement alcoolisées issues de la distillation de vins, de produits naturels (fruits, plantes) ou de boissons à base d'alcool. Le secteur considéré ici regroupe les marchés du vin et des spiritueux. Depuis la fin des années 1980, le marché des spiritueux s'est caractérisé par un phénomène de « premiumisation » croissant. Ce terme renvoie simplement au fait que, dans les pays développés (en particulier sur le marché américain), les consommateurs de produits spiritueux veulent boire moins, mais « mieux ». Le marché du vin souffre d'une conjoncture plus difficile que celui des spiritueux. En effet, ce secteur, qui demeure très atomisé, subit une surproduction qui perdure depuis de nombreuses années ainsi qu'une croissance faible. Face à une croissance modérée, les principaux groupes du secteur se sont lancés depuis la fin des années 1990 dans une course à la taille. La croissance externe paraît ici au centre de la stratégie des leaders de ce secteur en ce qu'elle permet à la fois d'étoffer les portefeuilles de produits et d'assurer un développement international. Nous allons présenter succinctement certains des principaux acteurs du secteur (données chiffrées tirées des rapports annuels des groupes relatifs à 2007).

Constellation Brands

Constellation Brands est le plus gros producteur de vin dans le monde. Avec plus de 250 marques de boissons alcoolisées, dont deux parmi les cent premières marques mondiales, il est le plus gros fournisseur multi-catégories de boissons alcoolisées en Amérique du Nord. L'entreprise, qui réalise 64 % de son CA en Amérique du Nord (29 % en Europe), poursuit dans les années 2000 une stratégie de développement et de diversification de son portefeuille d'activités. Le tableau suivant présente une série d'informations diverses relatives à l'entreprise.

Part du CA réalisée dans les vins et spiritueux	56 %
Capitalisation boursière	3 218 M€
Fonds propres	2 494 M€
Actif net total	6 889 M€
CA	3 807 M€
Résultat net	241 M€

Diageo

Diageo est le leader mondial du secteur des spiritueux et propose une large gamme de marques de vins, spiritueux et bières, dont dix-sept sont présentes parmi les cent premières marques mondiales. L'entreprise est très internationalisée et sa zone dominante est l'Europe, avec 44 % de son CA (30 % en Amérique du Nord). Le groupe privilégie la croissance organique dans des marques phares mondiales et recherche le leadership dans les catégories clés du secteur : vodka, whisky et rhum. Le tableau suivant présente une série d'informations diverses relatives à l'entreprise.

Part du CA réalisée dans les vins et spiritueux	80 %
Capitalisation boursière	40 674 M€
Fonds propres	7 025 M€
Actif net total	20 710 M€
CA	11 000 M€
Résultat net	3 023 M€

LVMH

LVMH est le leader mondial du luxe. Il dispose d'un portefeuille de plus de soixante marques. Avec un développement appuyé à la fois sur la croissance organique et la croissance externe, LVMH est présent dans cinq secteurs d'activité :
- vins et spiritueux ;
- mode et maroquinerie ;
- parfums et cosmétiques ;

- horlogerie et joaillerie ;
- distribution sélective.

Disposant de seize des cent premières marques mondiales, l'entreprise réalise la majorité de son CA en Europe (35 % contre 31 pour la zone Asie). Le tableau suivant présente une série d'informations diverses relatives à l'entreprise.

Part du CA réalisée dans les vins et spiritueux	19 %
Capitalisation boursière	43 129 M€
Fonds propres	11 594 M€
Actif net total	28 785 M€
CA	15 306 M€
Résultat net	2 160 M€

Pernod Ricard

Pernod Ricard est aujourd'hui le numéro deux mondial du secteur des vins et spiritueux. Il possède vingt des cent premières marques mondiales et réalise 44 % de son CA en Europe (28 % dans la zone Amérique). Le groupe veut concentrer ses efforts sur ses marques clés et donne la priorité aux produits haut de gamme. Enfin, il maintient ses efforts pour développer ses activités à l'international. Le tableau suivant présente une série d'informations diverses relatives à l'entreprise.

Part du CA réalisée dans les vins et spiritueux	97 %
Capitalisation boursière	18 793 M€
Fonds propres	6 458 M€
Actif net total	19 476 M€
CA	6 443 M€
Résultat net	856 M€

Rémy Cointreau

Les activités de Rémy Cointreau se déclinent sur trois pôles principaux :
- le cognac (44 % du CA consolidé total et 57 % du résultat opérationnel total) ;
- le champagne (16 % du CA et 7 % du résultat opérationnel) ;
- les liqueurs et spiritueux (27 % du CA et 36 % du résultat opérationnel).

L'entreprise exploite trois des cent premières marques mondiales et réalise 54 % de son CA dans la zone Amérique (31 % en Europe). Le tableau suivant présente une série d'informations diverses relatives à Rémy Cointreau.

Part du CA réalisée dans les vins et spiritueux	83 %
Capitalisation boursière	2 145 M€
Fonds propres	825 M€
Actif net total	2 204 M€
CA	786 M€
Résultat net	- 23 M€

UBG (United Breweries Group)

UBG est le troisième acteur mondial du secteur des spiritueux (en volume) derrière Diageo et Pernod Ricard. Son cœur de métier repose sur ses deux principales filiales : United Spirits (vins et spiritueux) et United Breweries (bière). Avec plus de cent quarante marques dans son portefeuille, il exploite cinq des cent premières marques mondiales et contrôle plus de 60 % du marché des spiritueux en Inde. Il réalise par ailleurs 65 % de son CA dans la zone Asie. Le tableau suivant présente une série d'informations diverses relatives à UBG.

Part du CA réalisée dans les vins et spiritueux	59 %
Capitalisation boursière	1 977 M€
Fonds propres	206 M€
Actif net total	1 225 M€
CA	674 M€
Résultat net	102 M€

Vin & Spirit

Le groupe Vin & Spirit est un des principaux acteurs européens du secteur et évolue dans plus de cent vingt pays. L'entreprise exploite deux des cent premières marques mondiales (notamment la vodka Absolut). Il réalise par ailleurs 56 % de son CA dans la zone Europe. Entreprise nationale, le Parlement suédois a autorisé le gouvernement à céder tout ou partie de ses participations dans Vin & Spirit en juin 2007 afin d'alléger la dette de l'État. Les grands du secteur ont évidemment déclaré leur intérêt pour ce rachat.

Part du CA réalisée dans les vins et spiritueux	82 %
Capitalisation boursière	Non disponible
Fonds propres	780 M€
Actif net total	1 914 M€
CA	1 172 M€
Résultat net	169 M€

Consignes d'utilisation et d'analyse du cas

Étape 1   Individuellement

1 Listez les variables stratégiques qui sont, selon vous, discriminantes et révélatrices du positionnement stratégique des firmes du secteur des vins et spiritueux. Caractérisez leur nature (variable comportementale ou de performance).

2 Proposez des combinaisons de variables susceptibles d'être mobilisées pour construire des cartes de groupes stratégiques.

3 Positionnez les entreprises sur les cartes de groupes stratégiques retenues. Commentez.

Étape 2   En groupe

1 Procédez comme dans l'étape 1 pour confronter les points de vue et les analyses.

2 Dégagez les points de convergence et de divergence.

3 Proposez une synthèse des analyses et concluez sur un ensemble de cartes de groupes stratégiques à retenir.

Outils pédagogiques et méthodologiques

Grille d'analyse 1   Identification et caractérisation des variables révélatrices du positionnement stratégique (voir cas 1)

Il s'agit d'identifier les variables stratégiques les plus révélatrices du comportement, du positionnement stratégique ou de la performance des entreprises au sein du secteur d'activité.

Grille d'analyse 2   Évaluation des variables sélectionnées pour chaque entreprise (voir cas 1)

Une fois déterminées les variables discriminantes des firmes du secteur (voir grille d'analyse 1), il est indispensable d'identifier et d'analyser, voire de quantifier, la situation et les choix des entreprises sur ces variables.

Pistes de résolution du cas

Grille d'analyse 1   Identification et caractérisation des variables révélatrices du positionnement stratégique

Il s'agit d'identifier les variables stratégiques les plus révélatrices du comportement, du positionnement stratégique ou de la performance des entreprises. Sur la base des informations disponibles, nous retenons six variables définies ci-dessous. La performance économique est mesurée par le ratio résultat net/actif net. Le ratio « *market to book* », lui, compare la valeur comptable et la valeur de marché des fonds propres. En ce sens, il donne une indication sur l'évaluation (et la valorisation) par les investisseurs de l'entreprise et de sa stratégie. Ce ratio peut être considéré comme une anticipation par les investisseurs de la création de valeur future, c'est-à-dire comme une mesure de la performance de l'entreprise telle qu'elle est perçue par les investisseurs.

Variable discriminante	Type de variable (critère comportemental ou critère de performance)
Nombre de marques détenues et appartenant aux cent premières marques mondiales	Critère comportemental
Focalisation géographique (région dominante en pourcentage du CA)	Critère comportemental
Focalisation produit (part du CA réalisé sur les vins et spiritueux)	Critère comportemental
Performance économique (résultat net/ actif net)	Critère de performance
Ratio « *market to book* » (capitalisation boursière/fonds propres)	Critère de performance

Grille d'analyse 2   Évaluation des variables sélectionnées pour chaque entreprise

Voici dans un tableau synthétique les choix des entreprises sur les variables identifiées précédemment (voir grille d'analyse 1).

	Constellation	Diageo	LVMH	Pernod Ricard
Nombre de marques parmi les cent premières mondiales	2	17	16	20
Focalisation géographique	64 %	44 %	35 %	44 %
Focalisation produit	56 %	80 %	19 %	97 %
Performance économique	3,5 %	14,6 %	7,5 %	4,4 %
Ratio « *market to book* »	1,29	5,79	3,72	2,91

	Rémy Cointreau	UBG	Vin & spirit
Nombre de marques parmi les cent premières mondiales	3	5	2
Focalisation géographique	54 %	65 %	56 %
Focalisation produit	83 %	59 %	82 %
Performance économique	- 1 %	8,3 %	8,8 %
Ratio « *market to book* »	2,6	9,6	Non disponible

Réponses aux questions posées à l'étape 1

1 Listez les variables stratégiques qui sont, selon vous, discriminantes et révélatrices du positionnement stratégique des firmes du secteur des vins et spiritueux. Caractérisez leur nature (variable comportementale ou de performance).

Nous retenons cinq variables stratégiques discriminantes (voir grille d'analyse 1), dont trois s'apparentent à des variables comportementales (nombre de marques parmi les cent premières mondiales, focalisation géographique, focalisation produit) et deux à une variable de performance (performance économique, ratio « *market to book* »).

1
2
3

2 Proposez des combinaisons de variables susceptibles d'être mobilisées pour construire des cartes de groupes stratégiques.

Nous retiendrons trois cartes issues du croisement de deux critères comportementaux pour deux d'entre elles (focalisation produit et focalisation géographique d'une part, nombre de marques parmi les cent premières mondiales et focalisation géographique d'autre part) et de deux critères de performance pour la troisième (performance économique et ratio « *market to book* »).

3 Positionnez les entreprises sur les cartes de groupes stratégiques retenues. Commentez.

Quatre groupes stratégiques se dégagent de la carte 1 (voir Figure 5) bâtie à partir des variables focalisation produit et focalisation géographique :
- les spécialistes mondialisés ;
- les spécialistes régionaux ;
- les régionaux diversifiés ;
- les diversifiés mondialisés.

En outre, la combinaison des variables « nombre de marques mondiales » et « focalisation géographique » (voir Figure 6) révèle l'existence de deux groupes : les groupes mondiaux aux marques leaders et les groupes régionaux au portefeuille focalisé. Sur la base de ces deux cartes, nous pouvons constater que Pernod Ricard et Diageo apparaissent incontestablement comme les leaders du secteur : réalisant la quasi-totalité de leur CA sur le secteur des vins et spiritueux, ils ont réussi leur internationalisation et ont clairement adopté une stratégie globale. Combinant croissance externe et croissance organique, ils ont également largement développé leur portefeuille de marques fortes (trente-sept des cent premières marques mondiales à eux deux). LVMH présente un profil atypique en tant que « conglomérat du luxe » diversifié dans les vins et spiritueux et très internationalisé.

Qu'elles soient spécialisées sur les vins et spiritueux (Vin & Spirit, Rémy Cointreau) ou plus diversifiées (UBG, Constellation), les autres entreprises présentes apparaissent encore comme des acteurs régionaux qui tirent l'essentiel de leur activité d'une zone géographique donnée (64 % en Amérique du Nord pour Constellation par exemple) et disposent d'un nombre limité de grandes marques (deux marques parmi les cent premières pour Vin & Spirit par exemple). Ces quatre entreprises apparaissent alors, comme des « outsiders » en recherche de taille critique et de croissance (organique ou externe), ou des cibles potentielles pour les leaders du secteur.

Figure 5 : Carte de groupe stratégique 1

Focalisation produit
(vins et spiritueux en % du CA)

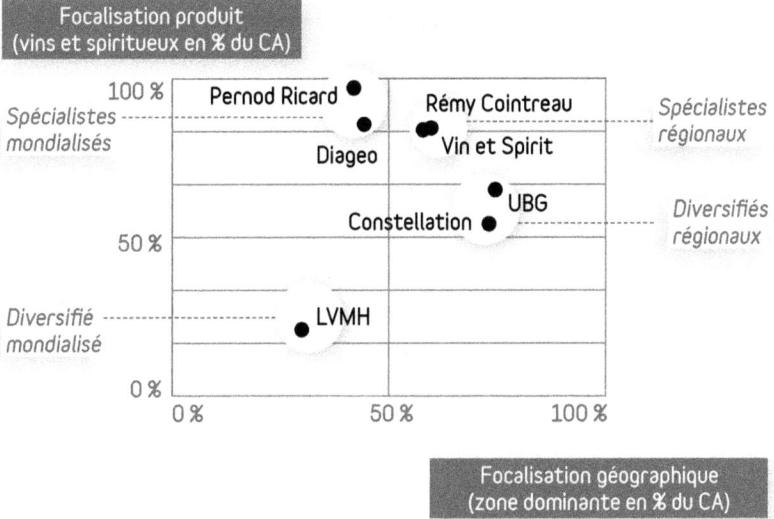

Figure 6 : Carte de groupe stratégique 2

Nombre de marques
mondiales

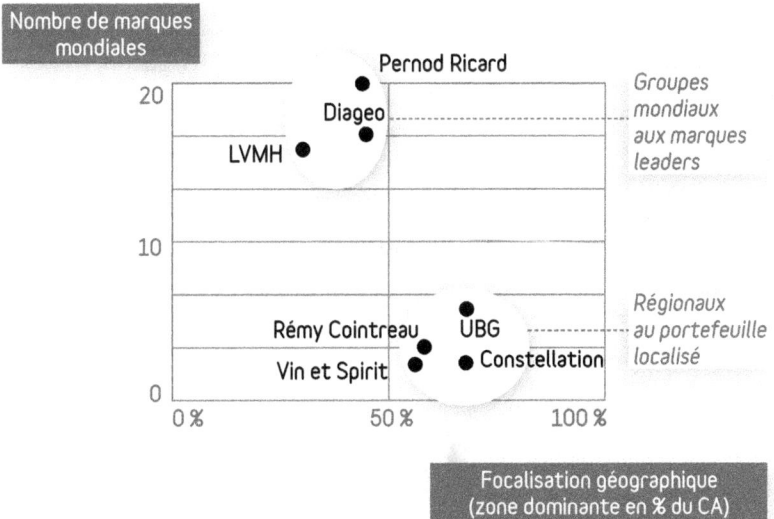

1
2
3

La combinaison de deux critères de performance (voir Figure 7) permet de confronter deux indicateurs complémentaires. En effet, la variable de performance économique peut être interprétée comme une évaluation de la performance passée de l'entreprise (réalisée au cours de la dernière année) alors que le ratio « *market to book* » – qui donne une information sur l'évaluation et la valorisation par les investisseurs de l'entreprise et de sa stratégie – peut être interprété comme l'anticipation de la performance future – c'est-à-dire la perception par les investisseurs de la création de valeur actionnariale anticipée. Trois groupes se dégagent alors sur la carte ci-dessous : le groupe des « confirmés » montre une corrélation entre la performance actuelle et la performance anticipée (bonne performance économique alliée à une confiance forte des investisseurs); le groupe des « causes perdues ? » témoigne d'une performance économique faible ou défavorable également sanctionnée par une perte de confiance du marché boursier; le groupe des « espoirs » enfin, constitué par Pernod Ricard, conserve la confiance des investisseurs, malgré une performance économique moyenne.

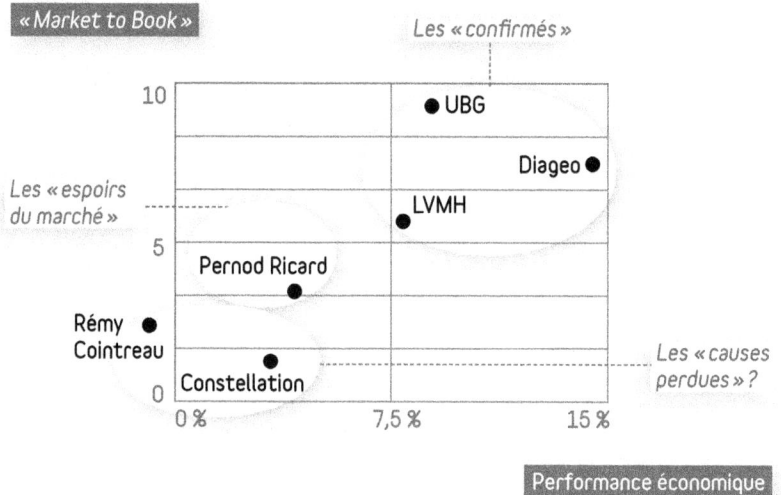

Figure 7 : Carte de groupe stratégique 3

L'analyse
de la chaîne de valeur

L'analyse de la chaîne de valeur de Dell dans le secteur du matériel informatique [11]

Fiche de présentation du cas

Ce cas présente brièvement le secteur du matériel informatique avant de se concentrer sur l'entreprise Dell. Après une brève présentation du deuxième opérateur mondial du secteur, le cas revient sur les différentes composantes du modèle économique de Dell ainsi que sur le fonctionnement des différentes fonctions au sein de l'entreprise. À partir de ces données, il vous est demandé de réaliser une analyse de la chaîne de valeur de l'entreprise Dell.

Ce cas est adapté pour un public de formation initiale et continue. Il s'adresse aux étudiants de licence (L2 ou L3) et de Master (Master 1 et 2) ainsi que d'école supérieure de commerce et d'ingénieur (deuxième ou troisième année). Il peut également être utilisé de manière profitable dans des filières spécialisées en management technologique.

11. Certaines informations portant sur l'organisation de Dell sont issues de J. W. Rivkin et M. Porter, *Matching Dell*, Harvard Business Publishing (1999).

1
2
3

Exposé du cas

Le secteur du matériel informatique recouvre trois activités principales :

- les PC (ordinateurs personnels) ;
- les serveurs (ordinateurs haute performance dédiés à l'administration d'un réseau informatique) ;
- les matériels bureautiques (imprimantes par exemple).

Après la crise qu'a subie ce secteur en 2001, le marché du matériel informatique connaît une relance à l'échelle internationale (avec une croissance moyenne des ventes de l'ordre de 7 à 12 % entre 2003 et 2005). Cependant, les années 2006 et 2007 semblent à nouveau victimes d'un essoufflement de la demande.

Le secteur du matériel informatique témoigne d'une conjoncture et d'une situation relativement différenciées selon les catégories de produits considérées. Le secteur des PC connaît depuis plusieurs années un ralentissement qui se traduit par une baisse de la croissance des ventes, même si la situation s'est améliorée entre 2003 et 2005 notamment, avec une demande importante des particuliers. La demande devrait se maintenir du fait de l'explosion des marchés des pays émergents, de la popularisation des PC portables et de la baisse des prix initiée à la fin des années 1990.

À partir des années 1990, plusieurs facteurs ont provoqué une montée de la concurrence, qui s'est traduite par une redoutable guerre des prix : le ralentissement de la demande tout d'abord, mais aussi l'arrivée de nouveaux entrants sur le secteur (producteurs à bas prix, assembleurs, etc.) à l'origine d'une offre banalisée et d'une modification de l'environnement concurrentiel, devenu un pur système de volume. Cette concurrence exacerbée s'est ajoutée à l'augmentation du pouvoir de négociation des deux fournisseurs critiques (Microsoft et Intel). Devenant le point d'origine de la création de valeur pour le client, ces derniers ont de ce fait capté une grande partie de la rentabilité du secteur, concourant à la dégradation des marges des opérateurs sur le secteur du matériel informatique. Ainsi, malgré la baisse continue et rapide du coût des composants informatiques et électroniques, concomitante à l'augmentation de la performance de ces mêmes composants, les producteurs de matériels peinent à dégager une rentabilité satisfaisante. C'est d'ailleurs dans ce contexte que, devant le constat de son impossibilité à être rentable, IBM a pris la décision de vendre son activité PC à Lenovo en 2005. Le segment du matériel bureautique (copieur, imprimante) bénéficie à la fois d'une conjoncture plus favorable en termes de demande (croissance des imprimantes mul-

tifonctions par exemple) et à la fois de marges structurellement plus élevées. Par exemple, Canon, qui réalise la majorité de son activité grâce
au matériel bureautique, affiche des taux de marge bien supérieurs aux
acteurs du PC.

Enfin, si le segment des serveurs et des systèmes à haute performance
constitue une activité à forte valeur ajoutée, la situation est relativement
morose et la croissance proche de zéro. Dans ce segment, IBM est le leader
mondial historique et profite d'une position forte (forte expertise technologique, expérience, synergie, etc.) même si de nouveaux opérateurs
tentent de s'installer, ce qui provoque une montée de la pression concurrentielle. Le secteur du matériel informatique apparaît particulièrement
concentré, avec trois leaders (Hewlett-Packard, Dell, IBM) qui réalisent
près de la moitié du CA du marché. Il en est de même sur le segment du
PC, où les deux premiers opérateurs, Dell et HP, représentent plus de
50 % du CA du secteur, la troisième place revenant à Lenovo, suite au
rachat des activités d'IBM.

Le Tableau 1 présente les CA de ces trois opérateurs entre 2002 et 2007.
Les données sont exprimées en millions de dollars, sauf pour Lenovo de
2002 à 2006 (millions de dollars Hong Kong).

	2007	2006	2005	2004	2003	2002
Dell	57 420	55 788	49 121	41 327	35 404	31 168
Hewlett-Packard	104 286	91 658	86 696	79 925	73 061	56 588
Lenovo	13 978	103 550	22 554	23 175	20 233	20 850

Tableau 1 : Chiffre d'affaires des trois leaders du PC

Le Tableau 2 suivant présente les résultats opérationnels de ces trois
opérateurs entre 2002 et 2007. Les données sont exprimées en millions
de dollars, sauf pour Lenovo de 2002 à 2005 (millions de dollars Hong
Kong).

	2007	2006	2005	2004	2003	2002
Dell	3 070	4 347	4 254	3 544	2 844	2 663
Hewlett-Packard	8 719	6 560	3 473	4 227	2 896	− 1 012
Lenovo	161	1 092	1 142	1 019	1 049	1 097

Tableau 2 : Résultat opérationnel des trois leaders du PC

1
2
3

Dell : présentation générale

Créée en 1984 par Michael Dell, l'entreprise, qui va devenir le deuxième fabricant mondial d'ordinateurs, s'appuie sur une idée simple : en vendant ses produits directement aux clients, il est possible de mieux comprendre leurs besoins et de leur proposer des solutions adaptées. Considéré comme le créateur du modèle de vente directe dans le secteur du matériel informatique, Dell collecte les commandes des clients par Internet, courrier ou téléphone, ce qui déclenche automatiquement l'assemblage des produits selon les spécifications précises des acheteurs, puis leur livraison directement chez le consommateur.

Cette innovation révolutionne le fonctionnement du secteur traditionnellement structuré autour d'une vente intermédiée (distributeurs généralistes ou spécialisés, revendeurs intégrés). La cible principale de Dell est initialement constituée par les entreprises et les administrations ; en effet, il y est plus facile de trouver un interlocuteur « expert », ce qui facilite la vente non intermédiée. Avec la démocratisation de l'utilisation du PC dans les années 1990, chaque utilisateur devenant progressivement un « expert », le modèle « direct » semble promis à un avenir sans nuage. En 1987, Dell ouvre sa première filiale à l'étranger et malgré les avertissements de nombreux analystes, qui prévoient l'échec du modèle « direct » hors des États-Unis, le développement international se poursuit avec onze nouvelles filiales en 1991. En 1989, Dell commercialise son premier ordinateur portable, puis en 1994, l'entreprise décide de se diversifier sur le marché des serveurs. Entre 1994 et 1998, le CA de Dell est multiplié par six, son profit augmente de 1 000 % et son cours en Bourse connaît une progression de 5 600 %. En 2002, Dell entre sur le marché du matériel bureautique (vidéoprojecteurs, imprimantes, etc.). Aujourd'hui, Dell réalise plus de 60 % de son CA sur le segment des ordinateurs, les serveurs et les périphériques représentant chacun environ 13 % du CA. L'entreprise est le premier fournisseur d'ordinateurs aux États-Unis et le deuxième dans le monde. Chaque jour Dell expédie en moyenne plus de 140 000 commandes à ses clients.

La chaîne de valeur

En ce qui concerne les achats, Dell entretient des relations étroites avec ses fournisseurs et a mis en place un système de « juste à temps », permettant de limiter les stocks de composants. Ainsi, le taux de rotation des stocks est inférieur à cinq jours. Afin de faciliter la mise en œuvre de ces relations, Dell a fait des efforts considérables pour diminuer le nombre de ses fournisseurs et instaurer une relation partenariale. Par exemple, le nombre de fournisseurs du site d'Austin, au Texas, est passé de plus de deux cents en 1995 à moins de cinquante en 1998. Pour faciliter le travail en commun, Dell et ses fournisseurs disposent d'un système d'information intégré permettant de suivre les besoins en approvisionnement en temps réel. Certains composants (écrans par exemple) ne sont d'ailleurs même pas centralisés dans les entrepôts de Dell, mais directement confiés au transporteur qui récupère à la fois l'ordinateur sur le site de Dell et l'écran sur le site du fournisseur avant de livrer l'ensemble de manière simultanée au client. Enfin, pour fluidifier la coopération avec ses fournisseurs et accélérer le processus, Dell les encourage à s'installer à proximité de ses usines d'assemblage, générant ainsi de véritables «districts industriels».

Pour la fabrication, Dell s'appuie sur une série d'usines d'assemblage réparties dans le monde (aux États-Unis, en Irlande, en Malaisie ou en Chine par exemple) et chargés d'une zone géographique. Le principe du modèle «direct» reposant sur une fabrication «à la demande», les sites de production «personnalisent» des ordinateurs «semi-finis» en les adaptant aux besoins exprimés par les clients lors de la commande. L'adaptation et la coordination entre les plannings de production et les flux de commandes s'appuient sur un système d'information perfectionné ainsi que sur des réunions quotidiennes. Une fois la commande exprimée par le client et comportant toutes les spécifications, elle est transmise électroniquement au site de production dont elle dépend et entre dans un processus à deux étapes : l'assemblage des composants – réalisé par des cellules autonomes responsables de plusieurs opérations et non de manière séquentielle opération par opération, afin d'améliorer la qualité des produits –, puis l'installation des logiciels.

La prise de commande étant le maillon clé de la relation avec ses clients, Dell les a segmentés afin de leur offrir un accueil adapté à leurs attentes. Il s'agit d'une segmentation très fine des différentes catégories d'acheteurs (grandes entreprises internationales et nationales, petites et moyennes entreprises, administrations, éducation, particuliers, etc.) lui permettant d'adapter sa réponse à chaque public. Pour les grandes entreprises qui achètent de manière répétée par exemple, Dell dispose de deux forces de vente : l'une externe, qui visite ces clients pour mieux connaître leurs attentes, les informer sur les nouveaux produits, les aider à configurer leurs systèmes ou lier des relations personnelles avec les acheteurs ; l'autre interne, qui reçoit les commandes ou les demandes d'information

1
2
3

(portant sur les produits ou sur les commandes et les livraisons) au sein des centres d'appels. Ces deux forces de vente disposent en temps réel d'informations sur les clients, leur historique de commandes, leurs appels précédents, etc.

La fonction de distribution s'appuie essentiellement sur des transporteurs spécialisés (UPS ou DHL par exemple), qui récupèrent la commande dans l'usine d'assemblage (ou directement chez le fournisseur), puis la livrent au client. De manière marginale, Dell fait appel à des revendeurs indépendants ou des distributeurs généralistes ou spécialisés (c'est le cas par exemple avec l'accord de partenariat passé avec Walmart ou Staples en 2007 et visant à toucher de nouveaux consommateurs). Ce système, mis en place et constamment perfectionné par Dell, lui permet de réduire à moins de deux jours le délai entre la prise de commande et l'expédition du produit au client.

Enfin, pour l'assistance technique et le service après-vente, Dell s'appuie sur trois modes de réponse aux demandes du client. Le premier consiste en une aide « en ligne » disponible sur le site de Dell et consultable par tous les clients (aide au diagnostic, téléchargement de « patch » logiciel ou de « pilotes », etc.). Le deuxième est une assistance téléphonique disponible 24 heures sur 24 et 7 jours sur 7. Le client accède ainsi au conseil d'un technicien qui dispose de l'historique du client (achats, appels précédents, interventions effectuées, etc.). Une fois l'intervention réalisée, le technicien s'assure de l'efficacité de son action par un e-mail envoyé dans les vingt-quatre heures au client. Enfin, si l'assistance téléphonique s'avère insuffisante (moins de 10 % des cas), Dell sous-traite la prestation d'un technicien sur site grâce à des accords passés avec des entreprises de maintenance et de dépannage.

Consignes d'utilisation et d'analyse du cas

Étape 1   Individuellement

1 Identifiez les causes et les symptômes de la dégradation de la rentabilité dans le secteur du matériel informatique.

2 Réalisez un diagnostic, activité par activité, de la chaîne de valeur de Dell.

3 Concluez sur la stratégie générique mise en œuvre par Dell.

Étape 2   En groupe

1 Procédez comme dans l'étape 1 pour confronter les points de vue et les analyses.

2 Dégagez les points de convergence et de divergence.

3 Proposez une synthèse des analyses et concluez sur la stratégie générique de Dell.

Outils pédagogiques et méthodologiques

Grille d'analyse 1   Identification et caractérisation du mode de gestion des activités de la chaîne de valeur

Il s'agit de décrire et de caractériser le mode de gestion des différentes étapes (ou activités) de la chaîne de valeur de l'entreprise, en identifiant les compétences mobilisées pour mettre son offre à la disposition des clients.

Activité de la chaîne	Mode de gestion/ compétences mobilisées
Activité 1	
Activité 2	
Activité 3	
Activité 4	
Activité 5	

Grille d'analyse 2   Évaluation de l'apport des activités à la stratégie générique

Pour chaque étape de la chaîne de valeur, il faut déterminer leur apport respectif à la mise en œuvre de la stratégie générique de l'entreprise – et au développement d'un avantage concurrentiel potentiel – en termes de maîtrise des coûts ou de différenciation.

Activité de la chaîne	Apports à la mise en œuvre de la stratégie générique
Activité 1	
Activité 2	
Activité 3	
Activité 4	
Activité 5	

Pistes de résolution du cas

Grille d'analyse 1 Identification et caractérisation du mode de gestion des activités de la chaîne de valeur de Dell

Il s'agit de décrire et de caractériser le mode de gestion des différentes étapes (ou activités) de la chaîne de valeur de Dell, en identifiant les compétences mobilisées pour mettre son offre à la disposition des clients.

Activité de la chaîne	Mode de gestion/compétences mobilisées
Achats	Relations étroites avec les fournisseurs Réduction du nombre de fournisseurs Implantation des fournisseurs à proximité des usines d'assemblage Mise en œuvre d'un système en « juste à temps » Limitation des stocks de composants Systèmes d'information intégrés et liaisons informatisées entre l'entreprise et ses fournisseurs
Production	Production à la demande Assemblage « personnalisé » réalisé sur la base des spécifications clients Suppression des stocks de produits finis Faibles stocks de composants et de produits semi-finis
Marketing et vente	Modèle de la vente directe (commandes par téléphone, Internet ou courrier) Absence de distributeurs ou revendeurs (sauf cas particulier) Force de vente interne et externe en contact direct avec le consommateur Système informatisé d'appui au marketing relationnel (*customer relationship management*) permettant une meilleure connaissance des besoins et une réponse adaptée aux attentes
Logistique et distribution	Logistique externalisée auprès de spécialistes (UPS) Implication des fournisseurs dans la logistique aval (livraison directe du fournisseur au client pour certains composants)
Assistance et service après-vente	Assistance en ligne (documentation, téléchargement de pilotes, etc.) Assistance téléphonique permanente par les centres d'appels (techniciens disposant d'une base de données client) Assistance sur site sous-traitée

1
2
3

Grille d'analyse 2   Évaluation de l'apport des activités à la stratégie générique

Pour chaque étape de la chaîne de valeur, il faut déterminer leur apport respectif à la mise en œuvre de la stratégie générique de Dell en termes de maîtrise des coûts ou de différenciation. Nous listons ainsi les éléments contribuant à générer des économies supplémentaires dans la chaîne de valeur – les «sources d'économie» permettant la mise en œuvre d'une stratégie de maîtrise des coûts – ainsi que les éléments contribuant à générer une valeur supplémentaire pour le client – les sources de «valeur-client» permettant la mise en œuvre d'une stratégie de différenciation.

Activité de la chaîne	Apports à la mise en œuvre de la stratégie générique
Achats	– La réduction du nombre de fournisseurs permet d'augmenter le volume d'affaires réalisé avec chacun d'entre eux et d'augmenter ainsi le pouvoir de négociation de Dell, à l'origine d'un avantage de coût du fait de l'effet de taille (source d'économies). – La mise en place de relations durables avec les fournisseurs permet d'augmenter l'implication des fournisseurs et d'améliorer la qualité de leur prestation (source de «valeur-client»). – L'implantation des fournisseurs à proximité des usines d'assemblage permet de limiter les coûts de transport (source d'économies). – Le système en «juste à temps» permet de limiter les stocks de composants, ce qui réduit le risque d'obsolescence et de non-compétitivité de ces stocks, compte tenu de la spécificité de l'industrie (baisse constante des prix des composants alliée à une augmentation de leur performance) (source d'économies). – L'existence de systèmes d'information intégrés et de liaisons informatisées entre l'entreprise et ses fournisseurs permet une plus grande réactivité et une plus grande rapidité de réponse à la commande des clients (source de «valeur-client»).
Production	– La production à la demande et la fabrication d'un produit «personnalisé» réalisé sur la base des spécifications clients sont créatrices de valeur pour ce dernier (source de «valeur-client»). – La suppression des stocks de produits finis (au même titre que le maintien de faibles stocks de composants et de produits semi-finis) évite le risque d'obsolescence des stocks et de perte financière liée à ces stocks (compte tenu de la rapidité d'évolution technologique dans ce secteur et du cycle de vie très réduit des produits) (source d'économies).

Activité de la chaîne	Apports à la mise en œuvre de la stratégie générique
Marketing et vente	– L'absence de distributeurs ou de revendeurs limite les coûts de distribution et fait disparaître la marge allouée habituellement à l'intermédiaire (source d'économies). – La mise en place d'une relation directe (marketing relationnel) avec le client (force de vente externe et/ou interne) permet une meilleure connaissance du client et une réponse à la fois rapide et adaptée à ses besoins (source de « valeur-client »).
Logistique et distribution	– L'externalisation de la logistique aval auprès d'un spécialiste permet à la fois de baisser les coûts (par rapport à une solution de logistique aval intégrée) et d'améliorer la qualité de la prestation (source d'économies et de « valeur-client »). – L'implication des fournisseurs dans la logistique aval (livraison directe du fournisseur au client pour certains composants) permet de réduire les coûts logistiques (source d'économies).
Assistance et service après-vente	– L'alliance des trois « modes » d'assistance (en ligne, téléphonique ou sur site) assure une forte qualité de service (source de « valeur-client »). – L'externalisation de l'assistance sur site permet de générer une baisse des coûts (source d'économies]).

Réponses aux questions posées à l'étape 1

1 **Identifiez les causes et les symptômes de la dégradation de la rentabilité dans le secteur du matériel informatique.**

La dégradation de la rentabilité dans le secteur de l'informatique semble liée à deux facteurs principaux : la montée de la concurrence d'une part – avec l'arrivée de nouveaux entrants commercialisant des produits à bas prix – et la captation de la richesse du secteur par les deux fournisseurs clés de l'activité en situation de quasi-monopole : Microsoft pour les logiciels et Intel pour les processeurs. Cette dégradation de la rentabilité se traduit par une baisse de la performance commerciale de la majorité des entreprises du secteur. Le tableau suivant calcule la performance commerciale sur la base du ratio : résultat opérationnel/CA pour les trois leaders pour les années 2002 à 2007. Il souligne la baisse de rentabilité subie par Dell et Lenovo. En revanche, après avoir connu une rentabilité négative en 2002, Hewlett-Packard semble avoir trouvé les ressources nécessaires pour rétablir sa situation, peut-être grâce à sa diversification croissante dans le segment des services, plus rémunérateur.

	2007	2006	2005	2004	2003	2002
Dell	5,35 %	7,79 %	8,66 %	8,58 %	8,03 %	8,54 %
Hewlett-Packard	8,36 %	7,16 %	4,01 %	5,29 %	3,96 %	− 1,79 %
Lenovo	1,15 %	1,05 %	5,06 %	4,40 %	5,18 %	5,26 %

Tableau 3 : Performance commerciale des principaux acteurs du secteur du matériel informatique

2 **Réalisez un diagnostic, activité par activité, de la chaîne de valeur de Dell.**

Pour chaque étape de la chaîne de valeur de Dell, il faut caractériser les modes de fonctionnement et les compétences mobilisées (voir grille d'analyse 1) ainsi que l'apport de chacune des activités de la chaîne à la stratégie générique, soit en termes de différenciation, soit de maîtrise des coûts (voir grille d'analyse 2).

3 **Concluez sur la stratégie générique mise en œuvre par Dell.**

À la lumière de l'analyse de la chaîne de valeur, Dell semble combiner différenciation et maîtrise des coûts dans le cadre d'une stratégie de « valeur ». En effet, l'organisation de sa chaîne de valeur vise à la fois à améliorer la valeur perçue par les clients pour générer une différenciation tout en réduisant les coûts. La stratégie de création de valeur pour le client est déployée au sein de la fonction achats (qualité des composants, réactivité de l'entreprise aux demandes des clients), de la fonction production (personnalisation du produit qui est fabriqué « sur-mesure »), de la fonction marketing (établissement d'une relation étroite et durable avec le client), de la fonction logistique (efficacité de la prestation de livraison sous-traitée à un spécialiste) et de la fonction de service après-vente (qualité du service).

En parallèle, la volonté de maîtrise des coûts apparaît au sein de la fonction achats (réduction du stock de composants et limitation des coûts de logistique amont), de la fonction production (disparition du stock de produits finis et du coût associé à leur obsolescence dans une industrie caractérisée par des produits à très court cycle de vie), de la fonction marketing (appropriation par l'entreprise de la marge traditionnellement allouée aux distributeurs), de la fonction logistique (recours à la sous-traitance et absence de coûts fixes liés au maintien d'une logistique intégrée) et de la fonction de service après-vente (économies dégagées par le choix d'un système d'assistance « à distance »).

Cas 2 L'analyse de la chaîne de valeur de Ryanair dans le secteur du transport aérien

Fiche de présentation du cas

Ce cas présente brièvement le secteur du transport aérien avant de se concentrer sur l'entreprise Ryanair. Après une brève présentation du leader des compagnies « low cost », le cas revient sur les différentes composantes du modèle économique de Ryanair. À partir de ces données, il vous est demandé de réaliser une analyse de la chaîne de valeur de cette entreprise et de vous prononcer sur la nature de la stratégie générique retenue.

Ce cas est adapté pour un public de formation initiale et continue. Il s'adresse aux étudiants de licence (L2 ou L3) et de Master (Master 1 et 2) ainsi que d'école supérieure de commerce et d'ingénieur (deuxième ou troisième année). Il peut également être utilisé de manière profitable dans des filières spécialisées dans le domaine du transport aérien.

1
2
3

Exposé du cas

Le secteur du transport aérien de passagers peut être décomposé en trois catégories d'acteurs. Les compagnies traditionnelles (Air France ou British Airways par exemple) proposent une offre très large, généralement déclinée en trois classes (économique, affaires et première) et en trois types de vols (court, moyen et long courrier). Grâce à leur regroupement au sein de grandes alliances internationales (Global One, SkyTeam ou Star Alliance) et à leurs « hubs », ces compagnies sont capables de gérer un nombre important de correspondances. Elles offrent une grande variété de destinations et une grande flexibilité des itinéraires et des horaires. Les opérateurs « low cost » (Ryanair par exemple) proposent des offres simples et banalisées pour des trajets « point à point » correspondant le plus souvent à du court ou moyen courrier. Ils visent majoritairement une clientèle « tourisme », mais souhaitent également s'orienter progressivement vers une clientèle « affaires ». Enfin, les compagnies « charters » louent des avions et des équipages à des affréteurs (tours-opérateurs par exemple) pour réaliser un vol donné, à une date précise. Le plus souvent, il s'agit de vols moyen ou long-courriers qui ciblent une clientèle « tourisme ».

La fin des années 1990 marque le début d'une nouvelle ère pour l'industrie du transport aérien. À partir de cette période, ce secteur change de nature. Il est affecté par des bouleversements réglementaires importants (déréglementation en Europe), des crises internationales majeures (attentats du 11 septembre 2001, guerre en Irak, SRAS, attentats de Bali, etc.), par une hausse du prix du pétrole et une augmentation des charges de carburant (voir Tableau 6), enfin par une diminution du trafic passager. Cette situation, alliée au développement des nouveaux entrants (« low cost ») provoque une concurrence exacerbée et une profonde mutation des règles du jeu. Les FCS traditionnels (service, maillage du territoire, flexibilité des itinéraires, etc.) s'accompagnent de nouvelles exigences des consommateurs portant essentiellement sur le prix, ce qui implique le développement de compétences nouvelles permettant de maîtriser les coûts (économies d'échelle, homogénéisation des flottes, optimisation des taux de remplissage, etc.).

Ces changements ont mis en grande difficulté certains géants du secteur (notamment américains) et ont révélé la pertinence de nouveaux modèles économiques (notamment « low cost »). En effet, les opérateurs « low cost » ont connu un développement sans précédent sur tous les marchés (Amérique, Europe et Asie) de même qu'une rentabilité remarquable (le taux de croissance de l'activité des six opérateurs majeurs dans le monde est en effet de 10 % par an en moyenne). Cependant, le mouvement de restructuration qui a touché les compagnies traditionnelles devrait également concerner les compagnies « low cost », et la nécessité d'atteindre une taille critique pousse à un mouvement de concentration qui, s'il a abouti aux États-Unis, est encore en cours en Europe. Enfin, la conjoncture générale en 2008 semble s'améliorer (notamment grâce à la demande) avec des taux de croissance de l'activité de l'ordre de 5 % par an prévus jusqu'en 2020 dans le transport aérien.

Le tableau suivant présente les CA de Ryanair (RYR), Air France-KLM (AFR) et British Airways (BAW) entre 2003 et 2008. Les données sont exprimées en millions d'euros, sauf pour British Airways (millions de livres).

	2008	2007	2006	2005	2004	2003
Ryanair	2 713	2 236	1 692	1 319	1 074	842
Air France-KLM	24 118	23 077	21 452	18 983	12 377	12 687
British Airways	8 753	8 492	8 515	7 772	7 560	7 688

Tableau 4 : Chiffre d'affaires (AFR, RYR, BAW)

Le tableau suivant présente les résultats opérationnels de RYR, AFR et BAW entre 2003 et 2008. Les données sont exprimées en millions d'euros sauf, pour British Airways (millions de livres).

	2008	2007	2006	2005	2004	2003
Ryanair	537	471	375	340	248	263
Air France-KLM	1 272	1 233	1 455	1 927	139	192
British Airways	875	556	705	556	405	295

Tableau 5 : Résultat opérationnel (AFR, RYR, BAW)

1
2
3

Le tableau suivant présente les charges liées au carburant de RYR, AFR et BAW entre 2003 et 2008. Les données sont exprimées en millions d'euros, sauf pour British Airways (millions de livres).

	2008	2007	2006	2005	2004	2003
Ryanair	791	693	462	265	175	nd
Air France-KLM	4 572	4 258	3 588	2 653	544	455
British Airways	2 055	1 931	1 632	1 128	922	842

Tableau 6 : Charges de carburant (AFR, RYR, BAW)

Du stationnement à la piste d'envol

Créée en 1985, Ryanair est une petite compagnie aérienne indépendante présente sur une ligne entre Waterford (Irlande) et Londres. En 1986, l'entreprise obtient l'autorisation de concurrencer British Airways et Aer Lingus sur la ligne Dublin/Londres. Le prix de lancement du billet est inférieur de moitié au plus bas tarif proposé par ses concurrents, qui sont forcés de réduire leurs prix. Les cinq années suivantes vont connaître une forte croissance et la multiplication de nouvelles lignes. Cependant, en 1990, l'entreprise accumule 20 millions de livres de pertes. Face à cette situation, l'entreprise est restructurée et, imitant le modèle économique initié par Southwest Airlines aux États-Unis en 1971, se positionne désormais comme la première compagnie «low cost» européenne. Le modèle économique de Southwest est simple : proposer des vols fréquents sur de faibles distances, sur un réseau «point à point» et à des prix très compétitifs avec une exigence de ponctualité. En fait, il s'agit de supprimer des services habituellement offerts par une compagnie (repas, correspondances, sièges attribués, etc.) pour se concentrer exclusivement sur l'offre de transport, avec un double objectif : capter les passagers des autres compagnies mais aussi séduire une nouvelle clientèle qui ne prend pas l'avion.

En 1990, fort de cette idée, Ryanair supprime sa classe affaires, ses salons au sol, son programme de fidélité et retire ses services à bord (boissons, restauration, distribution de journaux, sièges attribués et numérotés, billet papier), dont certains deviennent payants. En 1991, Ryanair déplace sa base de Londres vers le nouvel aéroport de Stansted, plus éloigné, mais desservi par une ligne de train. Le choix des aéroports «secondaires» devient alors systématique pour l'entreprise : moins chers en taxes, ils sont aussi généralement moins engorgés, ce qui facilite l'atteinte des objectifs de ponctualité et permet de limiter les temps d'attente au sol – l'objectif étant de limiter à moins de trente minutes le temps d'escale pour un avion. 1991 est également la première année de bénéfice pour l'entreprise.

Le décollage

En 1992, Ryanair décide de réduire le nombre de routes desservies, mais augmente la fréquence des vols sur ses lignes. L'année suivante, l'entreprise rachète huit Boeing 737-800 (configuration du Boeing 737 disposant du maximum de sièges), livrés en 1994, ce qui lui permet de remplacer son ancienne flotte et de tendre vers une homogénéisation de son parc d'avions. Cela permet de réduire les coûts de maintenance, les coûts de formation des pilotes tout en augmentant leur polyvalence sur les différentes lignes. En outre, les Boeing 737 sont des avions moins onéreux à l'utilisation (d'où le choix initial de Southwest), pour lesquels le seuil de rentabilité est atteint peu après 50 % de taux de remplissage. En 1994, l'entreprise dispose de 523 salariés (23 à sa création). Le principe adopté pour la gestion du personnel est la polyvalence : ainsi, les hôtesses sont en charge de l'accueil au sol mais aussi des services en vol et de l'entretien de l'habitacle lors des escales. Par ailleurs, les personnels navigants, recrutés sur la base d'un contrat de droit irlandais, réalisent entre quatre-vingts et cent vols par mois, soit près de 50 % de plus que dans une compagnie traditionnelle.

En 1997, l'entreprise reçoit huit nouveaux Boeing 737, rachetés à Lufthansa, et son introduction en Bourse est réussie, avec une demande de souscription vingt fois supérieure à l'offre de titres. Les salariés, dont le salaire moyen est sensiblement inférieur à celui des autres compagnies, bénéficient d'actions gratuites et de stock-options. En outre, sur la ligne Dublin/Londres, Ryanair devient la compagnie la plus ponctuelle (avec un taux d'arrivée dans les délais de 76 %). En 1998, elle passe commande de quarante-cinq nouveaux Boeing 737. De nouvelles destinations sont lancées en Europe (Suède, France, Italie, Danemark, Allemagne, etc.). En janvier 2000, la compagnie lance le plus important site de réservation en ligne en Europe (www.ryanair.com) : en quelques mois, il cumule plus de 50 000 réservations par semaine et devient presque le seul mode de réservation de la compagnie. Cette même année, Ryanair dépasse les sept millions de passagers transportés annuellement.

L'altitude de croisière

Les années 2000 voient un développement important du nombre de destinations proposées par Ryanair (Belgique, Norvège, etc.) et malgré la crise du 11 septembre 2001, qui marque un ralentissement important de la demande, et une augmentation du prix du pétrole, l'entreprise parvient à poursuivre sa croissance (plus de treize millions de passagers transportés en 2002). Devant cette croissance continue, la compagnie modifie sa commande auprès de Boeing, passant de quarante-cinq à cent vingt-cinq avions (plus une option de cent vingt-cinq avions supplémentaires). Par ailleurs, sur les critères de ponctualité, de nombre de vols annulés et de bagages perdus, Ryanair devient la meilleure compagnie européenne.

En 2005, l'entreprise poursuit sa croissance (en termes de nombre de destinations et de nombre de passagers transportés) et dispose de la flotte la plus récente de toutes les compagnies européennes (avec une moyenne d'âge de deux ans pour ses avions). Depuis 2003, la compagnie «low cost» garantit, à la différence de ses concurrents traditionnels, qu'aucun surcoût lié à l'augmentation du carburant ne soit facturé au client. Ryanair est aujourd'hui le leader européen du segment «low cost» en Europe. Avec 5 000 employés, il transporte environ 52 millions de passagers annuellement sur 741 trajets et dans vingt-six pays grâce à sa flotte de 163 nouveaux Boeing 737-800 – une commande de 99 nouveaux appareils a par ailleurs été passée auprès du constructeur aéronautique jusqu'en 2012. Enfin, son taux de remplissage évolue entre 81 et 83 %.

Consignes d'utilisation et d'analyse du cas

Étape 1   Individuellement

1 Comparez la performance commerciale des trois compagnies européennes : Ryanair, Air France et British Airways et commentez leur exposition respective à la hausse du prix du pétrole.

2 Réalisez un diagnostic, activité par activité, de la chaîne de valeur de Ryanair.

3 Concluez sur la stratégie générique mise en œuvre par Ryanair et la rentabilité du modèle « low cost ».

Étape 2   En groupe

1 Procédez comme dans l'étape 1 pour confronter les points de vue et les analyses.

2 Dégagez les points de convergence et de divergence.

3 Proposez une synthèse des analyses et concluez sur la stratégie générique de Ryanair.

Outils pédagogiques et méthodologiques

Grille d'analyse 1   Identification et caractérisation du mode de gestion des activités de la chaîne de valeur (voir cas 1)

Il s'agit de décrire et de caractériser le mode de gestion des différentes étapes (ou activités) de la chaîne de valeur de l'entreprise, en identifiant les compétences mobilisées pour mettre son offre à la disposition des clients.

Grille d'analyse 2   Évaluation de l'apport des activités à la stratégie générique (voir cas 1)

Pour chaque étape de la chaîne de valeur, il faut déterminer leur apport respectif à la mise en œuvre de la stratégie générique de l'entreprise et au développement d'un avantage concurrentiel potentiel en termes de maîtrise des coûts ou de différenciation.

Pistes de résolution du cas

1
2
3

Grille d'analyse 1   Identification et caractérisation
du mode de gestion des activités de la chaîne de valeur
de Ryanair

Il s'agit de décrire et de caractériser le mode de gestion des différentes
étapes (ou activités) de la chaîne de valeur de Ryanair, en identifiant les
compétences mobilisées pour mettre son offre à la disposition des clients.

Activité de la chaîne	Mode de gestion/compétences mobilisées
Achats	– Achats centralisés pour les avions (Boeing) – Choix des aéroports secondaires
Production du service	– Absence de repas, de collation à bord – Absence de journaux – Avions monocabine (classe économique exclusivement) – Absence de sièges numérotés – Absence de correspondances (vols « point à point ») – Absence de salons d'attente – Absence de programme de fidélisation – Polyvalence du personnel (personnel d'accueil identique au sol et en vol) – Temps de travail élevé et salaires réduits pour le personnel engagé sur la base de contrats irlandais – Limitation du temps passé au sol pour les avions (escales de trente minutes maximum) – Homogénéité de la flotte d'avions (flotte récente quasi exclusivement constituée de Boeing 737-800, à forte densité de sièges)
Vente et distribution	– Choix d'une distribution quasi exclusive par Internet – Absence de billets papiers

Grille d'analyse 2   Évaluation de l'apport des activités à la stratégie générique

Pour chaque étape de la chaîne de valeur, il faut déterminer leur apport respectif à la mise en œuvre de la stratégie générique de Ryanair, en termes de maîtrise des coûts ou de différenciation. Nous listons ainsi les éléments contribuant à générer des économies supplémentaires dans la chaîne de valeur (les « sources d'économie » permettant la mise en œuvre d'une stratégie de maîtrise des coûts) ainsi qu'une valeur supplémentaire pour le client (les sources de « valeur-client » permettant la mise en œuvre d'une stratégie de différenciation).

Activité de la chaîne	Apports à la mise en œuvre de la stratégie générique
Achats	– Les achats centralisés d'avions permettent de bénéficier d'effet de taille (source d'économies). – Le choix des aéroports secondaires permet de diminuer les taxes d'aéroport (source d'économies) et de profiter d'aéroports non saturés permettant de limiter les retards et le temps au sol (source d'économies).
Production du service	– L'absence de services à bord (sièges numérotés, repas, journaux, une seule classe) limite les coûts annexes (source d'économies). – L'absence de correspondances, de salons au sol et de programme de fidélisation limite les coûts de structure (source d'économies). – La polyvalence des salariés, le temps de travail élevé, les salaires réduits et les charges limitées (contrats irlandais) limitent les coûts de personnel (source d'économies). – L'homogénéité et le caractère récent de la flotte d'avions permet de limiter les coûts de maintenance et de faciliter la polyvalence des pilotes (capables de voler sur tous les avions de la compagnie) (source d'économies). – La limitation du temps passé au sol pour les avions permet de générer des économies d'échelle de même que l'optimisation du taux de remplissage et le choix d'avions à forte densité de sièges (source d'économies).
Vente et distribution	Le choix d'une distribution quasi exclusive par Internet permet de limiter les coûts de structure (source d'économies).

1
2
3

Réponses aux questions posées à l'étape 1

1 **Comparez la performance commerciale des trois compagnies européennes : Ryanair, Air France et British Airways, et commentez leur exposition respective à la hausse du prix du pétrole.**

La comparaison de la performance commerciale des trois compagnies considérées peut s'établir sur la base du ratio «résultat opérationnel/CA». Le tableau suivant présente ce ratio pour Ryanair, Air France et British Airways de 2003 à 2008 :

	2008	2007	2006	2005	2004	2003
Ryanair	19,79 %	21,06 %	22,16 %	25,78 %	23,09 %	31,24 %
Air France-KLM	5,27 %	5,34 %	6,78 %	10,15 %	1,12 %	1,51 %
British Airways	10,00 %	6,55 %	8,28 %	7,15 %	5,36 %	3,84 %

Tableau 7 : Comparaison des ratios de performance commerciale (AFR, RYR, BAW)

Les résultats démontrent la pertinence du modèle «low cost», puisque Ryanair présente des taux de performance commerciale de deux à quatre fois supérieurs à ceux des compagnies traditionnelles. En revanche, une analyse de la tendance montre une croissance permanente de la rentabilité pour British Airways alors que Ryanair voit sa performance diminuer de manière progressive entre 2003 et 2008. De même, la comparaison de la performance commerciale d'Air France-KLM entre 2003 et 2008 montre une amélioration notable.

Une des explications possibles à cette évolution croisée – baisse de la rentabilité pour Ryanair et tendance à l'amélioration de la performance pour les compagnies traditionnelles – réside dans l'impact différencié de la hausse du prix du carburant sur la rentabilité de ces entreprises. Le tableau suivant présente la part de CA absorbée par les charges de carburant pour ces trois compagnies.

	2008	2007	2006	2005	2004	2003
Ryanair	29,16 %	30,99 %	27,30 %	20,09 %	16,29 %	Non disponible
Air France-KLM	18,96 %	18,45 %	16,73 %	13,98 %	4,40 %	3,59 %
British Airways	23,48 %	22,74 %	19,17 %	14,51 %	12,20 %	10,95 %

Tableau 8 : Comparaison du poids respectif des charges de carburant (AFR, RYR, BAW)

La part des charges de carburant augmente pour l'ensemble des entreprises considérées – passant de 16 % à près de 30 pour Ryanair entre 2004 et 2008 et de 4 % à près de 19 pour Air France par exemple. Cependant, c'est Ryanair qui subit la charge la plus lourde. Une des explications possibles réside dans sa politique de non-répercussion de la hausse du carburant sur le prix des billets, à la différence des compagnies traditionnelles qui facturent une prime liée à la hausse du pétrole. L'entreprise dont l'argument principal se fonde sur les prix et qui vise une clientèle particulièrement sensible aux tarifs peut en effet difficilement augmenter ses prix sans dégrader sa position sur le marché. Elle est donc forcée de maintenir des tarifs compétitifs et se trouve dans l'impossibilité de répercuter une partie de la hausse des charges de carburant sur le prix facturé au client – à la différence des compagnies traditionnelles. La hausse du prix du pétrole peut être considérée de ce fait comme une explication possible de la tendance inversée des rentabilités – dégradation de la rentabilité pour Ryanair et tendance à l'amélioration pour les compagnies traditionnelles.

2 Réalisez un diagnostic, activité par activité, de la chaîne de valeur de Ryanair.

Pour chaque étape de la chaîne de valeur de Ryanair, il est nécessaire de caractériser les modes de fonctionnement et les compétences mobilisées (voir grille d'analyse 1) ainsi que l'apport de chacune des activités de la chaîne à la stratégie générique en termes de différenciation ou de maîtrise des coûts (voir grille d'analyse 2).

1
2
3

3 **Concluez sur la stratégie générique mise en œuvre par Ryanair et la rentabilité du modèle «low cost»**

L'ensemble des efforts de Ryanair porte sur l'objectif de réduction des coûts. Celle-ci est alors répercutée sur les prix par le biais d'une politique commerciale très agressive. Cette stratégie commerciale a deux objectifs : capter les parts de marché des compagnies traditionnelles, mais aussi convaincre les non-clients du transport aérien de substituer l'avion aux autres modes de transport (voiture ou train par exemple). Deux interprétations sont possibles pour caractériser la stratégie générique adoptée par Ryanair. Il est en effet possible de considérer que la compagnie adopte une stratégie de différenciation par le bas ou une stratégie de domination par les coûts.

Si l'on accepte le postulat que l'entreprise propose une offre qui «colle» à l'offre de «référence» – sur un marché, elle renvoie à ce que les clients s'attendent implicitement à se voir proposer –, en considérant que l'offre de base dans le transport aérien est exclusivement constituée par le transport d'un point à un autre, alors Ryanair mène une stratégie de domination par les coûts. Cela lui permet de proposer une offre «standard» à un prix inférieur, grâce à la recherche d'économies tout au long de sa chaîne de valeur.

Mais si l'on considère que l'offre de «référence» est constituée non seulement du transport d'un point à un autre, mais aussi d'un ensemble de services minimum (gestion des correspondances, services à bord, services au sol, etc.), Ryanair mène alors une stratégie de différenciation par le bas en simplifiant et en «dégradant» l'offre de base par rapport à l'offre de «référence». Elle peut ainsi diminuer les coûts au sein de sa chaîne de valeur et proposer des prix très compétitifs.

L'analyse
de la performance

Cas 1 L'analyse de la performance
de Club Méditerranée (1998-2007)

Fiche de présentation du cas

Ce cas présente l'entreprise Club Méditerranée. Il propose un aperçu succinct de son activité, de ses missions et de ses ambitions avant de synthétiser sous la forme d'un tableau récapitulatif les principales données comptables et financières pour la période de 1998 à 2007. À partir de ces données, il vous est demandé de réaliser une analyse longitudinale de la performance de l'entreprise en mobilisant le modèle présenté au chapitre 6 de la partie 1.

Ce cas est adapté pour un public de formation initiale et continue. Il s'adresse aux étudiants de licence (L2 ou L3) et de Master (Master 1 et 2) ainsi que d'école supérieure de commerce et d'ingénieur (deuxième ou troisième année). Il peut également être utilisé de manière profitable dans des filières spécialisées en management des activités touristiques.

1
2
3

Exposé du cas

Le secteur de l'hébergement touristique peut être divisé en deux grandes catégories : les résidences de tourisme et les villages de vacances. Les premières offrent un service d'hébergement hôtelier (chambres ou appartements meublés proposés en location pour une occupation ponctuelle à une clientèle qui n'y élit pas domicile) auquel peuvent s'ajouter une série de services annexes tels que des prestations de restauration, de soins (spa par exemple), de salles de conférences, de secrétariat. Cette catégorie concerne donc principalement les hôtels ou les groupes hôteliers. Les villages vacances, eux, offrent également un hébergement associé à une série de services périphériques (restauration, loisirs sportifs ou culturels), mais, à la différence des résidences de tourisme, ces services annexes sont généralement inclus dans l'offre proposée. Ils proposent donc une offre touristique complète et ses différentes prestations constitutives : hébergement, soins, restauration, loisirs, divertissements, etc., à un prix forfaitaire. Au sein du secteur de l'hébergement touristique, les hôtels concentrent la majorité du chiffre d'affaires réalisé, notamment par le biais des grands groupes internationaux. Par exemple, Marriott, le leader du secteur, réalise un CA de près de 10 milliards d'euros par an contre moins de 8 milliards pour le groupe Accor, deuxième groupe mondial. Les villages vacances représentent une part de chiffre d'affaires beaucoup plus réduite dans le secteur, de l'ordre de 15 % – Club Méditerranée, le leader du secteur réalise ainsi moins de 2 milliards d'euros de CA annuel.

Ce secteur a été durement touché par la crise du début des années 2000, du fait notamment des crises internationales qui se sont multipliées : 11 septembre 2001, SRAS, attentats, tsunami, guerre en Irak, etc. La croissance des recettes touristiques mondiales a affiché des taux de croissance négatif (- 1 % en 2002, - 9 % en 2003). Le chiffre d'affaires des villages de vacances a également souffert de cette tendance baissière avec des taux de croissance passés de 7 % en 2001 à – 3 % en 2003 et 2004. Depuis le milieu des années 2000, la conjoncture semble devenue plus clémente et le secteur affiche à nouveau un certain dynamisme.

Historique et présentation générale

Créée en 1950 sous la forme d'une association (loi 1901), Club Méditerranée devient une société (sous la forme d'une SA) en 1957. L'entreprise est introduite en Bourse en 1966, ce qui lui permet d'accélérer son développement international à partir des années 1970. Cette internationalisation sera progressivement accentuée au fil du temps. Avec les années 1990, le groupe entame une période d'investissement et de diversification : lancement du *Club Med 1*, le plus grand voilier du monde en 1990, rachat de Club Aquarius en 1991, lancement du *Club Med 2* en 1992, ouvertures de villages, etc. Après la première guerre du Golfe, l'entreprise, durement éprouvée par la crise économique, lance un plan de restructuration en 1996 dans le but de réaliser une diversification dans les loisirs : lancement d'accessoires et de produits dérivés, rachat de Jet Tour en 1999, quatrième tour-opérateur français, et de Gymnase Club, devenu Club Med Gym en 2001. La crise déclenchée par les événements du 11 septembre 2001 provoquera un nouveau plan de réorganisation et la mise en place de nouvelles orientations pour le groupe (voir *infra*).

En 2009, avec un total de quatre-vingts villages vacances dans le monde (dont cinquante-neuf en Europe), l'entreprise réalise 37 % de son CA en France. Les villages sont classés en fonction de leur niveau de confort révélé par le nombre de « tridents » obtenus : de deux pour le niveau de confort le plus faible à cinq pour le niveau le plus élevé. En 2007, le CA de l'entreprise était issu de trois pôles majeurs :
- l'activité villages vacances (environ 79,5 % du CA) ;
- l'activité de tour-opérateur (environ 17,5 % du CA) ;
- l'activité de salles de sport (environ 3 % du CA).

Jet Tour a néanmoins été revendu à Thomas Cook en 2008, dégageant une plus-value par rapport à la valeur d'utilité de l'ordre de 60 millions d'euros. L'activité « salles de sport » représente le premier réseau de salles de sport sur Paris.

Les années 2000 : crises et redressement ?

La crise du secteur, qui a suivi les attentats du 11 septembre 2001, a conduit Club Méditerranée à mettre en place un plan de réorganisation. À court terme, cela s'est traduit par la fermeture de capacités non rentables (environ vingt villages pour la saison hiver 2002) et la réduction des coûts de structure. En effet, compte tenu d'une structure de coût dominée par les coûts fixes, les villages qui sont dans l'incapacité de générer un taux de remplissage suffisant pénalisent fortement la rentabilité de l'entreprise. Il est donc préférable de les fermer momentanément ou définitivement.

1
2
3

L'entreprise a également commencé à resegmenter son offre avec la fermeture en 2002 de sept villages deux tridents et l'ouverture concomitante de trois nouveaux villages trois tridents. Les années suivantes sont également marquées par des crises internationales graves (attentats de Bali, guerre en Irak, SRAS en 2003) et des catastrophes naturelles (tsunami en Asie en 2004, cyclones en Amérique en 2005).

En 2003-2004, Club Méditerranée initie un changement de positionnement fondé sur une montée en gamme et une rénovation de l'ensemble du parc de villages. Rendue possible par le soutien d'un nouvel actionnaire de référence (rachat de 28,9 % des parts par le groupe Accor en 2004), cette nouvelle stratégie veut inscrire l'entreprise dans un cercle vertueux de croissance rentable. Cette montée en gamme se traduit par la volonté de réduire le nombre de villages à deux tridents au profit du nombre de villages à quatre tridents afin de toucher une clientèle plus aisée et d'augmenter la rentabilité du groupe. En effet, chaque gain de niveau de confort se traduit par une augmentation du prix de vente et se transforme en amélioration de la rentabilité. Les coûts sont faiblement proportionnels au niveau de confort alors que les prix peuvent être supérieurs de 20 à 50 % d'un niveau de confort à l'autre. Ainsi, considérant le résultat d'exploitation réalisé par jour (avant coûts immobiliers) et en fonction du niveau de confort, on constate qu'il est de 24 euros pour les deux tridents contre 46 euros pour les trois tridents, enfin 69 euros pour les quatre et cinq tridents.

Cette stratégie se traduit par deux axes principaux : l'innovation en termes d'offre avec un service renouvelé, haut de gamme et personnalisé (enrichissement des prestations proposées), l'amélioration des infrastructures avec des investissements de modernisation (100 millions d'euros en 2005 par exemple), la fermeture de certains villages en inadéquation avec la nouvelle image (quatre à cinq villages fermés chaque année pendant cinq ans), enfin l'ouverture de villages haut de gamme (trois à quatre par an). Cette politique s'accompagne d'une relance mondiale de la marque Club Méditerranée afin de différencier l'entreprise des opérateurs du tourisme de masse, qui se sont aussi engagés dans le « tout compris » (publicité, identité visuelle et charte graphique lancées en 2005). En parallèle, l'entreprise met en place une politique de valorisation de son patrimoine immobilier (cession des murs de certains villages et mise en place de contrats de location).

En 2007, la politique de réorientation entamée en 2003-2004 s'accentue et Club Méditerranée lance son premier village cinq tridents : Albion, à l'Île Maurice. Depuis l'hiver 2008, 98 % du parc de villages sont classés en trois tridents ou plus et 50 % en quatre tridents ou plus. La fin de l'année 2008 voit la poursuite et l'achèvement des rénovations prévues ainsi que l'ouverture de nouveaux villages quatre ou cinq tridents. En outre, l'entreprise lance un nouveau concept de villas de grand standing, installées en périphérie du village, qui constituent une capacité additionnelle à forte rentabilité.

Les chiffres clés (1998-2007)

Le tableau suivant reprend l'essentiel des données financières et comptables de l'entreprise pour les années 1998 à 2007.

	2007	2006	2005	2004	2003
CA et produits d'exploitation	1 735	1 720	1 649	1 626	1 645
Achats	765	751	721	714	716
Services extérieurs	360	379	476	457	455
Dotation aux amortissements et dépréciations	64	63	75	78	84
Charges de personnel	332	329	325	327	356
Résultat d'exploitation	14	35	22	17	– 6
Résultat exceptionnel	Non disponible	Non disponible	43	– 18	– 56
Résultat net	– 8	5	4	– 35	– 86
Total immobilisations	1 118	1 121	949	1 033	1 096
Stocks	22	21	21	19	23
Créances clients	86	81	65	61	67
Total actif net	1 593	1 623	1 401	1 482	1 562
Capitaux propres	490	514	440	420	474
Dettes fournisseurs	184	170	150	159	151

	2002	2001	2000	1999	1998
CA et produits d'exploitation	1 786	2 022	1 945	1 503	1 297
Achats	795	922	898	658	515
Services extérieurs	496	530	471	400	349
Dotation aux amortissements et dépréciations	84	84	67	37	51
Charges de personnel	369	390	356	298	293
Résultat d'exploitation	− 3	50	103	71	59
Résultat exceptionnel	− 8	− 71	− 14	− 2	4
Résultat net	− 62	− 70	59	39	26
Total immobilisations	1 285	1 354	1 437	1 194	955
Stocks	26	31	32	27	24
Créances clients	78	58	85	52	38
Total actif net	1 662	1 830	1 956	1 529	1 364
Capitaux propres	619	740	857	536	435
Dettes fournisseurs	143	120	116	101	57

Tableau 1 : Principales données financières en millions d'euros – Club Méditerranée – 1998-2007

Consignes d'utilisation et d'analyse du cas

Étape 1   Individuellement

1 Présentez l'ensemble des ratios du modèle d'analyse de la performance appliqué à Club Méditerranée pour 1998 à 2007.

2 Présentez, pour 1998 à 2007, les schémas synthétiques d'analyse conjointe de la rentabilité économique et de l'effet de levier d'une part, de la performance commerciale et de la rotation des actifs d'autre part.

3 Commentez les résultats obtenus.

Étape 2   En groupe

1 Procédez comme dans l'étape 1 pour confronter les points de vue et les analyses.

2 Dégagez les points de convergence et de divergence.

3 Proposez une synthèse des analyses et concluez sur l'analyse de la performance de Club Méditerranée.

Outils pédagogiques et méthodologiques

Grille d'analyse 1   Calcul des ratios du modèle d'analyse de la performance

Il s'agit de présenter, sous forme de tableau, les ratios du modèle d'analyse de la performance appliqués aux années ou aux entreprises considérées. Ces différents ratios peuvent être rattachés à deux catégories :

Les ratios simples :

- résultat net après impôts/résultat d'exploitation (RN/RE) ;
- résultat d'exploitation/valeur ajoutée (RE/VA) ;
- valeur ajoutée/CA (VA/CA) ;
- CA/immobilisations (CA/IMMO) ;
- immobilisations/actif économique net (IMMO/AEN) ;
- actif économique net/capitaux propres (AEN/CP).

Les ratios agrégés issus de la combinaison des ratios simples :

- résultat d'exploitation/CA (RE/CA) ;
- CA/actif économique net (CA/AEN) ;

- résultat d'exploitation/actif économique net (RE/AEN) ;
- résultat net après impôts/capitaux propres (RN/CP).

Au total, si toutes les informations comptables et financières sont disponibles, le tableau présente dix ratios pour les années (ou les entreprises) considérées.

Ratios	Année 1	Année 2	Année 3	Année 4
Ratio 1				
Ratio 2				

Grille d'analyse 2   Construction des schémas d'analyse conjointe

Dans le but de faciliter l'interprétation, il faut présenter deux schémas synthétiques d'analyse conjointe. Le premier est construit sur la base de la rentabilité économique (axe des ordonnées) et de l'effet de levier (axe des abscisses). Sur un même schéma devront figurer les points correspondant aux différentes années (ou aux différentes entreprises) prises en compte dans l'analyse. Le second est construit sur la base de la performance commerciale (axe des ordonnées) et de la rotation des actifs (axe des abscisses). Là encore, doivent figurer sur un même schéma tous les points correspondant aux différentes années (ou aux différentes entreprises) prises en compte dans l'analyse (Figure 1).

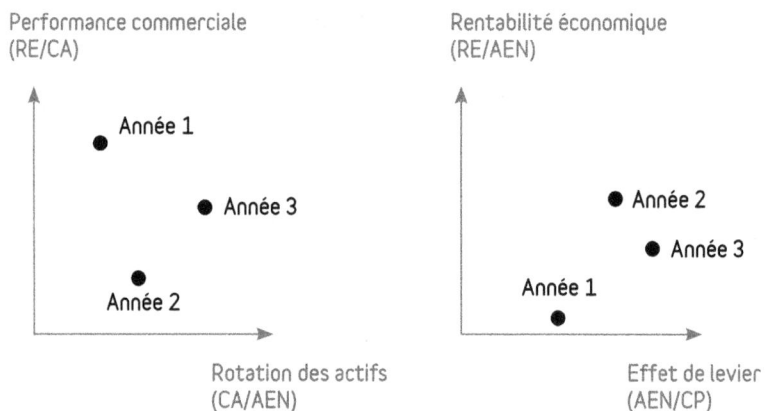

Figure 1 : Schémas d'analyse conjointe

Pistes de résolution du cas

Grille d'analyse 1   Calcul des ratios du modèle d'analyse de la performance

Sont présentés dans les tableaux suivants les ratios du modèle d'analyse de la performance appliqué à Club Méditerranée pour 1998 à 2007 (ratios simples et ratios agrégés).

	2007	2006	2005	2004	2003
RN/RE	− 57,14 %	14,29 %	18,18 %	− 205,88 %	1 433 %
RE/VA	2,30 %	5,93 %	4,87 %	3,74 %	− 1,27 %
VA/CA	35,16 %	34,30 %	27,41 %	27,98 %	28,81 %
CA/IMMO	1,55	1,53	1,74	1,57	1,50
IMMO/AEN	1,07	1,06	1,07	1,08	1,06
AEN/CP	2,13	2,05	2,01	2,27	2,18
RE/CA	0,81 %	2,03 %	1,33 %	1,05 %	− 0,36 %
CA/AEN	1,67	1,63	1,86	1,70	1,59
RE/AEN	1,34 %	3,32 %	2,49 %	1,78 %	− 0,58 %
RN/CP	− 1,63 %	0,97 %	0,91 %	− 8,33 %	− 18,14 %

	2002	2001	2000	1999	1998
RN/RE	2 066 %	− 140,00 %	57,28 %	54,93 %	44,07 %
RE/VA	− 0,61 %	8,77 %	17,88 %	15,96 %	13,63 %
VA/CA	27,72 %	28,19 %	29,61 %	29,61 %	33,38 %
CA/IMMO	1,39	1,49	1,35	1,26	1,36
IMMO/AEN	1,03	1,02	1,00	1,02	0,99
AEN/CP	2,01	1,79	1,68	2,19	2,21
RE/CA	− 0,17 %	2,47 %	5,30 %	4,72 %	4,55 %
CA/AEN	1,43	1,53	1,35	1,28	1,35
RE/AEN	− 0,24 %	3,78 %	7,16 %	6,06 %	6,15 %
RN/CP	− 10,02 %	− 9,46 %	6,88 %	7,28 %	5,98 %

Grille d'analyse 2   Construction des schémas d'analyse conjointe

Voici deux schémas synthétiques d'analyse conjointe (pour 1998 à 2007). Le premier rend compte de la rentabilité économique (axe des ordonnées) et de l'effet de levier (axe des abscisses). Le second présente la performance commerciale (axe des ordonnées) et la rotation des actifs (axe des abscisses).

Figure 2 : Schéma d'analyse conjointe C1.1

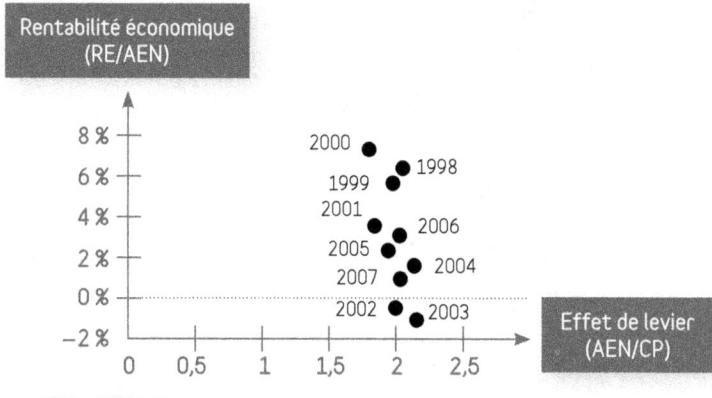

Figure 3 : Schéma d'analyse conjointe C1.2

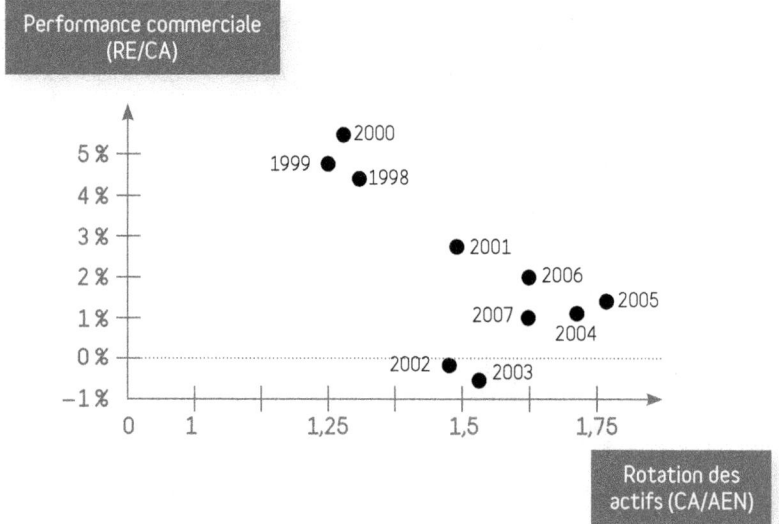

Réponses aux questions posées à l'étape 1

1 Présentez l'ensemble des ratios du modèle d'analyse de la performance appliqué à Club Méditerranée pour 1998 à 2007.

À l'issue de la réalisation de la grille d'analyse 1, l'ensemble des ratios nécessaires a été calculé (voir grille d'analyse 1).

2 Présentez, pour 1998 à 2007, les schémas synthétiques d'analyse conjointe de la rentabilité économique et de l'effet de levier d'une part, de la performance commerciale et de la rotation des actifs d'autre part.

À l'issue de la réalisation de la grille d'analyse 2, les schémas d'analyse conjointe ont été exécutés (voir grille d'analyse 2).

3 Commentez les résultats obtenus.

La rentabilité pour l'actionnaire (RN/CP) se situe autour de 6 à 7 % de 1998 à 2000, ce qui est relativement satisfaisant – notamment compte tenu du risque faible lié à un endettement limité. Elle offre par ailleurs à l'entreprise la capacité de suivre la croissance du marché sans modifier sa structure de passif – en effet, le taux de croissance du secteur s'établit autour des mêmes bases. En revanche, les années 2001 à 2004 montrent une dégradation très importante de la rentabilité financière de l'entreprise – le taux de rentabilité des capitaux propres (RCP) s'établissant sur cette période entre – 8 et – 18 %. 2005 et 2006 témoignent d'une amélioration de la situation, qui reste fragile – en effet, la RCP redevient négative en 2007.

La première étape de l'analyse consiste à dissocier l'impact des trois composantes de la RCP (RN/RE, RE/AEN et AEN/CP). L'effet de levier (mis en valeur par le ratio AEN/CP) apparaît assez faible. En effet, l'endettement de l'entreprise reste limité et le ratio se stabilise sur les dix années considérées (avec une valeur évoluant le plus souvent entre 1,8 et 2,2). Les variations du volume de la dette n'expliquent donc pas les modifications brutales de la rentabilité pour l'actionnaire. La stabilité de l'endettement, malgré une augmentation forte des investissements (notamment à partir de 2004), peut s'expliquer par la politique de valorisation immobilière mise en œuvre (cession des murs et mise en place de contrats de location).

En revanche, la Figure 2 montre clairement que les évolutions de la RCP sont en grande partie due à l'évolution de la rentabilité économique : en témoignent une stabilité de la rentabilité économique de 1998 à 2000, suivie par une tendance baissière de 2001 à 2003 et par un rebond modéré entamé en 2004, qui se poursuit jusqu'en 2006-2007. En ce sens, les mauvaises performances de l'entreprise semblent bien liées à son modèle économique. C'est l'efficacité de l'activité de l'entreprise d'un point de vue économique qui est ici remise en cause.

En outre, si le ratio de rentabilité économique (RE/AEN) apparaît assez fortement corrélé au ratio de rentabilité des capitaux propres, il est possible de constater, dans le graphique suivant (voir Figure 4), une corrélation moins étroite sur les années 2001 à 2004. Ce «décrochage» de la RCP peut s'expliquer par l'impact du ratio RN/RE et notamment par l'importance des pertes exceptionnelles qui pénalisent lourdement la rentabilité des capitaux propres. Ces pertes expliquent un résultat net négatif lorsque le résultat d'exploitation est positif (2001 et 2004) et accentuent encore les pertes d'exploitation en 2002 et 2003.

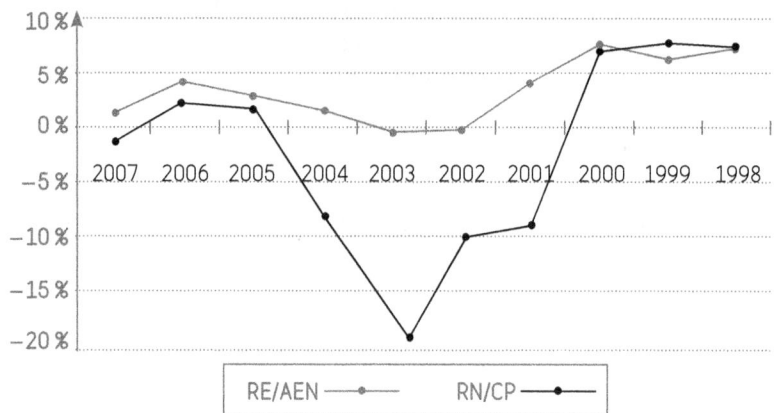

Figure 4 : Évolution comparée de la rentabilité économique et de la RCP

Compte tenu du rôle central de la rentabilité économique dans les variations de performance financières de Club Méditerranée, il paraît nécessaire de décomposer le ratio RE/AEN afin d'identifier l'origine de la performance économique de l'entreprise. Le schéma d'analyse conjointe de la performance commerciale et de la rotation des actifs (voir Figure 3) permet de mener à bien cette analyse.

À la lecture de ce schéma, il est possible de faire l'hypothèse d'une stratégie de différenciation réussie de 1998 à 2000 (bonne performance commerciale et assez faible rotation des actifs). Les années 2001 à 2003 montrent une dégradation de la marge (et de la performance commerciale), qui n'est pas compensée par la légère amélioration de l'efficacité des actifs. Cette dégradation peut s'expliquer par un essoufflement de la stratégie de différenciation, due à une diminution de la valeur perçue de l'offre proposée par l'entreprise. Cette baisse de la performance commerciale peut également s'expliquer par la montée en puissance de la concurrence – notamment le développement des offres « tout compris » proposées par des opérateurs visant une clientèle moins aisée. Par ailleurs, la chute de CA survenue en 2002 peut également expliquer la baisse de la performance commerciale. En effet, compte tenu de la structure de coûts de l'entreprise (majoritairement dominée par les coûts fixes), une baisse de CA (due à l'évolution de la conjoncture internationale) se répercute de manière plus que proportionnelle sur le résultat d'exploitation (forte élasticité du ratio RE/CA du fait de l'importance des coûts fixes).

On constate que Club Méditerranée supporte deux types de contraintes fortes : sa dépendance à la conjoncture internationale (attentats, crises internationales, catastrophes naturelles) d'une part et sa structure majoritairement dominée par les coûts fixes d'autre part. La volatilité de la conjoncture, alliée à la sensibilité de la marge à la variation du CA, la met ainsi dans une position très périlleuse. En ce sens, la diversification dans le secteur du tour operating lui permettait de limiter l'importance des frais fixes dans l'activité alors que la diversification dans les salles de sport lui offrait la possibilité de se libérer de la contrainte de la conjoncture internationale.

À partir de 2003, l'entreprise déploie un plan de restructuration impliquant la cession d'actifs non ou moins rentables ou moins générateurs de CA (vente de villages). En conséquence, on peut constater une amélioration de la rotation des actifs en 2004 et 2005, partiellement neutralisée cependant par le second axe de la stratégie mise en œuvre par Club Méditerranée (montée en gamme, modernisation, rénovation et ouverture de villages haut de gamme) et visant à retrouver l'efficacité perdue de la stratégie de différenciation. En effet, cet axe implique l'augmentation des actifs et notamment des immobilisations (visible en 2006 et 2007). En revanche, ces mesures se traduisent par une amélioration notable de la performance commerciale (2005 et 2006 notamment) témoignant de la réussite de la stratégie de différenciation.

À ce stade, il est nécessaire de décomposer le ratio de performance commerciale de l'exploitation afin de déterminer l'origine de la formation de la marge (cette décomposition s'établit par le biais des deux ratios RE/VA et VA/CA). On constate que les faibles scores de performance commerciale des années 2002 à 2004 sont essentiellement liés au ratio RE/

1
2
3

VA (le ratio VA/CA restant stable au cours des dix années considérées), c'est-à-dire à un problème de maîtrise des charges internes d'exploitation de personnel et aux choix en matière de politique d'amortissements et de dépréciations d'exploitation. Ces charges sont en effet stables alors que le résultat d'exploitation diminue.

Enfin, pour conclure l'analyse – et en décomposant le ratio de rotation des actifs par le biais des ratios CA/IMMO et IMMO/AEN –, il est intéressant de souligner que l'amélioration de la rotation des actifs identifiée pour 2004 et 2005 s'explique essentiellement par l'amélioration du ratio CA/IMMO, c'est-à-dire par l'amélioration de la productivité des immobilisations (conséquence probable de la politique de montée en gamme).

Cas 2 L'analyse de la performance des entreprises du secteur des vins et spiritueux [12]

Fiche de présentation du cas

Ce cas présente certains des concurrents principaux du secteur des vins et spiritueux. Après un bref descriptif des entreprises, le cas synthétise, sous la forme d'un tableau récapitulatif, les principales données comptables et financières pour chacune des entreprises considérées. Il vous est demandé de réaliser une analyse comparée de la performance des entreprises du secteur des vins et spiritueux en mobilisant le modèle présenté au chapitre 6 de la partie 1.

Ce cas apporte un éclairage complémentaire au cas 1 réalisé dans le chapitre 4 de la partie 2 en focalisant l'attention sur l'analyse de la performance des entreprises dans ce secteur. Il peut être abordé à la suite ou de manière indépendante puisqu'il ne nécessite pas d'avoir traité le cas précédent au préalable.

Ce cas est adapté pour un public de formation initiale et continue. Il s'adresse aux étudiants de licence (L2 ou L3) et de Master (Master 1 et 2) ainsi que d'école supérieure de commerce et d'ingénieur (deuxième ou troisième année). Il peut également être utilisé de manière profitable dans des filières spécialisées en management des activités agroalimentaires.

12. Pour une étude complète du secteur du secteur des vins et des spiritueux, le lecteur pourra consulter avec profit le cas « Ricard 1 & 2: la quête du leadership dans le secteur des vins et spiritueux », F. Brulhart et P.-X. Meschi, Centrale des cas et des médias pédagogiques, CCIP, Paris, G 1494 (Prix « Top Cas CCMP 2008 »).

1
2
3

Exposé du cas

Le marché des boissons alcoolisées se décompose en deux grandes familles : celui des boissons fermentées pures (vin, bière, cidre) et celui des spiritueux. Le vin désigne la boisson issue de la fermentation du jus de raisin. Les spiritueux, eux, sont des boissons fortement alcoolisées issues de la distillation de vins, de produits naturels (fruits, plantes) ou de boissons à base d'alcool. Le secteur considéré ici regroupe les marchés du vin et des spiritueux. Depuis la fin des années 1980, le marché des spiritueux s'est caractérisé par un phénomène de «premiumisation» croissant. Ce terme renvoie simplement au fait que, dans les pays développés (et en particulier sur le marché américain), les consommateurs de produits spiritueux veulent boire moins, mais «mieux». Le marché du vin souffre d'une conjoncture plus difficile que celui des spiritueux. En effet, le secteur du vin (qui demeure très atomisé) subit une surproduction qui perdure depuis de nombreuses années, ainsi qu'une croissance faible. Les principaux groupes du secteur se sont donc lancés depuis la fin des années 1990 dans une course à la taille. La croissance externe apparaît ici au centre de la stratégie des leaders de ce secteur en ce qu'elle permet à la fois d'étoffer les portefeuilles de produits et d'assurer un développement international. Nous allons présenter succinctement certains des principaux acteurs du secteur ainsi que les données comptables et financières relatives à ces groupes pour 2007. Du fait de la présence de groupes de nationalités différentes, nous avons fait le choix d'une harmonisation et d'une cohérence de la présentation des données aux dépens de leur caractère exhaustif.

Brown Forman (B.F.)

Le groupe Brown Forman fait partie des dix plus gros acteurs mondiaux des vins et spiritueux. Il dispose d'un portefeuille de plus de trente-cinq marques de vins et spiritueux (Jack Daniel's, Finlandia, Canadian Mist, Pepe Lopez, etc.) et de cinq des cent premières marques mondiales. L'entreprise est implantée dans plus de vingt-six pays. Son développement s'appuie sur l'acquisition régulière de nouvelles marques afin d'augmenter la solidité et la cohérence de son portefeuille. Enfin, si la croissance internationale est privilégiée, celle sur le marché américain n'est pas négligée pour autant (60 % du CA dans la zone Amérique).

Constellation (Const.)

En décembre 2004, Constellation rachète Robert Mondavi Winery, l'un des leaders mondiaux des vins «premium» du Nouveau Monde (Opus One par exemple), pour plus d'un milliard de dollars. Le groupe devient alors le plus gros producteur de vin dans le monde. Avec plus de 250 marques de boissons alcoolisées, dont deux se classent parmi les cent premières marques mondiales, il est le plus gros fournisseur multi-catégories de boissons alcoolisées en Amérique du Nord. L'entreprise, qui réalise 64 % de son CA en Amérique du Nord (29 % en Europe), poursuit une stratégie de développement et de diversification de son portefeuille d'activités.

Diageo

En 1997, Diageo naît de la fusion de GrandMet et de Guinness, devenant le leader mondial du secteur des spiritueux. Le groupe propose une large gamme de marques de vins, spiritueux et bières, dont dix-sept sont présentes parmi les cent premières marques mondiales (Smirnoff, Crown Royal, Beaulieu Vineyard ou Sterling Vineyards, etc.). Implantée dans plus de 180 pays, l'entreprise est très internationalisée, mais sa zone dominante est l'Europe, avec 44 % de son CA (30 % en Amérique du Nord). Le groupe privilégie la croissance organique dans des marques phares mondiales et recherche le leadership dans les catégories clés du secteur : vodka, whisky et rhum.

LVMH

LVMH est aujourd'hui le leader mondial du luxe et dispose d'un portefeuille de plus de soixante marques. Avec un développement appuyé à la fois sur la croissance organique et la croissance externe, LVMH est présent dans cinq secteurs d'activité :
- vins et spiritueux ;
- mode et maroquinerie ;
- parfums et cosmétiques ;
- horlogerie et joaillerie ;
- distribution sélective.

1
2
3

Avec l'activité vins et spiritueux, LVMH occupe la place de leader mondial du champagne et du cognac. Avec un CA de près de 3 milliards d'euros et un résultat opérationnel de 962 millions, le pôle spiritueux, qui axe sa croissance sur le haut de gamme, contribue à hauteur de 20 % du CA, mais plus de 30 % du résultat d'exploitation. En outre, le groupe poursuit l'internationalisation de cette activité en développant son réseau mondial de distribution, notamment en Chine, au Vietnam et en Russie.

Pernod Ricard (P.R.)

Né de la fusion en 1975 des sociétés Pernod et Ricard, le groupe est présent dans plus de soixante-dix pays et possède plus de cent sites de production dans le monde. Le rachat en 2005 d'une partie des actifs d'Allied Domecq en fait le numéro deux mondial du secteur, menaçant Diageo. Le groupe possède vingt des cent premières marques mondiales et réalise 44 % de son CA en Europe (28 % dans la zone Amérique). Pernod Ricard veut concentrer ses efforts sur ses marques clés et donne la priorité aux produits haut de gamme. Enfin, il maintient ses efforts pour développer ses activités à l'international.

Rémy Cointreau (R.C.)

Les activités de Rémy Cointreau se déclinent sur trois pôles principaux :
• le cognac (44 % du CA consolidé total et 57 % du résultat opérationnel total), avec la marque Rémy Martin notamment ;
• le champagne (16 % du CA et 7 % du résultat opérationnel), avec les marques Piper Heidsieck et Charles Heidsieck ;
• les liqueurs et spiritueux (27 % du CA et 36 % du résultat opérationnel), avec la marque Cointreau notamment.

L'entreprise exploite trois des cent premières marques mondiales et réalise 54 % de son CA dans la zone Amérique (31 % en Europe).

Chiffres clés

Le tableau suivant reprend l'essentiel des données financières et comptables pour les six entreprises considérées pour 2007.

	B. F. (M$)	Const. (M$)	Diageo (M£)	LVMH (M€)	P. R. (M€)	R. C. (M€)
CA et produits d'exploitation	2 218	5 216	7 481	16 481	6 443	785
Résultat opérationnel	602	699	2 159	3 429	1 467	154
Résultat net	389	332	1 556	2 331	856	− 21
Total immobilisations	1 916	6 415	8 769	20 266	14 010	1 037
Stocks	694	1 948	2 465	4 812	3 563	842
Créances clients	404	881	1 759	1 595	1 228	246
Total actif net	3 551	9 438	13 956	30 741	19 472	2 205
Capitaux propres	1 563	3 417	4 170	12 528	6 458	853
Dettes fournisseurs	361	376	1 888	2 095	1 773	310

Tableau 2 : Principales données financières (secteur des vins et spiritueux)

Consignes d'utilisation et d'analyse du cas

Étape 1 Individuellement

1 Présentez le calcul des ratios du modèle d'analyse de la performance appliqué aux entreprises du secteur des vins et spiritueux (lorsque les informations sont disponibles).

2 Présentez, pour les entreprises du secteur des vins et spiritueux, les schémas synthétiques d'analyse conjointe de la rentabilité économique et de l'effet de levier d'une part, de la performance commerciale et de la rotation des actifs d'autre part.

3 Commentez de manière synthétique les schémas d'analyse conjointe obtenus.

Étape 2 En groupe

1 Procédez comme à l'étape 1 pour confronter les points de vue et les analyses.

2 Dégagez les points de convergence et de divergence.

3 Proposez une synthèse des analyses et concluez sur l'analyse de la performance appliquée aux entreprises du secteur des vins et spiritueux.

Outils pédagogiques et méthodologiques

Grille d'analyse 1 Calcul des ratios du modèle d'analyse de la performance (voir cas 1)

Il s'agit de présenter, sous forme de tableau les ratios du modèle d'analyse de la performance appliqués aux années ou aux entreprises considérées. Ces différents ratios peuvent être rattachés à deux catégories : simples et agrégés.

Ratios	Entreprise 1	Entreprise 2	Entreprise 3	Entreprise 4
Ratio 1				
Ratio 2				

Grille d'analyse 2 Construction des schémas d'analyse conjointe (voir cas 1)

Dans le but de faciliter l'interprétation, voici deux schémas synthétiques d'analyse conjointe. Doivent figurer sur un même schéma tous les points correspondant aux différentes années ou aux entreprises prises en compte dans l'analyse.

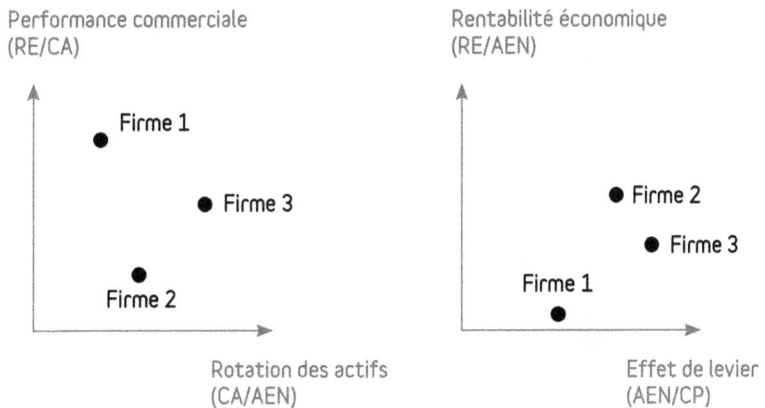

Figure 5 : Schémas d'analyse conjointe

Pistes de résolution du cas

Grille d'analyse 1   Calcul des ratios du modèle d'analyse de la performance

Les tableaux suivants présentent les ratios du modèle d'analyse de la performance appliqués aux entreprises du secteur des vins et spiritueux (ratios simples et ratios agrégés). Néanmoins, compte tenu de l'absence de certaines données, certains ratios n'ont pu être calculés ; ils sont notifiés « non disponibles » (nd).

	B. F.	Const.	Diageo	LVMH	P. R.	R. C.
RN/RE	64,62 %	47,50 %	72,07 %	67,98 %	58,35 %	− 13,64 %
RE/VA	nd	nd	nd	nd	nd	nd
VA/CA	nd	nd	nd	nd	nd	nd
CA/IMMO	1,16	0,81	0,85	0,81	0,46	0,76
IMMO/AEN	0,72	0,72	0,79	0,82	0,82	0,57
AEN/CP	1,70	2,60	2,66	1,96	2,64	2,13
RE/CA	27,14 %	13,40 %	28,86 %	20,81 %	22,77 %	19,62 %
CA/AEN	0,84	0,59	0,67	0,67	0,38	0,43
RE/AEN	22,69 %	7,88 %	19,44 %	13,95 %	8,62 %	8,48 %
RN/CP	24,89 %	9,72 %	37,31 %	18,61 %	13,25 %	− 2,46 %

Grille d'analyse 2 Construction des schémas d'analyse conjointe

Voici deux schémas synthétiques d'analyse conjointe (pour les entre-prises considérées). Le premier rend compte de la rentabilité économique (axe des ordonnées) et de l'effet de levier (axe des abscisses). Le second rend compte de la performance commerciale (axe des ordonnées) et de la rotation des actifs (axe des abscisses).

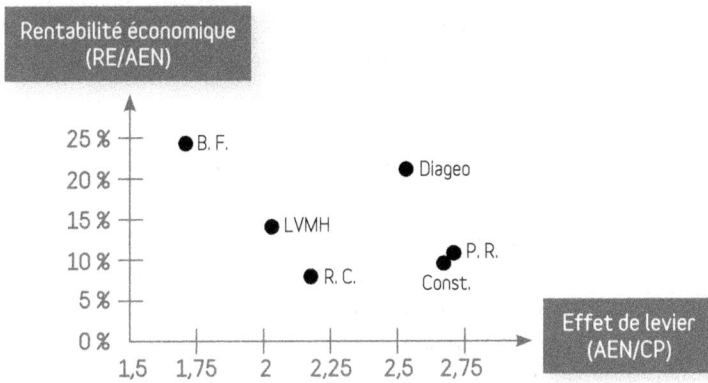

Figure 6 : Schéma d'analyse conjointe C2.1

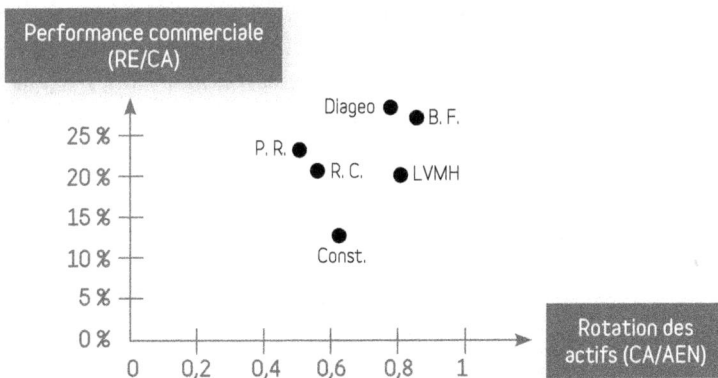

Figure 7 : Schéma d'analyse conjointe C2.2

1
2
3

Réponses aux questions posées à l'étape 1

1 **Présentez le calcul des ratios du modèle d'analyse de la performance appliqué aux entreprises du secteur des vins et spiritueux (lorsque les informations sont disponibles).**
À l'issue de la réalisation de la grille d'analyse 1, l'ensemble des ratios nécessaires a été calculé (voir grille d'analyse 1).

2 **Présentez, pour les entreprises du secteur des vins et spiritueux, les schémas synthétiques d'analyse conjointe de la rentabilité économique et de l'effet de levier d'une part, de la performance commerciale et de la rotation des actifs d'autre part.**
À l'issue de la réalisation de la grille d'analyse 2, les schémas d'analyse conjointe ont été exécutés (voir grille d'analyse 2).

3 **Commentez de manière synthétique les schémas d'analyse conjointe obtenus.**
Le premier schéma (voir Figure 6) montre trois positionnements révélateurs. Brown Forman, tout d'abord, mobilise un faible effet de levier, mais présente en revanche une forte rentabilité économique. Diageo, ensuite, combine un effet de levier financier supérieur avec une rentabilité économique équivalente à celle de Brown Forman. Cette situation lui permet d'offrir aux actionnaires une rentabilité supérieure à celle de Brown Forman (37 % contre 25 pour Brown Forman). Enfin, Pernod Ricard et Constellation présentent des profils très proches, caractérisés par un effet de levier équivalent à celui de Diageo, mais avec une rentabilité économique inférieure de moitié. Cette faiblesse relative du modèle économique explique une RCP de 13 % environ pour Pernod Ricard contre près de 37 % pour Diageo. Ainsi, indépendamment de la politique financière et de la mobilisation de l'effet de levier, il apparaît indispensable de s'interroger sur les différences de performance (en termes de rentabilité économique) constatées entre Diageo et Brown Forman d'une part et Pernod Ricard et Constellation d'autre part.
L'analyse de la Figure 7 nous permet de faire une série d'hypothèses afin d'expliquer cette situation. Nous constatons tout d'abord que la rentabilité économique supérieure démontrée par Diageo et Brown Forman par rapport à Pernod Ricard ou Constellation est issue à la fois d'une meilleure performance commerciale (près de 29 % pour Diageo contre

22 % pour Pernod Ricard ou seulement 13 % pour Constellation) et d'une meilleure rotation des actifs (près de 0,7 pour Diageo contre moins de 0,4 pour Pernod Ricard). Ainsi, il est possible que le décalage constaté de rentabilité économique de Pernod Ricard face à Diageo s'explique par une stratégie de différenciation moins réussie pour le groupe français et par une optimisation moins efficace de l'utilisation de ses actifs. Concernant la rotation des actifs (CA/AEN), une analyse plus approfondie permet de constater que c'est principalement le poids des immobilisations qui pénalise Pernod Ricard face à son concurrent. En effet, la rotation des immobilisations (CA/IMMO) est de 0,45 pour Pernod Ricard contre 0,85 pour Diageo ou 1,15 pour Brown Forman (les ratios IMMO/AEN sont très voisins). Dans le cas de Constellation, la performance commerciale bien inférieure (moins de 8 %) s'explique probablement par l'environnement concurrentiel dans lequel évolue l'entreprise. Majoritairement position-née sur le marché du vin (à la différence des autres entreprises orientées sur les spiritueux), Constellation doit en effet faire face à une pression concurrentielle supérieure et à des taux de marge structurellement plus faibles.

7

L'analyse
du portefeuille d'activités

Cas 1 L'analyse du portefeuille d'activités du groupe Vinci [13]

Fiche de présentation du cas

Ce cas présente la situation du groupe Vinci. Après une brève présentation de l'entreprise, le cas revient sur les différentes activités constitutives du portefeuille d'activités de Vinci et analyse la situation de la firme ainsi que la conjoncture des secteurs concernés. À partir de ces données, il vous est demandé de réaliser une étude des DAS de l'entreprise Vinci sous la forme d'une matrice portefeuille.

Ce cas est adapté pour un public de formation initiale et continue. Il s'adresse aux étudiants de licence (L2 ou L3) et de Master (Master 1 et 2) ainsi que d'école supérieure de commerce et d'ingénieur (deuxième ou troisième année). Il peut également être utilisé de manière profitable dans des filières spécialisées en conseil et management des grands groupes.

13. La somme des données des filiales peut légèrement différer du total groupe du fait des effets de la consolidation.

Exposé du cas

Vinci est le premier groupe mondial intégré de concessions/construction. Implantée dans plus de quatre-vingt-dix pays et disposant de plus de 158 000 salariés, l'entreprise définit son métier comme le financement, la conception, la construction et la gestion des équipements permettant d'améliorer la vie des individus (infrastructures de transport, bâtiments publics et privés, parking, aménagements urbains, réseaux de communication et d'énergie, etc.). En 2007, le groupe a dépassé les 30 milliards d'euros de CA. Le Tableau 1 présente les principales données financières pour le groupe de 2004 à 2007.

	2007	2006	2005	2004
CA	30 428	25 634	21 543	19 520
Résultat opérationnel	3 006	2 476	1 484	1 208
Résultat net	1 461	1 270	871	731

Tableau 1 : Données financières Groupe Vinci

Le groupe est organisé sous la forme d'une holding détenant cinq filiales, contrôlées à 100 % :
- Vinci Concessions (ASF, Escota, Vinci Park, etc.) pour les concessions et les services ;
- Vinci Énergies (filiales en France, Allemagne, Suisse, Pays-Bas, etc.) pour les services liés à l'énergie et aux technologies de l'information ;
- Eurovia (filiales en France, Allemagne, Royaume-Uni, États-Unis, etc.) pour les travaux publics et routiers ;
- Vinci Construction (filiales France, Belgique, Allemagne, Europe centrale et orientale, etc.) pour les travaux de construction ;
- Vinci Immobilier pour la promotion immobilière.

Le Tableau 2 présente la répartition du CA, du résultat opérationnel et du résultat net pour les cinq activités du groupe (en millions d'euros pour 2007).

	Eurovia	Énergies	Concessions	Construction	Immobilier
CA	7 706	4 301	4 580	13 653	558
Résultat opérationnel	392	229	1 747	668	58
Résultat net	263	142	680	438	39

Tableau 2 : Données financières par filiale – Groupe Vinci

L'activité Construction

Elle concerne la construction de bâtiments (logements, bureaux, équipements publics) et la participation à de grands projets de construction liés au domaine du génie civil, de l'hydraulique (construction de ponts, de barrages, travaux souterrains, travaux portuaires, infrastructures industrielles et énergétiques, etc.). Ainsi, Vinci participe à la conception et à la construction de la «grande arche» de Tchernobyl visant à recouvrir le réacteur accidenté. Sur cette activité, Vinci, qui réalise 55 % de son CA en France, apparaît comme le leader européen, ses deux principaux concurrents étant Bouygues Construction – environ 8 200 millions d'euros (M€) de CA en 2007 pour un résultat de 250 M€ – et Eiffage – CA d'environ 3 800 M€ pour un résultat de 153 M€.

Le groupe Vinci poursuit son développement dans cette activité par croissance organique, mais aussi externe ciblée sur des métiers fortement techniques. Ainsi en 2007, la filiale a fait l'acquisition de Soletanche Bachy, spécialiste mondial des fondations et des technologies du sol, d'Entreprose Contracting, acteur de premier plan des infrastructures pétrolières, et de Nukem, entreprise spécialisée dans le démantèlement nucléaire. Le groupe affiche également sa volonté de développer et d'approfondir les synergies avec Vinci Concessions, concrétisées par le démarrage des contrats de travaux en partenariat public/privé récemment remportés par le groupe.

Ce pôle d'activité a profité en 2007 d'une conjoncture bien orientée notamment sur le marché français, avec des taux de croissance de 2 à 8 % selon les domaines. Par exemple, la construction de logements neufs a progressé de 2,5 % en volume en 2007 (contre 8 % en 2006), mais l'effet prix permet une croissance en valeur de plus de 6 %. Pour la construction non résidentielle, le taux de croissance en volume était de 8 % pour 2007 (contre 7 % en 2008), avec là encore un effet prix permettant une croissance de 11 % en valeur. À l'échelle européenne, le taux de croissance est également élevé et de l'ordre de 4,2 % en volume (contre 3,9 % en 2006) grâce à un fort dynamisme de la construction de logements. Avec un taux de croissance de près de 20 % de son activité Construction en 2007, Vinci profite pleinement de l'intégration de ses acquisitions et montre un dynamisme qui lui permet de gagner des parts de marché sur ses concurrents (croissance de 10 % à périmètre constant en 2007).

1
2
3

L'activité Travaux publics et routiers (Eurovia)

Eurovia est l'un des leaders mondiaux des travaux d'infrastructures routières et d'espaces publics. L'activité de la filiale se partage entre quatre domaines. Elle construit, rénove et entretient les infrastructures routières, autoroutières, ferroviaires ainsi que les plateformes industrielles et commerciales (environ 50 % de son CA). Par ailleurs, elle produit des matériaux de construction avec ses 295 carrières (granulat, liant, enrobé, etc.), ce qui représente 20 % de son CA. De plus, elle aménage les espaces urbains (embellissement des espaces publics, sécurisation des infrastructures de transport, etc.). Enfin, elle propose des services de maintenance des infrastructures.

En 2007, Eurovia poursuit sa croissance avec un CA en hausse de 6,5 % et un résultat opérationnel en hausse de 36 %. Ces résultats placent l'entreprise en deuxième place derrière le leader européen Colas (CA de plus 11 600 M€ pour un résultat opérationnel de 635 M€) et devant le groupe Eiffage (CA de 4 114 M€ pour un résultat opérationnel de 96 M€ dans son activité travaux publics et routiers). Ce pôle travaille de manière étroite avec les autres pôles du groupe. Ainsi, en 2007, Eurovia a pris en charge la réalisation de 101 kilomètres de revêtement de l'autoroute A19 (concédée à Vinci Concessions) après le travail de terrassement réalisé par Vinci Construction. Là encore, ce pôle d'activité bénéficie d'une conjoncture favorable notamment sur le marché français, avec des taux de croissance de 6 à 7 % par an pour 2006 et 2007. Sur le long terme, les besoins croissants en construction et en rénovation de grandes infrastructures de transport annoncent une tendance de fond positive. En outre, la poursuite des grands programmes d'investissement au sein de l'UE – et plus particulièrement les projets centrés sur les nouveaux entrants d'Europe centrale – ouvre des perspectives intéressantes pour l'avenir.

L'activité Concessions

Vinci Concessions est le premier opérateur européen de concessions d'infrastructures de transport. Depuis le rachat d'ASF (Autoroute du Sud de la France) en 2006, l'entreprise est devenue le premier opérateur mondial de concessions autoroutières. Son activité se répartit dans trois domaines :

• les concessions autoroutières et d'ouvrages de franchissement (ASF, Escota, Arcour et Cofiroute), soit l'essentiel de son CA (85 %) ;

- les concessions d'aéroport (Chambéry, Grenoble ou Clermont-Ferrand, etc.);
- les parcs de stationnement (Vinci Park).

L'entreprise réalise 94 % de son CA en France, mais souhaite accélérer son développement en Europe – elle est déjà présente seule ou sous la forme de partenariat en Grèce, en Allemagne ou aux Pays-Bas. Ses principaux concurrents sur le marché du parc de stationnement sont Epolia et Effia – qui réalisent toutes deux un CA évalué à environ 60 M€ sur leur activité de concessions de stationnement.

Sur le marché des concessions autoroutières, Vinci domine le marché devant APRR (filiale d'Eiffage avec un CA de l'ordre de 1 700 M€). Si le transport de voyageurs en voiture est en baisse faible mais régulière depuis 2003, il demeure le mode de transport principal. Le taux de croissance des services donnant lieu à péage en France s'établit entre 1 et 2 % par an en volume en 2005, 2006 et 2007. Cependant, un effet prix permet d'atteindre des taux de croissance de l'ordre de 2 à 4 % en valeur. En outre, le taux de croissance de la circulation sur les autoroutes concédées évolue entre 2 et 3,5 % par an (en volume) en 2006 et 2007. Cette évolution permet aux entreprises situées sur ce secteur de réaliser en moyenne une croissance de l'ordre de 4 à 5 % par an en termes de CA.

En ce qui concerne l'activité de parc de stationnement, le taux de croissance du CA de l'ensemble des opérateurs sur le marché français s'établit entre 4 et 5 % par an en 2006 et 2007. Cependant, il faut là encore prendre en compte un effet prix avec des hausses des tarifs de l'ordre de 2 à 2,5 % par an sur ces mêmes années.

L'activité Énergies

Vinci Énergies intervient dans le secteur des services liés aux technologies des énergies et de l'information. Son activité se déploie dans quatre domaines principaux :
- infrastructures (transport et distribution d'énergie, éclairage urbain, alimentation électrique des infrastructures de transport);
- industrie (distribution d'énergie électrique, traitement de l'air, de l'eau et des déchets, isolation, maintenance industrielle, protection incendie);
- tertiaire (génie climatique, plomberie, sécurité, maintenance);
- télécommunications (infrastructures de communication d'entreprise pour la voix, les données ou les images).

À l'échelle européenne, cette activité reste néanmoins un acteur de second plan. En effet, pour l'activité des services multi-techniques (conseil, ingénierie, maintenance et installation liées à l'énergie, à la communication et aux infrastructures), le pôle «Énergie service» du nouveau groupe GDF Suez réalise plus de 13,1 milliards d'euros de CA et peut être considéré comme le leader européen. Cependant, le concept du «multi-services», fondé sur l'objectif d'exploitation des synergies possibles entre les diverses industries de réseau (énergie, eau, télécommunication), semble délaissé par les groupes de l'énergie qui préfèrent se concentrer sur le concept du «multi-énergie» (gaz et électricité par exemple).

Globalement, cependant, le secteur des services liés à l'énergie semble profiter d'une conjoncture favorable. En effet, d'une part, la montée du coût de l'énergie et la nécessité de maîtriser les dépenses induisent un fort besoin en termes de gestion et d'optimisation de l'utilisation de l'énergie. D'autre part, le développement des contraintes environnementales réglementaires induit également un développement de la demande de services visant à la fois à optimiser la consommation d'énergie et à limiter les rejets polluants (traitement de l'air, des eaux, etc.). Pour ces raisons, le taux de croissance de l'activité s'établit d'ici les prochaines années entre 10 et 12 % par an.

L'activité Immobilier

Vinci Immobilier intervient sur le marché français de l'immobilier d'entreprise et commercial (bureaux, commerces, etc.) et de l'immobilier résidentiel (logements). Dans cette activité, le groupe poursuit un développement régulier combinant croissance interne et acquisitions (rachat en 2008 du promoteur Hermes). Activité fondamentalement cyclique et soumise à un fort effet prix, la demande dans le secteur de la promotion immobilière connaît un ralentissement depuis 2006 (montée des taux d'intérêt, niveau élevé des prix, baisse de la rentabilité de l'investissement locatif, etc.). Les taux de croissance de l'activité (en volume), positionnés à 10-12 % en 2006, s'établissent plutôt autour de 7-9 % en 2007. Pour cette activité, le leader est Bouygues avec sa filiale Bouygues Immobilier, qui réalise un CA de plus de 2,1 milliards d'euros.

1
2
3

Consignes d'utilisation et d'analyse du cas

1 Comparez la performance des différentes activités du groupe.
2 Réalisez une matrice portefeuille et placez l'ensemble des DAS du groupe Vinci sur cette matrice.
3 Commentez la matrice et concluez sur la dynamique du portefeuille d'activités de Vinci.

Étape 2 En groupe

1 Procédez comme à l'étape 1 pour confronter les points de vue et les analyses.
2 Dégagez les points de convergence et de divergence.
3 Proposez une synthèse des analyses et concluez sur la dynamique du portefeuille d'activités de Vinci.

Outils pédagogiques et méthodologiques

Grille d'analyse 1 Évaluation de la position concurrentielle de l'entreprise

Il faut évaluer la position concurrentielle de la firme dans les différentes activités dans lesquelles elle est engagée. Cette évaluation permettra de positionner les activités sur l'axe des abscisses de la matrice portefeuille. Pour cela et pour chacune des activités, il est nécessaire de déterminer un ou plusieurs critères avant de procéder à leur évaluation pour chaque DAS.

DAS	Critère(s) retenu(s)	Évaluation de la position concurrentielle
DAS 1		
DAS 2		
DAS 3		

1
2
3

Grille d'analyse 2   Évaluation de l'attractivité des activités

Nous allons évaluer l'attractivité des différentes activités sur lesquelles est positionnée l'entreprise. Cela permettra de placer les activités sur l'axe des ordonnées de la matrice portefeuille. Pour cela et pour chacune des activités, il est nécessaire de déterminer un ou plusieurs critères avant de procéder à leur évaluation pour chaque DAS.

DAS	Critère(s) retenu(s)	Évaluation de l'attractivité de l'activité
DAS 1		
DAS 2		
DAS 3		
DAS 4		

Pistes de résolution du cas

1
2
3

Évaluation de la position concurrentielle de l'entreprise

Il faut évaluer la position concurrentielle de Vinci dans les cinq activités de son portefeuille. Pour cela et pour chacune des activités, il est nécessaire de déterminer un ou plusieurs critères avant de procéder à leur évaluation pour chaque DAS. Le critère retenu ici pour évaluer la position concurrentielle est la part de marché relative – elle correspond au ratio des ventes de l'entreprise sur les ventes de son concurrent le mieux placé. Le choix de ce critère se justifie du fait de l'effet bénéfique de la taille sur la performance pour l'ensemble des activités impliquées dans l'analyse (sensibilité au volume, possibilité de profiter d'effet de taille, d'économies d'échelle et d'expérience).

DAS	Critère(s) retenu(s)	Évaluation de la position concurrentielle
Eurovia	Part de marché relative	Pour cette activité, les résultats de Vinci placent l'entreprise en deuxième place, derrière le leader européen Colas (CA de plus 11 600 M€ pour un résultat opérationnel de 635 M€). La valeur de la part de marché relative est donc de 0,66.
Énergies	Part de marché relative	Pour l'activité des services liés à l'énergie, le pôle « Énergie service » du nouveau groupe GDF Suez réalise plus de 13,1 milliards d'euros de CA et peut être considéré comme le leader européen. La valeur de la part de marché relative est donc de 0,33.
Concessions	Part de marché relative	Vinci Concessions est le premier opérateur européen de concessions d'infrastructures de transport et son principal concurrent identifié est APRR, avec un CA d'environ 1 700 M€. La valeur de la part de marché relative est donc de 2,7.
Construction	Part de marché relative	Pour cette activité, Vinci apparaît comme le leader européen, son principal concurrent étant Bouygues Construction (environ 8 200 M€ de CA en 2007 pour un résultat de 250 M€). La valeur de la part de marché relative est donc de 1,7.
Immobilier	Part de marché relative	Pour cette activité, le leader est Bouygues, avec sa filiale Bouygues Immobilier, qui réalise un CA de plus de 2,1 milliards d'euros. La valeur de la part de marché relative est donc de 0,27.

1
2
3

Grille d'analyse 2   Évaluation de l'attractivité des activités

Nous allons évaluer l'attractivité des différentes activités sur lesquelles est positionnée l'entreprise. Cela permettra de placer les activités sur l'axe des ordonnées de la matrice portefeuille. Pour cela et pour chacune des activités, il est nécessaire de déterminer un ou plusieurs critères avant de procéder à leur évaluation pour chaque DAS. Le critère retenu est celui du taux de croissance de l'activité.

DAS	Critère(s) retenu(s)	Évaluation de l'attractivité de l'activité
Eurovia	Taux de croissance	Compte tenu des données disponibles et de la nature des activités de cette filiale, le taux de croissance peut être évalué à 6 %.
Énergies	Taux de croissance	Compte tenu des données disponibles et de la nature des activités de cette filiale, le taux de croissance peut être évalué à 10 %.
Concessions	Taux de croissance	Compte tenu des données disponibles et de la nature des activités de cette filiale, le taux de croissance peut être évalué à 2,5 %.
Construction	Taux de croissance	Compte tenu des données disponibles et de la nature des activités de cette filiale, le taux de croissance peut être évalué à 4 %.
Immobilier	Taux de croissance	Compte tenu des données disponibles et de la nature des activités de cette filiale, le taux de croissance peut être évalué à 8 %.

Réponses aux questions posées à l'étape 1

1 **Comparez la performance des différentes activités du groupe.**
Le tableau suivant reprend les données financières disponibles et présente les taux de performance commerciale (résultat opérationnel/CA) pour les cinq activités du groupe Vinci..

	Eurovia	Énergies	Concessions	Construction	Immobilier
CA	7 706	4 301	4 580	13 653	558
Résultat opérationnel	392	229	1 747	668	58
Résultat net	263	142	680	438	39
Performance	5,09 %	5,32 %	38,14 %	4,89 %	10,39 %

Tableau 3 : Performance commerciale par filiale – Groupe Vinci

Sur ses activités Eurovia, Énergies et Construction (dont le total représente 85 % du CA du groupe), Vinci réalise une performance commerciale modérée de l'ordre de 5 %. En revanche, il bénéficie d'une rentabilité très élevée dans son activité Concessions (plus de 38 %), soit 15 % du CA, mais qui contribue à plus de 58 % au résultat opérationnel. L'activité Immobilier profite également d'une rentabilité supérieure à la rentabilité moyenne du groupe (avec 10,4 %), mais représente une part minime du CA de Vinci (1,8 %).

2 **Réalisez une matrice portefeuille et placez l'ensemble des DAS du groupe Vinci sur cette matrice.**
Sur la base des analyses préalables (voir grilles d'analyse 1 et 2), il est possible de construire la matrice BCG suivante. La valeur retenue pour la médiane de l'axe vertical est de 5 % et la valeur retenue pour la médiane de l'axe horizontal est de 1.

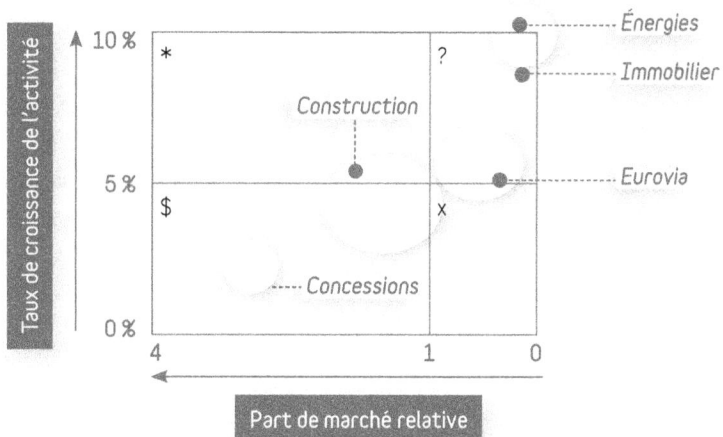

Figure 1 : Matrice BCG appliquée au groupe Vinci

1
2
3

3 **Commentez la matrice et concluez sur la dynamique du portefeuille d'activités de Vinci.**

Le groupe Vinci dispose manifestement de deux activités «vache à lait». Ainsi, l'activité Concessions dégage une rentabilité très importante, puisqu'elle contribue à hauteur de 58 % au résultat opérationnel du groupe alors qu'elle ne représente que 15 % du CA (voir question 1). C'est aussi le cas de l'activité Construction, mais dans une moindre mesure puisqu'elle ne présente qu'une rentabilité approchant les 5 % – l'entreprise privilégie la croissance dans cette dernière activité, notamment par le biais des quelques acquisitions ciblées sur des domaines techniques.

L'activité Eurovia, elle, semble plutôt positionnée dans un cadran «dilemme», ce qui permet de s'interroger sur l'avenir de cette filiale : le groupe Vinci doit-il maintenir sa position et tenter d'améliorer sa part de marché ou envisager de céder l'activité ? Trois arguments plaident en faveur d'un maintien de l'activité au sein du portefeuille et d'une poursuite de l'investissement. Le premier porte sur la position concurrentielle de la filiale, qui est relativement favorable et proche du leader européen, même si elle ne bénéficie pas de la première place. Le deuxième argument concerne le taux de rentabilité de cette activité, qui reste satisfaisant et supérieur à 5 % (voir question 1). Enfin, le troisième porte sur l'importance des synergies entre cette activité et les activités Construction et Concessions. Ce pôle travaille en effet étroitement avec les deux autres activités du groupe (rénovation de l'autoroute A19 en 2007 par exemple), et la possibilité offerte à Vinci de pouvoir répondre de manière globale aux appels d'offres portant sur la conception, la construction et la gestion des infrastructures constitue sans aucun doute un atout important.

Pour sa part, l'activité Immobilier est également positionnée en «dilemme». Deux des arguments présentés en faveur d'un maintien et d'un renforcement de l'activité Eurovia sont également valides ici. En effet, cette activité présente une très bonne rentabilité (plus de 10 %) et bénéficie d'importantes synergies avec l'activité majeure du groupe (Construction). Enfin, sa taille réduite à l'échelle du groupe autorise la mise en œuvre d'une stratégie d'«option» visant à prendre le risque de développer ce pôle pour pouvoir profiter le cas échéant d'une augmentation de sa rentabilité.

Quant à l'activité Énergies, elle apparaît également positionnée dans un cadran «dilemme». Cependant, à la différence de l'activité Eurovia, elle ne bénéficie que de peu d'effets de synergie avec les autres activités du groupe. En outre, le concept du «multi-services», sur lequel cette activité est fondée, semble dépassé et délaissé par les autres acteurs de l'énergie (hormis Suez avec son pôle « Énergie service »). En conséquence, il est envisageable pour le groupe de se désengager de cette activité pour se recentrer sur ses trois activités majeures. Ce désengagement permettrait ainsi de dégager les liquidités qui pourraient être affectées au développement du pôle Eurovia, notamment par le biais d'opérations de croissance externe.

Au final, l'analyse de la matrice conduit à faire la proposition d'un maintien des activités Immobilier et Eurovia, financées si nécessaire par les deux « vaches à lait » du portefeuille (Concessions et Construction). En revanche, cette analyse pose la question du maintien de l'activité Énergies et laisse envisager la cession de cette activité afin de financer l'amélioration de la position concurrentielle de la filiale Eurovia.

Cas 2 L'analyse du portefeuille d'activités du groupe Danone

Fiche de présentation du cas

Ce cas présente la situation du groupe Danone. Après une brève présentation de l'entreprise, le cas revient sur les différentes activités constitutives du portefeuille d'activités de Danone et analyse la situation de la firme ainsi que la conjoncture des secteurs concernés. À partir de ces données, il vous est demandé de réaliser une étude des DAS de l'entreprise Danone sous la forme d'une matrice portefeuille.

Ce cas est adapté pour un public de formation initiale et continue. Il s'adresse aux étudiants de licence (L2 ou L3) et de Master (Master 1 et 2) ainsi que d'école supérieure de commerce et d'ingénieur (deuxième ou troisième année). Il peut également être utilisé de manière profitable dans des filières spécialisées en management des activités agroalimentaires.

1
2
3

Exposé du cas

En 1966, après la fusion des deux sociétés verrières françaises Glaces de Boussois et Verrerie Souchon-Neuvesel, apparaît le groupe BSN (Boussois Souchon-Neuvesel) qui réalise à l'époque un CA de 150 millions d'euros dans le verre plat et le verre d'emballage. À partir de 1970, BSN engage une stratégie de diversification dans l'alimentaire en rachetant successivement les Brasseries Kronenbourg, la Société européenne de brasserie et la Société des eaux minérales d'Évian. En 1973, BSN fusionne avec Gervais Danone, devenant le premier groupe alimentaire français. Dans les années qui suivent, BSN poursuit son développement dans l'agroalimentaire à la fois en termes de produits et de zones géographiques et se rebaptise Groupe Danone en 1994. En 1997, Danone engage un important programme de recentrage sur trois métiers prioritaires à vocation mondiale (produits laitiers frais, boissons, biscuits et produits céréaliers) en réalisant de nombreuses cessions dans les activités périphériques. Enfin, dans les premières années de la décennie 2000, Danone se désengage du verre d'emballage, de l'épicerie et des activités «bières», ce qui lui permet de concentrer ses moyens financiers et humains sur des métiers à forte croissance où il occupe une position de leader mondial et sur des zones géographiques à fort potentiel (hors Europe occidentale). En 2006, le groupe est donc organisé en trois pôles mondiaux :

- les produits laitiers frais (yoghourts, desserts et aliments infantiles) ;
- les boissons (essentiellement l'eau conditionnée) ;
- les biscuits et produits céréaliers, sur lesquels Danone est au deuxième rang mondial.

Le Tableau 4 suivant présente la répartition du CA et du résultat opérationnel pour les trois activités du groupe (en millions d'euros) pour 2004, 2005 et 2006.

Année	Données financières	Produits laitiers	Biscuits	Boissons
2004	CA	6 510	2 562	3 201
	Résultat opérationnel	917	278	493
2005	CA	7 184	2 367	3 473
	Résultat opérationnel	1 019	341	474
2006	CA	7 934	2 197	3 942
	Résultat opérationnel	1 109	301	504

Tableau 4 : Données financières par activité – Groupe Danone (2004-2006)

1
2
3

Cette orientation s'accompagne d'une stratégie de croissance externe, centrée sur ses trois métiers principaux, et d'une stratégie de croissance organique. Cependant, la concomitance de la stratégie de cession et de celle de renforcement sur les trois pôles majeurs induit une croissance irrégulière. Le Tableau 5 présente les principales données financières pour le groupe pour 2001 à 2006.

	2006	2005	2004	2003	2002	2001
CA	14 073	13 024	12 273	13 131	13 555	14 470
Résultat opérationnel	1 914	1 738	1 608	1 604	1 590	1 609

Tableau 5 : Données financières Groupe Danone en millions d'euros

Devenu un acteur majeur du secteur agroalimentaire mondial, Danone doit affronter des concurrents d'une dimension beaucoup plus importante, dont la quasi-totalité sont des *pure players* de l'alimentation. Le Tableau 6 présente les principaux concurrents de l'entreprise ainsi que leur CA respectif (en millions d'euros).

	Nestlé	PepsiCo	Kraft	Unilever	Mars	Coca	Danone
CA	61 017	28 803	27 173	21 588	16 052	15 758	12 776

Tableau 6 : Principaux concurrents du secteur de l'agroalimentaire (2007)

Face à ce défi, Danone décide de poursuivre sa stratégie de recentrage sur les produits à forte composante nutrition/santé et de céder en 2007 l'activité Biscuits à Kraft Foods. Cette cession s'accompagne du rachat, fin 2007, de Numico (pour plus de 12 milliards d'euros), entreprise spécialisée dans le marché de l'alimentation infantile et de la nutrition santé et deuxième opérateur mondial dans cette activité. Cela renforce le positionnement «santé» du groupe. En 2007, les produits «alicaments» de Danone (Actimel par exemple) rejoignent les activités de Numico dans la création d'un nouveau troisième pôle «Alimentation infantile et nutrition santé» – qui devrait être de poids équivalent à l'ancien pôle Biscuits. Le Tableau 7 présente la répartition du CA et du résultat opérationnel pour les trois activités du groupe en 2007 (en millions d'euros)[14].

14. Le CA du pôle « Alimentation infantile et nutrition santé » correspond aux deux mois d'activité de Numico depuis son acquisition le 31 octobre 2007.

	Produits laitiers	Boissons	Alimentation infantile
CA	8 791	3 535	450
Résultat opérationnel	1 089	480	− 15

Tableau 7 : Données financières par activité – Groupe Danone (2007)

L'activité « Produits laitiers »

Danone possède une part de marché d'environ 20 % sur le marché mondial et son poids relatif est environ quatre fois supérieur à celui de son premier concurrent. L'activité de ce pôle repose essentiellement sur les yoghourts et produits assimilés, qui constituent près de 95 % de son CA. Sur ce segment, l'entreprise est leader mondial en volume. De manière générale, ce marché a progressé régulièrement au cours des dernières années, et la croissance se poursuit notamment grâce à l'innovation et au dynamisme des produits au positionnement santé. Son taux de croissance annuel mondial s'établit environ à 4,4 %, mais certaines zones apparaissent particulièrement attractives (Amérique par exemple).

L'activité « Boissons » (ou « Eaux »)

Le pôle « Boissons » regroupe les activités du groupe dans les eaux naturelles, les boissons aromatisées à base d'eau naturelle et les boissons fonctionnelles. Danone détient une part de marché mondiale de l'ordre de 10 %. Deuxième producteur mondial d'eau embouteillée après Nestlé en volume, l'entreprise est cependant le leader mondial de cette activité en valeur. L'eau conditionnée constitue, à l'échelle mondiale, un segment dynamique du secteur alimentaire grâce aux tendances de consommation privilégiant les concepts de santé et de sécurité. En outre, si le marché européen arrive à maturité, certaines zones comme l'Asie affichent une croissance annuelle à deux chiffres. Au final, ce segment est le plus dynamique du secteur de l'agroalimentaire et affiche un taux de croissance annuel moyen de 6,6 %.

L'activité « Biscuits »

Avant sa cession à Kraft, cette activité permet à Danone d'être le second producteur mondial de biscuits et produits céréaliers. Le Groupe produit des biscuits sucrés et salés, et de la pâtisserie industrielle. La catégorie biscuits garde un assez fort potentiel de développement avec des taux de croissance généralement supérieurs à ceux de la moyenne des autres catégories de l'agroalimentaire. Cependant, les biscuits souffrent d'une image négative de produits gras et/ou sucrés, ce qui éloigne les consommateurs, attirés par un mode de vie plus sain. Son taux de croissance annuel mondial s'établit environ à 4 %, soit au niveau de la moyenne de croissance du secteur agroalimentaire dans sa globalité.

L'activité « Alimentation infantile et nutrition santé »

Avec l'acquisition de Numico, Danone devient le leader européen de l'alimentation infantile avec des marques locales (Bledina par exemple) et internationales (Nutricia par exemple) et se positionne à la deuxième place mondiale. Les experts prévoient une poursuite de la croissance de la demande sur ce marché en raison du succès grandissant des produits innovants alliant praticité et qualités nutritionnelles, mais aussi de l'évolution des styles de vie centrés sur la prise de conscience de l'impact de la nutrition sur la santé. Du fait des nombreuses campagnes anti-obésité et de la sensibilisation aux risques de maladies cardio-vasculaires, la demande pour les produits « santé et bien-être » est en pleine croissance, notamment dans le segment des enfants. Son taux de croissance annuel mondial s'établit environ à 5,4 %.

Consignes d'utilisation et d'analyse du cas

Étape 1   Individuellement

1 Déterminez les critères d'évaluation de l'attractivité des segments «Produits laitiers», «Eaux», «Biscuits» et «Alimentation infantile et nutrition santé» et concluez sur leurs attraits respectifs.

2 Déterminez les critères d'évaluation de la position concurrentielle de Danone sur les segments «Produits laitiers», «Eaux», «Biscuits» et «Alimentation infantile et nutrition santé» et concluez sur la position de Danone.

3 Réalisez une matrice McKinsey et placez-y l'ensemble des DAS du groupe Danone en 2006. Commentez-la et concluez sur la décision de Danone de céder son activité «Biscuits» au groupe Kraft.

Étape 2   En groupe

1 Procédez comme à l'étape 1 pour confronter les points de vue et les analyses.

2 Dégagez les points de convergence et de divergence.

3 Proposez une synthèse des analyses et concluez sur la dynamique du portefeuille d'activités de Danone.

Outils pédagogiques et méthodologiques

Grille d'analyse 1   Évaluation de la position concurrentielle de l'entreprise (voir cas 1)

Il faut évaluer la position concurrentielle de la firme dans les différentes activités sur lesquelles elle est positionnée. Cette évaluation permettra de placer les activités sur l'axe des abscisses de la matrice portefeuille. Pour cela et pour chacune des activités, il est nécessaire de déterminer un ou plusieurs critères avant de procéder à leur évaluation pour chaque DAS.

DAS	Critère(s) retenu(s)	Évaluation de la position concurrentielle
...	...	...

1
2
3

Grille d'analyse 2   Évaluation de l'attractivité des activités (voir cas 1)

Nous allons évaluer l'attractivité des différentes activités sur lesquelles est positionnée l'entreprise. Cela permettra de placer les activités sur l'axe des ordonnées de la matrice portefeuille. Pour cela et pour chacune des activités, il est nécessaire de déterminer un ou plusieurs critères avant de procéder à leur évaluation pour chaque DAS.

DAS	Critère(s) retenu(s)	Évaluation de l'attractivité de l'activité
...	...	...

Pistes de résolution du cas

Grille d'analyse 1   Évaluation de la position concurrentielle de l'entreprise

Il faut évaluer la position concurrentielle de Danone sur les segments «Produits laitiers», «Eaux», «Biscuits» et «Alimentation infantile et nutrition santé». Pour cela et pour chacune des activités, il est nécessaire de déterminer un ou plusieurs critères avant de procéder à leur évaluation pour chaque DAS. Les critères retenus ici pour évaluer la position concurrentielle sont les suivants :

- rentabilité moyenne du DAS sur trois ans de 2004 à 2006 (résultat opérationnel/CA) ;
- croissance du CA du DAS ;
- rang mondial du DAS.

DAS	Critère(s) retenu(s)	Évaluation de la position concurrentielle
Produits laitiers	Rentabilité, croissance et rang	Danone est leader mondial en valeur et en volume sur ce segment. Son taux de rentabilité moyen sur trois ans est de 14,1 % (contre 13,35 pour l'entreprise dans sa totalité). La croissance du CA de ce segment de 2004 à 2006 est de 21,9 %.
Eaux	Rentabilité, croissance et rang	Danone est leader mondial en valeur (et deuxième en volume) sur ce segment. Son taux de rentabilité moyen sur trois ans est de 13,95 % (contre 13,35 % pour l'entreprise dans sa totalité). La croissance du CA de ce segment de 2004 à 2006 est de 23,15 %.
Biscuits	Rentabilité, croissance et rang	Danone occupait la deuxième place mondiale sur ce segment en 2006. Son taux de rentabilité moyen sur trois ans est de 13 % (contre 13,35 % pour l'entreprise dans sa totalité). La croissance du CA de ce segment de 2004 à 2006 est de − 14 %.
Alimentation infantile	Rentabilité, croissance et rang	Informations non disponibles.

1
2
3

Grille d'analyse 2   Évaluation de l'attractivité des activités

Nous allons évaluer l'attractivité des activités «Produits laitiers», «Eaux», «Biscuits» et «Alimentation infantile et nutrition santé». Cela permettra de positionner les activités sur l'axe des ordonnées de la matrice portefeuille. Pour cela et pour chacune des activités, il est nécessaire de déterminer un ou plusieurs critères avant de procéder à leur évaluation pour chaque DAS. Les critères retenus sont le taux de croissance de l'activité et le degré de cohérence avec l'image «santé» de l'entreprise.

DAS	Critère(s) retenu(s)	Évaluation de l'attractivité de l'activité
Produits laitiers	Taux de croissance et degré de cohérence	Le taux de croissance mondial de ce segment est de 4,4 % (contre 4 % pour la croissance du secteur de l'agroalimentaire dans sa globalité). En outre, ce segment est pleinement en phase avec le choix de positionnement «santé» du groupe.
Eaux	Taux de croissance et degré de cohérence	Le taux de croissance mondial de ce segment est de 6,6 % (contre 4 % pour la croissance du secteur de l'agroalimentaire dans sa globalité). En outre, depuis la vente des activités «bières» et le recentrage sur les boissons à base d'eau, ce segment est pleinement en phase avec le choix de positionnement «santé» du groupe.
Biscuits	Taux de croissance et degré de cohérence	Le taux de croissance mondial de ce segment est de 4 % (soit au même niveau que la croissance du secteur de l'agroalimentaire dans sa globalité). Cependant, il souffre d'une image négative de produits gras et/ou sucrés, ce qui pénalise la cohérence avec le positionnement «santé» du groupe.
Alimentation infantile	Taux de croissance et degré de cohérence	Le taux de croissance annuel mondial de cette activité s'établit environ à 5,4 %. Le concept même de ce pôle repose sur une offre de produits orientés sur la santé et le bien-être. Il apparaît donc pleinement cohérent avec l'image du groupe.

Réponses aux questions posées à l'étape 1

1 Déterminez les critères d'évaluation de l'attractivité des segments « Produits laitiers », « Eaux », « Biscuits » et « Alimentation et nutrition santé » et concluez sur leurs attraits respectifs.

Les critères retenus sont le taux de croissance de l'activité et le degré de cohérence avec l'image « santé » de l'entreprise. L'analyse de ces critères (voir grille d'analyse 2) nous permet de conclure que les activités les plus attractives sont « Eaux » et « Alimentation infantile et nutrition santé » du fait de leur forte croissance et de leur cohérence avec l'image du groupe. L'activité « Produits laitiers » paraît également très attractive, même si son taux de croissance est plus faible. Enfin, l'activité « Biscuits » est pénalisée par une image moins en phase avec le positionnement général du groupe et un taux de croissance moyen. Cette dernière semble de ce fait moyennement attractive.

2 Déterminez les critères d'évaluation de la position concurrentielle de Danone sur les segments « Produits laitiers », « Eaux », « Biscuits » et « Alimentation infantile et nutrition santé » et concluez sur la position de Danone.

Les critères retenus pour évaluer la position concurrentielle sont les suivants : rentabilité moyenne du DAS sur trois ans de 2004 à 2006 (résultat opérationnel/CA), croissance du CA du DAS de 2004 à 2006 et rang mondial du DAS. L'analyse de ces critères (voir grille d'analyse 1) nous permet de conclure que Danone possède une très forte position concurrentielle dans l'activité « Produits laitiers », une forte position concurrentielle dans l'activité « Eaux » et une position concurrentielle moyenne à faible dans l'activité « Biscuits ». En revanche, compte tenu de l'intégration très tardive de l'activité « Alimentation infantile et nutrition santé » dans le groupe, il est pour l'instant impossible de se prononcer sur la position concurrentielle de ce nouveau DAS.

1
2
3

3 Réalisez une matrice McKinsey et placez-y l'ensemble des DAS du groupe Danone en 2006. Commentez-la et concluez sur la décision de Danone de céder son activité « Biscuits » au groupe Kraft.

À la suite des évaluations réalisées précédemment (voir questions 1 et 2), il est possible de réaliser la matrice McKinsey suivante :

Figure 2 : Matrice McKinsey appliquée au groupe Danone (2006)

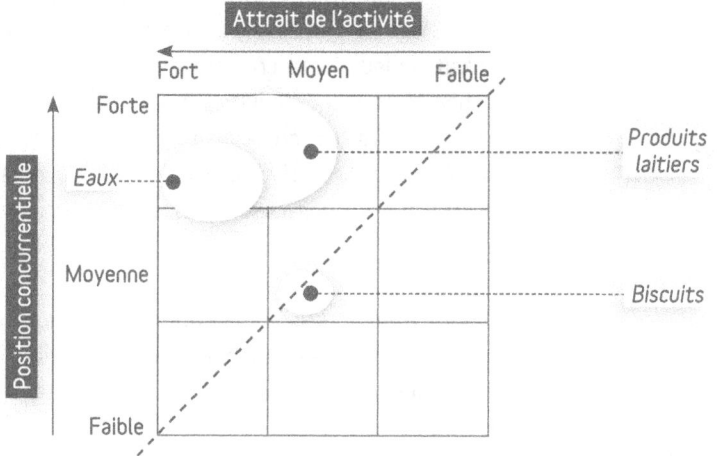

La matrice McKinsey appliquée au cas de Danone fait globalement apparaître un portefeuille équilibré en 2006. Certes, l'activité « Biscuits » présente une situation moins favorable que les deux autres pôles du groupe, mais l'interprétation de la matrice n'impose pas de se retirer de l'activité. Cependant, si ce retrait ne semble pas impératif, il peut néanmoins être compris et justifié sur la base de deux raisons principales. D'une part, l'activité « Biscuits » présente un profil plus défavorable que les autres DAS du groupe (rentabilité inférieure, stagnation du CA du DAS, problème de cohérence avec le positionnement, taux de croissance moyen pour cette activité, etc.). D'autre part, la nouvelle activité « Alimentation infantile et nutrition santé » profite d'une croissance forte de la demande (liée à l'évolution des styles de vie) et de perspectives futures particulièrement attractives. Dans ce contexte, la cession du pôle « Biscuits » permet à la fois de se séparer d'une activité en perte de vitesse et de trouver une source de financement immédiate permettant d'acquérir le deuxième opérateur mondial dans un segment en adéquation parfaite avec l'image du groupe et promis à un avenir favorable.

Annexes

Annexe
En savoir plus sur la Méthode des Cas

Par José Martín Juarrero, directeur de la CCMP

Définition

La Méthode des Cas est une pédagogie active fondée sur l'analyse rationnelle de vraies situations d'entreprise. Elle consiste à faire étudier et discuter de façon argumentée, par un groupe d'apprenants, des «situations-dilemmes» concrètes à partir d'informations fournies par les acteurs de l'entreprise étudiée. Ces informations donnent lieu à l'écriture, par un enseignant expert du domaine abordé, d'un support de formation spécifique : le «cas», encore appelé «étude de cas» (CCMP 2006)[15].

«La Méthode des Cas est une méthode dont la particularité est d'être indissociable de son support, le cas. [...], elle ne peut être mise en œuvre qu'à partir d'un cas» (Cova et de la Baume, 1991).

«C'est une méthode dynamique, qui stimule l'effort de l'apprenant en lui donnant un rôle actif» (Cova et de la Baume, 1991 ; Hawes, 2004).

Pour sa pleine efficacité en formation, le cas, en tant que support pédagogique, appelle une exploitation en cinq étapes d'animation, propres à la Méthode des Cas.

Bref rappel historique

Selon M. T. Copeland (1954), c'est en mai 1908 que Charles William Eliot, alors président en exercice de l'université de Harvard, prend la décision d'appliquer systématiquement cette méthode pour la formation des futurs diplômés de la Harvard School of Business Administration, nouvellement créée.

La Méthode des Cas a été imaginée et formalisée par Christopher Columbus Langdell (1826-1906), doyen de la Law School de l'université de Harvard, dont il a systématisé la pratique pour la formation des juristes, dès la fin du XIXe siècle. L'approche pédagogique du doyen Langdell consistait à prendre appui sur des situa-

---

15. Certains spécialistes de la Méthode des Cas établissent une différence, argumentée, entre « cas » et « étude de cas » (Cova et de la Baume,1991). Au risque d'apparaître réducteurs, nous n'aborderons pas cette problématique dans cette présentation, destinée à faciliter une première appropriation de la Méthode des Cas par les lecteurs de l'ouvrage, et nous donnerons une valeur synonyme à « cas » et à « étude de cas ».

tions juridiques authentiques pour immerger ses étudiants dans certaines réalités professionnelles auxquelles ils n'auraient peut-être jamais eu accès au cours de leurs études.

Par ses caractéristiques méthodologiques, la Méthode des Cas fait partie de la famille des méthodes d'apprentissage dont on pourrait intellectuellement faire remonter les origines à la casuistique du Moyen Âge (Cova et de la Baume, 1991), voire à la maïeutique de Socrate !

Introduite en France en 1930 dans le cadre du Centre de préparation aux affaires (CPA) (devenu depuis l'Executive MBA d'HEC Paris) de la CCIP, la Méthode des Cas est aujourd'hui largement utilisée par les enseignants des sciences de gestion, que ce soit dans les universités ou les écoles supérieures de commerce du monde entier.

Importance de la Méthode des Cas

La pertinence d'une méthode pédagogique peut s'évaluer sur la base de critères tels que :
- son ancienneté historique ;
- son extension géographique dans le monde *via* des écoles ou des universités qui l'ont adoptée ;
- le nombre de métiers ou de fonctions d'entreprise auxquels on peut former en l'utilisant ;
- le nombre de programmes académiques dont le corps professoral, en tout ou partie, l'a adopté comme outil pour transmettre les savoirs disciplinaires.

Dans ce cas, on pourrait dire que la Méthode des Cas est la méthode pédagogique dont la longévité et l'extension géographique et disciplinaire en font une référence parmi toutes les méthodes actives d'enseignement.

Un siècle après sa création au sein de la Harvard School of Business Administration, la Méthode des Cas connaît un retentissement et une popularité croissants parmi les corps professoraux des écoles supérieures de commerce et des universités partout dans le monde. Qu'on en juge par quelques statistiques de distribution de cas réalisées par l'ECCH : en seulement dix ans (1997 – 2007), le nombre d'unités de cas vendues dans le monde a progressé de 50 %. Entre 2006 et 2008, le nombre d'institutions de formation ayant utilisé des études de cas acquises auprès de l'ECCH est passé de 1 442 dans soixante-quinze pays à 1 518 dans quatre-vingt-un pays[16].

16. Source : « ECCH (European Case Clearing House) » spring/summer 2008, issue 39.

Aujourd'hui, il suffit de parcourir les référentiels des programmes académiques diplômants, ou les catalogues des principaux opérateurs de formation continue, pour remarquer la présence constante du mot «cas» ou «étude de cas» comme gage de pédagogie active, en phase avec les attentes des étudiants, des salariés d'entreprise et de leurs managers.

Par ailleurs, la publication d'études de cas par un établissement de formation supérieure fait partie des critères pris en compte par les organismes qui délivrent labels et accréditations au niveau international, telle la norme EQUIS (European Quality Improvement System) de l'EFMD (European Foundation for Management Development), ou des journaux qui élaborent annuellement des classements entre écoles supérieures de gestion tant au niveau national qu'international.

Spécificité de la Méthode des Cas

Une méthode active, centrée sur l'action
et la prise de décision.

En 1931, Arthur Stone Dewing, professeur à la Harvard Business School, exprimait les apports de la Méthode des Cas pour les professionnels d'entreprise en ces termes : «*Business people must be able to meet in action the problems arising out of new situations of an ever-changing environnement. Education [...] asks not how a man may be trained to know, but how a man be trained to act*[17].»

La Méthode des Cas est donc une méthode pédagogique active qui se force à faire accéder les apprenants à l'autonomie, en favorisant le travail en équipe et en encourageant le diagnostic entrepreneurial critique pour des prises de décision pertinentes et pragmatiques : toutes qualités nécessaires pour réussir dans l'entreprise aujourd'hui, à un poste de responsabilité.

Elle se fonde sur le postulat suivant : «Des participants à des programmes de formation et de perfectionnement au management, tant étudiants que cadres en exercice ayant déjà une expérience des affaires, peuvent améliorer de façon significative leur compréhension des processus du management et accroître leur compétence, par l'étude, l'examen attentif et la discussion de situations réelles» (Reynolds, 1985).

---

17. Arthur Stone Dewing, « An introduction to the Use of Cases », *The Case Method of instruction, McGraw Hill*, 1931. Traduction : « Dans le monde des affaires, les collaborateurs doivent être à même de répondre par l'action aux problèmes soulevés par des situations nouvelles issues d'un environnement toujours changeant. La formation [...] doit mettre l'accent non pas sur le comment on doit être formé pour savoir, mais sur le comment on est préparé pour agir. »

Ce postulat est toujours pertinent pour la formation des futurs managers, au moment où nos sociétés développées et nos entreprises sont confrontées aux défis vitaux pour la planète que constituent la globalisation, le réchauffement climatique, l'éthique du développement durable ou encore les règles de gouvernance et d'efficacité entrepreneuriales. Plus que jamais, les dirigeants et les entrepreneurs doivent être formés à la gestion de la complexité et maîtriser les paradoxes d'un développement économique globalisé. Leur première compétence ne peut plus se réduire à l'application de recettes managériales théoriques conçues autrefois pour un environnement entrepreneurial constitué de cycles économiques et sociétaux de longue durée.

La Méthode des Cas mobilise les aptitudes de chacun pour comprendre plutôt que savoir, entrer dans la logique de l'autre, décider plutôt qu'observer.

Les composantes de la Méthode des Cas

La Méthode des Cas articule, de façon didactique et séquencée, l'exposition d'une réalité d'entreprise au travers d'un support de formation : « le cas », accom-

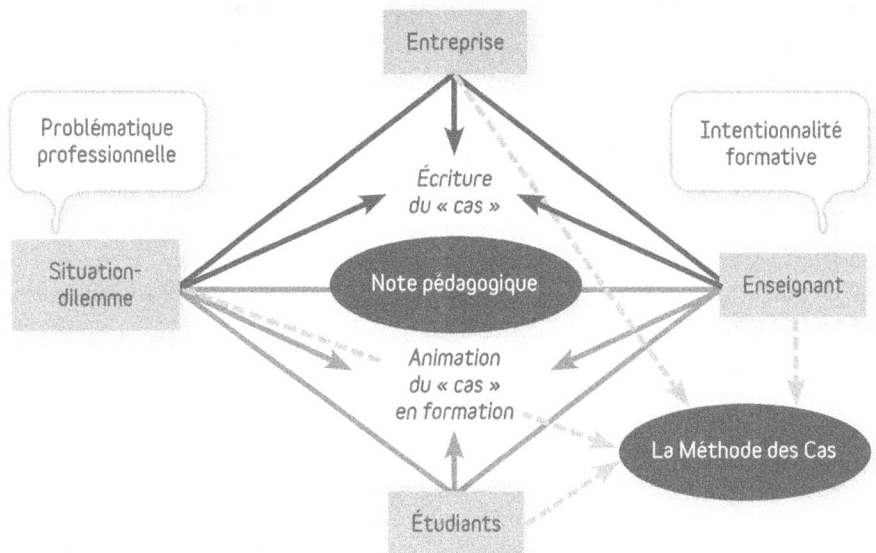

Le « diamant » de la Méthode des Cas, José Martín Juarrero (2008). Librement inspiré du « triangle pédagogique », Houssaye (1988), Develay (1991).

pagné d'une méthodologie dynamique d'animation de ce cas avec un groupe d'apprenants. Paradoxalement, l'expérience empirique d'utilisation de la Méthode des Cas tend à montrer que c'est la maîtrise de la méthodologie d'animation du cas qui en conditionne sa bonne écriture et non l'inverse.

L'efficacité formative de la Méthode des Cas résulte des interactions créées par un enseignant entre ses quatre composantes principales. Tout d'abord, une entreprise réelle va fournir les informations professionnelles nécessaires à l'écriture du support pédagogique : le cas. La deuxième composante est une problématique professionnelle sous forme de « situation-dilemme » qui va constituer le trait d'union entre la réalité entrepreneuriale et les concepts académiques que l'enseignant souhaite faire acquérir ou appliquer par ses étudiants. Par ailleurs, la composante suivante est un enseignant animé par un objectif de formation, centré sur un ou plusieurs concepts disciplinaires qu'il souhaite faire acquérir ou appliquer par ses étudiants. Cet enseignant a vocation à devenir l'auteur principal (sinon unique) du « cas » fondé sur la problématique apportée par l'entreprise. Pour assurer un lien didactique entre le cas écrit et sa mise en œuvre en classe, l'auteur écrit un guide d'utilisation du cas : la note pédagogique. Enfin, la dernière composante est un groupe d'apprenants, dont l'analyse du « cas » sera individuelle dans un premier temps pour être travaillée en sous-groupe dans un second temps. Les résultats de ce travail collectif seront présentés à tout ou partie des autres sous-groupes de travail au cours d'une séance plénière animée par l'enseignant.

Le « cas » : support pédagogique et matérialisation formelle de la Méthode des Cas

> « Si la pratique de la Méthode des Cas
> est relativement bien codée,
> le concept de cas par contre semble
> faire l'objet d'acceptions différentes… »
> (Rambaud, Cova, 1989)

Le « cas » constitue un support pédagogique disponible clés en main comprenant, en règle générale, deux ou trois documents distincts : le corps du cas et ses annexes destinés aux étudiants et une note pédagogique détaillée, à usage exclusif de l'enseignant, facilitant l'appropriation du cas par un formateur autre que l'auteur et garantissant ainsi sa transférabilité dans d'autres scénarios et dispositifs pédagogiques que ceux pour lesquels il a été créé.

Qu'est-ce qu'un « cas » ?

Une des premières définitions proposée par l'un des grands utilisateurs de la Méthode à la Harvard Business School (C. I. Gragg, 1940) définit le cas comme *« a record of a business issue which actually has been faced by business executives, together with sourrounding facts, opinions, and prejudices upon which executive decisions have to depend. These real and particularized cases are presented to students for considered analysis, open discussion, and final decision as to the type of action which should be taken*[18]. »

Pour Erskine, Leenders et Maufette-Leenders (1981) *« a case is a description of an actual administrative situation commonly involving a decision or problem. It is normally written from the viewpoint of the decision maker involved and allows the student to step figuratively into the shoes of the decision maker or problem solver*[19]. »

Enfin, pour la CCMP (2006), « le "cas" est un support de formation conçu pour mettre en œuvre la Méthode des Cas. Il s'agit de l'exposition didactique d'une "situation-dilemme" vécue par une entreprise réelle, afin de provoquer, au sein d'un groupe d'apprenants, l'analyse logique de la situation exposée puis l'échange argumenté sur les méthodes de résolution mises en œuvre dans l'entreprise afin de comprendre et d'évaluer les solutions adoptées par des professionnels confrontés à des choix managériaux complexes. Le cas échéant, le groupe d'apprenants peut préconiser d'autres pistes de résolution des problématiques abordées dans le cas».

Les points communs à ces trois définitions sont :
- la véracité de la situation d'entreprise ;
- une situation-dilemme à résoudre ;
- une prise de décision managériale ;
- une dimension pédagogique permettant à des étudiants de se projeter dans la réalité professionnelle des véritables acteurs de la «situation-dilemme» exposée.

Au travers de son support, c'est-à-dire le «cas», la Méthode des Cas peut mobiliser de façon cohérente d'autres outils pédagogiques interactifs tels que, par exemple, les mises en situation ou les jeux de rôle. Le «cas» par lui-même n'a pas de

---

18. « L'exposé d'une situation d'entreprise telle que des responsables d'entreprise ont dû réellement l'affronter, complété par des faits, des opinions et des données du contexte qui sont entrés en jeu au moment où il a fallu prendre des décisions. Ce type de cas réels et spécifiques est présenté aux étudiants pour permettre une analyse argumentée, une discussion ouverte et une préconisation de décision finale en rapport avec le type d'action qui doit être mis en œuvre. »

19. « Un cas est la description d'une situation professionnelle réelle qui induit en règle générale une décision ou un problème. Normalement, il est écrit en adoptant le point de vue du décideur impliqué et permet à l'étudiant de s'identifier virtuellement à ce décideur ou à celui qui a résolu la problématique. »

valeur ajoutée particulière s'il n'est pas inclus dans un projet pédagogique clairement identifié et «animé» selon la Méthode des Cas, au cours d'une séquence de cours. «La Méthode des Cas n'est donc pas la panacée universelle à utiliser à tout moment et en tout lieu, mais plutôt une méthode pédagogique spécifique à utiliser de façon opportune et non abusive. [...] Plus qu'un simple exercice, la Méthode des Cas reste un révélateur des aptitudes des participants à prendre des décisions dans un environnement conflictuel» (Cova et de la Baume, 1991).

Pour que le support pédagogique réponde aux principales caractéristiques d'un «cas», il doit présenter «certaines qualités distinctives» (Cova et de la Baume, 1991), sur le fond et sur la forme.

Du point de vue du fond, le «cas» doit pouvoir exposer une «situation-dilemme» d'entreprise de façon accessible aux apprenants et permettre d'aborder des concepts théoriques touchant au management.

Du point de vue de la forme, la structure du «cas» doit dissocier l'exposition de la «situation-dilemme» des options de résolution adoptées par l'entreprise. De plus, le corps du cas doit être accompagné d'une note pédagogique, «outil d'information et de réflexion irremplaçable pour une bonne mise en œuvre de l'animation» (Hermant, 1980).

Les points forts du «cas»

En tant que support de formation aux sciences de gestion, le cas est «un outil pédagogique particulièrement bien adapté quand il s'agit de préparer les étudiants à résoudre des problèmes non structurés, pour lesquels des approches analytiques ne sont pas directement applicables, situations caractéristiques de la prise de décision en entreprise» (Besson, Collin, 2002).

À la différence des cas juridiques, les cas en sciences de gestion n'ont pas une réponse unique qui fasse autorité : «Pour permettre une discussion ouverte, le cas ne doit pas être un "exercice" à solution unique, mais une situation se prêtant à plusieurs alternatives possibles» (Cova et de la Baume, 1991).

Le «cas» d'entreprise se différencie d'autres outils pédagogiques tels que l'exercice d'application formatif ou le scénario professionnel prétexte. Il n'est pas non plus une monographie, un reportage documentaire, ni un rapport d'expérience en entreprise, mais un outil d'analyse et d'appropriation d'une problématique, issue d'une réalité d'entreprise que l'on aborde sans sentimentalisme et à laquelle «les apprenants doivent apporter une réponse cohérente, après avoir cerné les différents aspects du problème posé» (Hertrich, Mayrhoffer, 2008).

Enfin, le «cas» doit, évidemment, être caractérisé par sa fonction d'outil pédagogique. «Il diffère ainsi radicalement de certaines "études de cas", notamment utilisées dans les recherches en gestion, à des fins non pédagogiques, mais d'investigation scientifique» (Cova et de la Baume, 1991).

La méthodologie d'animation d'un «cas»

• Pour animer efficacement un cas, il faut adopter une méthodologie en plusieurs étapes progressives qui implique l'apprenant dans l'analyse critique de la «situation-dilemme» présentée dans le cas et l'amène à formuler un diagnostic argumenté après discussion (Hawes, 2004; Gamot, 1997).

Avec des groupes d'étudiants non homogènes «culturellement» (issus de formations différentes ou de programmes d'échanges internationaux), il faut préciser constamment le rôle de l'enseignant et ses attentes concernant le travail des étudiants en sous-groupes ainsi que lors de la restitution plénière et veiller à maintenir un délicat équilibre entre théorie et pratique (Tagiuri, 1961).

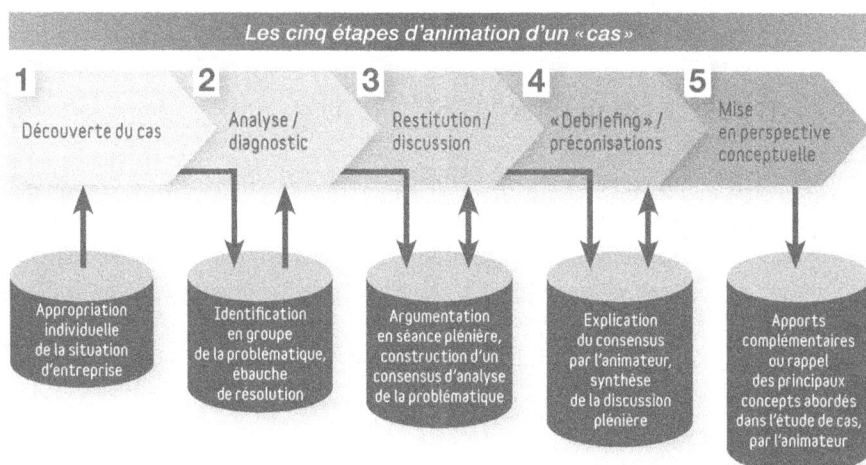

Les cinq étapes d'animation d'un «cas»

1	2	3	4	5
Découverte du cas	Analyse / diagnostic	Restitution / discussion	«Debriefing» / préconisations	Mise en perspective conceptuelle
Appropriation individuelle de la situation d'entreprise	Identification en groupe de la problématique, ébauche de résolution	Argumentation en séance plénière, construction d'un consensus d'analyse de la problématique	Explication du consensus par l'animateur, synthèse de la discussion plénière	Apports complémentaires ou rappel des principaux concepts abordés dans l'étude de cas, par l'animateur

Étape d'animation 1 : découverte du cas

C'est une appropriation **individuelle** de la situation décrite dans le cas. L'animateur doit remettre le cas aux participants avant la formation ou au moment du démarrage de la formation, pour un travail préparatoire.

Si le cas est communiqué aux participants avant la formation, l'animateur transmet les consignes de travail par écrit. En revanche, si c'est au moment du démarrage de l'animation, le temps consacré au travail préparatoire du cas doit être inclus dans le temps dédié à l'animation. Dans cette situation, l'animateur transmet alors ses consignes oralement.

Concernant la lecture individuelle du cas, il est recommandé aux apprenants de passer au minimum une heure à le préparer. Après une lecture approfondie, l'apprenant doit aboutir à l'identification de la problématique du cas et à un premier niveau de diagnostic managérial, qu'il conviendra d'argumenter et de défendre, si nécessaire, en sous-groupe dans l'étape d'animation 2.

Étape d'animation 2 : analyse/diagnostic

Il s'agit d'une identification **en sous-groupe** de la problématique, suivie d'une ébauche de résolution.

Répartition des apprenants en sous-groupes

L'animateur répartit le groupe en autant de sous-groupes que souhaité. Un sous-groupe peut être hétérogène du point de vue des compétences et des niveaux représentés et ne doit pas être inférieur à cinq participants, favorisant ainsi une dynamique de travail interne au sous-groupe. L'hétérogénéité des compétences et des niveaux représentés dans le groupe facilite la « fertilisation croisée » d'idées par l'interaction de représentations et de points de vue différents sur la thématique abordée.

Restitution des travaux des sous-groupes

Pour faciliter l'exposition des résultats du travail en sous-groupe, l'animateur prendra soin de demander à chaque sous-groupe de choisir un porte-parole et de réaliser une synthèse écrite, afin de rendre compte des résultats en séance plénière de discussion. Il pourra rédiger une note de synthèse ou quelques transparents à projeter devant l'ensemble du groupe.

Étape d'animation 3 : restitution/discussion

Il s'agit d'une **argumentation en séance plénière**, pour aboutir à la construction collective d'un consensus d'analyse de la problématique, afin d'élaborer des pistes pertinentes de résolution de cette problématique.

Restitution des travaux

Pour «planter le décor», l'animateur du cas pourra classer par grands thèmes (pertinence ou non des préconisations ou encore caractère convergent ou divergent des propositions, etc.) les synthèses préparées par les apprenants en sous-groupes, avant de donner la parole aux porte-parole des sous-groupes, pour procéder à la restitution de leurs travaux.

Gestion du temps

L'animateur prend soin de donner un temps de parole limité à chaque sous-groupe. En tout état de cause, la restitution du travail des sous-groupes ne doit pas dépasser un tiers du temps total consacré à l'animation du cas.

Rôle de l'animateur : faciliter la discussion

Pendant cette phase, l'animateur interfère le moins possible pendant la restitution des travaux des sous-groupes. Après avoir lancé la discussion entre les participants, il reporte sur un tableau les idées les plus représentatives d'une approche divergente ou convergente, par rapport à son propre diagnostic et à ses préconisations.

Étape d'animation 4 : débriefing/préconisations

Ce sont les explicitations du consensus **par l'animateur** suivies d'une synthèse de la discussion plénière.

En fonction des résultats des travaux restitués par les étudiants, l'animateur explicite les points forts et les points faibles des analyses et des pistes de résolution proposées. Il peut alors souligner la bonne ou mauvaise utilisation de certains concepts académiques, voire l'absence de toute référence à des apports théoriques indispensables pour une prise de décision pertinente dans le contexte du «cas». Il peut ainsi mettre en perspective la relation entre la réalité du «terrain» et la théorie académique selon un scénario pédagogique inductif ou déductif. Selon que le cas illustre un concept étudié préalablement ou qu'il introduit un nouveau concept dont l'étude sera postérieure au cas, l'animateur, redevenu enseignant, introduit la cinquième et dernière étape de l'animation du cas.

Étape d'animation 5 : mise en perspective conceptuelle

Si le cas illustre un concept étudié préalablement et selon le degré d'assimilation de ce concept par le groupe d'apprenants, l'enseignant peut revoir les fondamentaux ou élargir les apports conceptuels. En revanche, s'il introduit un nouveau concept, la Méthode des Cas cède alors la place à d'autres méthodes et outils pédagogiques plus pertinents dans une situation d'apprentissage plus classique.

La présentation de cette méthodologie d'animation d'un cas en cinq étapes, caractéristique de la Méthode des Cas, montre bien que la résolution de l'«étude de cas» ne procède pas d'une «solution» programmée *a priori*. Cette résolution est construite de façon logique, rationnelle et argumentée au cours des différentes phases de travail individuel et en sous-groupes, puis dans la phase de mise en commun en «séance plénière».

Ainsi, la Méthode des Cas, dans sa pratique, s'éloigne de la démarche tayloriste du «One best way» – une seule bonne façon de procéder – pour résoudre une problématique entrepreneuriale donnée dans le contexte du cas étudié. Il revient à l'enseignant, animateur du cas, d'introduire une dynamique positive d'analyse, de diagnostic et d'argumentation qui conduit le groupe d'étudiants à identifier la ou les pistes de résolution les plus pertinentes pour cette problématique.

Les apports de la Méthode des Cas en formation

L'étude d'un cas fait prendre conscience aux étudiants de la complexité inhérente à toute décision managériale (Osborne, 2005).

«Si les cas d'entreprise connaissent un tel succès, c'est sans aucun doute parce qu'il n'y a pas de meilleure préparation au milieu professionnel que ces mises en situation réelles», Monique Chalanset[20].

En 1985, John I. Reynolds écrivait : «La formation au management des années 1980 fait, par conséquent, appel à un mélange de méthodes et de techniques permettant d'insister de plus en plus sur l'analyse et la recherche de solutions de problèmes réels, la gestion de projets, le travail en équipe. L'accent est également mis sur le développement des capacités d'organisation, le transfert accéléré d'une expérience appropriée et, en particulier, la prise de responsabilité du gestionnaire ou du futur gestionnaire dans son développement personnel. La Méthode des Cas a un rôle très important à jouer dans ce processus… »

Pour leur part, certaines entreprises estiment que «la réussite de l'entreprise dépend étroitement de la capacité de chaque collaborateur à développer son potentiel professionnel et de l'aptitude de chacun à communiquer, à construire des relations de travail efficaces et à coopérer au sein d'équipes pluridisciplinaires fonc-

---

20. Responsable du magistère de Communication du Celsa ; paru dans *Courrier cadres* n° 1 541 du 10 juin 2004.

tionnant souvent en mode projet. Une équipe est et sera performante si les membres qui la composent arrivent à créer de réelles synergies collectives» (Demos 2007).

Dans le domaine de la formation, tant initiale que continue, la Méthode des Cas, dans son approche inductive, est porteuse de nombreux bénéfices pour les étudiants, les enseignants et les entreprises.

Ainsi, elle fait découvrir aux **étudiants** la réalité de l'entreprise dans sa complexité et sans *a priori*, en leur permettant de développer leur capacité à identifier et synthétiser les faits importants en situation réelle. Elle favorise ainsi l'acquisition de comportements et de savoir-faire dans un contexte professionnel réel, par exemple :
- établir un diagnostic pertinent ;
- proposer différentes alternatives ;
- oser défendre et argumenter son point de vue en public ;
- développer la créativité dans l'élaboration des solutions ;
- développer son sens des responsabilités dans un environnement incertain ;
- élaborer de nouvelles compétences par l'échange et la confrontation d'avis et d'opinions issus des échanges avec les autres membres du groupe d'apprentissage.

Pour les **enseignants**, la Méthode des Cas permet de :
- mettre en œuvre une relation enseignant/apprenant plus dynamique : l'enseignant ne s'inscrit plus dans un face-à-face pédagogique avec ses apprenants mais dans une interaction didactique ;
- faciliter le passage régulier et interactif de la pratique à la théorie ;
- renforcer l'implication et la motivation des apprenants ;
- faire accéder les apprenants à l'autonomie ;
- favoriser la prise de responsabilité.

Enfin pour les **entreprises**, outre la période de «prise de recul» et d'analyse critique de leur vécu que constitue la période de collaboration avec un enseignant pendant l'écriture du «cas», l'usage de «cas» pour la formation de leurs salariés permet de :
- préparer les équipes à la gestion de la complexité ;
- faire émerger une solution collective à partir d'expériences individuelles ;
- développer la capacité des équipes à travailler en réseaux multiculturels et multifonctions ;
- créer de l'intelligence collective ;
- susciter la coopération ;
- favoriser la prise de responsabilité.

Pour conclure, un «cas» vise principalement à évaluer la capacité ou l'aptitude d'un individu à mettre en œuvre des connaissances et des savoir-faire pour prendre la meilleure décision entrepreneuriale possible, dans la situation d'entreprise exposée dans le cas.

En résumé, la Méthode des Cas :
- forme à la prise de décision pertinente en contexte incertain ;
- favorise la créativité dans l'élaboration de solutions ;
- permet d'acquérir des comportements de travail coopératif ;
- participe à l'élaboration de nouvelles compétences par l'échange et la confrontation d'avis et d'opinions argumentés issus de l'expérience professionnelle de chacun, avec les autres membres du groupe d'apprentissage.

Petite bibliographie des fondamentaux de la Méthode des Cas

- Adelman, C., *et al.*, «Rethinking case study : notes from the second Cambridge conference», *Cambridge Journal of Education*, Michaelmas, 1976, 6, pp. 139-150.
- Aktouf, O., «La méthode des cas en gestion face au modèle et à l'expérimentation en science : apprentissage ou cercle vicieux?» École des hautes études commerciales, mars 1987.
- Bédard, M. G., *et al.*, *La Méthode des cas : guide d'analyse, d'enseignement et de rédaction*, Gaëtan Morin, 1991.
- Bennet, J.B., *Writing a Case and its Teaching Note*, Harvard Business School, 1976.
- Besson, M., Collin, B., Hahn, C., (éd.), «L'Alternance dans l'enseignement supérieur au management», *Revue française de gestion*, n° 151, 2004/4, pp. 69-80.
- Bonoma, T. V., *Questions and Answers about the case Method*, Harvard Business School, 1982.
- Bonoma, T. V., *Learning With Cases*, Harvard Business School, 1989.
- Chalanset, M., *Courrier Cadres*, n° 1541, 2004.
- Copeland, T. M., *The Genesis of the Case Method in Business Instruction*, *in* McNair, M. P. (ed.), *The Case Method at the Harvard Business School*, McGraw Hill, 1954, pp. 25, 32.
- Cova, B., de la Baume, C., «Cas et Méthode des Cas : fondements, concepts et universalité», *Gestion 2000*, n° 3, 1991.
- Dewing, A. S., *An Introduction to the use of Cases. The Case Method of Instruction*, McGraw Hill, 1931.

- Develay, M., *De l'apprentissage à l'enseignement : pour une épistémologie scolaire*, Éditions ESF, 1992.
- ECCH, «The Case Method, Quo Vadis», *Cranfield ECCHO*, issue 39, Spring Summer 2008.
- Ellet, W., *The Case Study handbook*, Harvard Business School, 2007.
- Erskine, J. A., Leenders, M. R., Maufette-Leenders, L. A., *Teaching With Cases*, Research and publications division, School of Business Administration, The University of Western Ontario, 1981.
- Gamot, G., *La Méthode des Cas en management comme mode d'apprentissage des stratégies argumentatives*, Note de recherche, programme doctoral Essec, 1997.
- Hermant, J., «La note pédagogique, un outil de stratégie éducative», *Enseignement et Gestion,* nouvelle série, n° 15, 1980.
- Hertrich, S., Mayrhofer, U., *Cas en marketing* (ouvrage collectif sous la direction de...), Éditions Management & Société, Coll. «Études de cas», 2008.
- Houssaye, J., *Le Triangle pédagogique (théorie et pratique de l'éducation scolaire)*, vol. 1, Peter Lang, 1988.
- Leenders, M. R., Erskine, J. A., *Case Research : the Case Writing Process*, School of Business Administration, The University of Western Ontario, 1989, 3ᵉ éd.
- Mucchielli, R., *La Méthode des cas*, Édition ESF, Librairies techniques, 1987, 7ᵉ éd.
- Reynolds, J. I., *Méthode des cas et formation au management : guide pratique*, Bureau international du travail, 1985 (Série Formation à la gestion; v. n° 17).
- Reynolds, J. I., «There's method in cases», *The Academy of Management Review*, janvier 1978, 3(1) : pp. 129-133.
- Rambaud, B., Cova, B., *L'Utilisation de moyens multimédias : une nouvelle approche de l'animation et de la création de cas*, Document CCMP, 1989.
- Tagiuri, R., «*Guidelines for Observing an Instructor's Case-Teaching Approach and Behavior*», Harvard Business School, Note 495-049.

Présentation de la Centrale de cas et de médias pédagogiques (CCMP)

Créée en 1971 par la Chambre de commerce et d'industrie de Paris (CCIP), la CCMP est un service de la Chambre de commerce et d'industrie de Paris, qui édite et distribue des cas d'entreprise et des cours multimédias destinés aux écoles supérieures de gestion, aux universités et aux entreprises.

Devenue le principal éditeur-distributeur francophone de cas d'entreprise, elle exerce son activité de distributeur de cas selon un modèle en B to B : seuls des enseignants dûment mandatés par leur établissement de formation peuvent acquérir les produits pédagogiques distribués par la CCMP.

Sa mission

La CCMP a pour mission de promouvoir la Méthode des Cas au travers de ses trois activités principales :
- l'édition et la diffusion de cas d'entreprise ;
- la formation de formateurs à l'écriture et à l'animation de cas d'entreprise ;
- l'accompagnement et le conseil pour l'élaboration d'études de cas d'entreprise sur mesure.

Son système d'adhésion original (chaque école adhérente ou UFR dans une université peut faire bénéficier l'ensemble de ses départements des avantages de son adhésion) permet à la CCMP de compter sur un réseau de plus de 2 500 adhérents et affiliés, dans le monde francophone (représentant, notamment, 82 écoles supérieures de commerce et de gestion, 76 universités, 12 écoles d'ingénieurs, etc.).

Quelques chiffres clés

- plus de 20 000 supports de formation en français et en anglais : cas, modules de formation multimédias, articles, etc. ;
- cinquième producteur de cas dans le monde[21] ;
- 922 auteurs sous contrat

21. Source : *International Community of Case Publishers*, 2006 (hors «*ECCH the case for learning*»).

Bibliographie

- Abell, D.F., Hammond, J.S., *Strategic Market Planning*, Prentice Hall, 1979.
- Anastassopoulos, J.-P., Blanc, J.-P.,, *Pour une nouvelle politique d'entreprise*, PUF, 1995.
- Ansoff, H.I., *Corporate Strategy*, McGrawHill, 1965.
- Atamer, T., Calori, R., *Diagnostic et décisions stratégiques*, Dunod, 2003.
- Barney, J. B., Hesterly, W.S., *Strategic Management and Competitive Advantage*, Pearson, 2006.
- Barney, J. B., « Firm resources and sustained competitive advantage », *Journal of Management*, vol. 17, N° 1, pp. 99-120, 1991.
- Barney, J. B., « Looking inside for competitive advantage », *Academy of Management Executive*, vol. 9, N° 4, pp. 49-61, 1995.
- BCG, *Les Mécanismes fondamentaux de la compétitivité*, Hommes et Techniques, 1980.
- BCG, *Les systèmes concurrentiels, perspectives et stratégies*, documents Boston Consulting Group, 1982.
- Bidault, F., *Le Champ stratégique de l'entreprise*, Économica, 1988.
- Carpenter, M. A., Sanders, W. G., *Strategic Management*, Pearson, 2007.
- Day, G. S., *Strategic Market Planning. The Pursuit of competitive advantage*, West Publishing Company, 1984.
- Durand, R., *Guide du management stratégique*, Dunod, 2003.
- Frery, F., *Stratégique*, Publi-Union, 2000.
- Garibaldi, G., *L'Analyse stratégique*, Éditions d'Organisation, 2001.
- Hawawini, G., Viallet, C., *Finance for Executives*, South Western College Publishing, 1999.
- Hill, C. W. L., « Differentiation versus low cost or differentiation and low cost: a contingency approach », *Academy of Management Review*, vol. 13, N° 3, pp. 401-412, 1988.
- Kearns, D. T., Nadler, D. A., *Prophets in the Dark*, Harpercollins, 1992.
- Laroche, H., Nioche, J.-P., *Repenser la stratégie*, Vuibert, 1998.
- Liesz, T. J., « Really modified DuPont analysis: five ways to improve return on equity », *UCA Working Paper*, 2002.
- McGee, J., Thomas, H., « Strategic groups: theory, research and taxonomy », *Strategic Management Journal*, vol. 7, pp. 141-160, 1986.
- McKinsey, *Planning a chemical company's prospects*, document McKinsey – Royal Dutch Shell, 1972.

- Miller, D., « The generic strategy trap », *Journal of Business Strategy*, vol. 13, N° 1, pp. 37-42, 1992.
- Montebello, M., *Création d'entreprise : connaissances et analyses stratégiques*, Économica, 2004.
- Normann, R., Ramirez, R., « From value chain to value constellation: designing interactive strategy », *Harvard Business Review*, vol. 71, N° 5, pp. 65-77, 1993.
- Porter, M. E., « The structure within industries and companies performance », *Review of Economics and Statistics*, vol. 61, pp. 214-227, 1979.
- Porter, M. E., *Choix stratégiques et concurrence. Technique d'analyse des secteurs et de la concurrence dans l'industrie*, Économica, 1982.
- Porter, M. E., *L'avantage concurrentiel*, Paris InterÉditions, 1986.
- Porter, M. E., « The five competitive forces that shape strategy », *Harvard Business Review*, janvier 2008.
- Quiry, P., Le Fur, Y., *Finance d'entreprise*, Dalloz, 2005.
- Stalk, G., Hout, T. M., *Competing against time*, Free Press, 1990.
- Strategor, *Politique générale de l'entreprise*, Dunod, 2005, 4ᵉ édition.
- Zakon, A. J., *Perspectives on strategy*, documents Boston Consulting Group, 1974.

Réponses aux tests

	Tester ses connaissances		Tester sa compréhension	
1	p. 30	Q1 : b ; Q2 : a ; Q3 : c ; Q4 : c.	p. 31	Q1 : c ; Q2 : b ; Q3 : b ; Q4 : b.
2	p. 45	Q1 : c ; Q2 : b ; Q3 : a ; Q4 : d.	p. 46	Q1 : c ; Q2 : b ; Q3 : b ; Q4 : b.
3	p. 59	Q1 : b ; Q2 : c ; Q3 : b ; Q4 : d.	p. 60	Q1 : c ; Q2 : d ; Q3 : a ; Q4 : b.
4	p. 71	Q1 : b ; Q2 : c ; Q3 : c ; Q4 : b.	p. 72	Q1 : a ; Q2 : b ; Q3 : b ; Q4 : b.
5	p. 86	Q1 : b ; Q2 : c ; Q3 : b ; Q4 : b.	p. 87	Q1 : c ; Q2 : b ; Q3 : b ; Q4 : b.
6	p. 101	Q1 : c ; Q2 : b ; Q3 : b ; Q4 : b.	p. 102	Q1 : c ; Q2 : b ; Q3 : c ; Q4 : b.
7	p. 117	Q1 : c ; Q2 : b ; Q3 : b ; Q4 : c.	p. 118	Q1 : b ; Q2 : b ; Q3 : a ; Q4 : c.

Index

www.ingramcontent.com/pod-product-compliance
Lightning Source LLC
Chambersburg PA
CBHW080514220326
41599CB00032B/6080